U0567285

◆ **大数据与智慧城市研究丛书** ◆

甄峰 主编

"互联网+"长三角
新兴信息技术产业与全球城市区域发展

汪明峰 著

商务印书馆
创于1897
The Commercial Press

图书在版编目（CIP）数据

"互联网+"长三角：新兴信息技术产业与全球城市区域发展/汪明峰著. —北京：商务印书馆，2022
（大数据与智慧城市研究丛书）
ISBN 978-7-100-20740-9

Ⅰ. ①互… Ⅱ. ①汪… Ⅲ. ①信息产业-关系-长江三角洲-城市发展-研究 ②信息产业-关系-长江三角洲-区域经济发展-研究 Ⅳ. ①F299.275 ②F127.5

中国版本图书馆 CIP 数据核字（2022）第 026751 号

权利保留，侵权必究。

大数据与智慧城市研究丛书
"互联网+"长三角：新兴信息技术产业与全球城市区域发展
甄峰　主编
汪明峰　著

商 务 印 书 馆 出 版
（北京王府井大街 36 号邮政编码 100710）
商 务 印 书 馆 发 行
北 京 冠 中 印 刷 厂 印 刷
ISBN 978 - 7 - 100 - 20740 - 9
审图号：GS 京（2022）0761 号

2022 年 10 月第 1 版　　开本 787×1092　1/16
2022 年 10 月北京第 1 次印刷　印张 14 1/2
定价：85.00 元

"大数据与智慧城市研究丛书" 编委会

主编

甄 峰

编委
（以姓氏笔画为序）

王芙蓉　　王　德　　刘　瑜　　林艳柳
徐菲菲　　柴彦威　　席广亮　　秦　萧
曹小曙

"大数据与智慧城市研究丛书"
序　言

　　随着大数据、云计算、人工智能、物联网等新技术的快速发展，智慧城市建设已经成为全球性共识，并作为世界各国推进城市发展与创新、提升城市竞争力和功能品质的基本战略选择。自 2012 年以来，住建部、科技部先后推出了三批智慧城市国家试点，开展了城市、园区、街道和社区等不同层面的实践探索。在智慧城市试点工作的推动下，超过 500 个城市进行了各类智慧城市的规划和示范建设。这场大规模的应用探索，一方面大幅度提升了中国城市基础设施的信息化、智能化水平，同时广泛积累了智慧城市建设的经验，进一步凝聚了智慧城市建设的社会共识。随着认识的不断深化，智慧城市被普遍认为是推动中国新型城镇化和提升城市可持续发展能力的重要途径。在新型智慧城市建设的同时，要本着以民生服务便利化、社会治理精细化为重点的基本出发点。然而，在广泛且热烈的智慧城市建设浪潮的面前，我们应该冷静地认识到，智慧城市是大数据时代的城市转型和升级，是未来城市的范式，它的建设既涉及工程技术创新，也需要科学理论指引。目前，理论、技术和工程问题的研究远滞后于建设实践的需求，需要学界和业界给予高度重视并迅速采取行动。

　　城市是一个开放的复杂巨系统，涉及复杂的数据和业务关联。智慧城市建设包括城市基础设施、社会经济、居民活动、资源环境、公共安全、城市治理等要素系统的数字化、网络化和智能化。各类智能技术的普及应用在催生各类在线虚拟活动的同时，改变了城市人流、物流、资本、信息、技术等要素流动的结构与模式，并对居民、企业和政府等主体的行为活动、社会联系以及城市功能空间等产生重构作用，且持续影响着人类活动与物质环境的交互方式。新一代信息通信技术为感知各类要素系统和城市物质空间提供新的技术手段，并在人地地域系统的调控中发挥着重要作用。在传统社会空间、物质空间的基础上，对于智慧城市空间的理解，也越来越关注信息空间、流动空间的影响和作用及其带来的城市复杂适应性的系统和韧性变化。因此，从地理学、城市规划学和信息通信技术等多学科角度，综合开展智慧城市的基础理论与规划方法研究，毫无疑问具有重要的科学价值和实践意义。

智慧城市建设带来了数据信息的爆发式增长。大数据则为智慧城市规划建设提供了强大的决策支持，在城市规划、城市管理、民生服务、城市治理的决策中发挥重要作用，也为城市科学研究提供了新的理念、方法和范式。针对当前智慧城市建设中存在的信息孤岛化、应用部门化等问题，迫切需要探索各类数据系统集成和整合应用的机制与协同策略。从城市发展的角度，需要在多源数据挖掘和融合分析的基础上，进行城乡区域各类要素的实时监测、动态评估、模拟仿真和时空可视化，探索时空大数据驱动的智慧规划方法体系，以提升资源要素配置效率、城乡区域空间治理水平和城市可持续发展能力。

针对当前国内智慧城市建设实践以智能基础设施、信息化项目为主导，缺乏对城市复杂系统的全面理性思考，以及综合系统的理论研究欠缺等现实问题，南京大学甄峰教授领衔主编了"大数据与智慧城市研究丛书"。该丛书立足于城市科学研究的视角，从"智能技术—人类活动—地理环境"关系协同、生命有机体、复杂适应性系统和韧性等角度探索智慧城市理论与规划方法体系；基于市民、企业和公共服务流动性以及流动空间分析评价，探讨智慧城市空间组织模式；利用多源大数据的时空融合分析，探索城市研究与智慧规划方法创新；面向新型城镇化发展，探讨智慧国土空间规划、智慧城市治理的框架与实现路径。该丛书从多学科综合的角度展开智慧城市理论和应用研究，为中国智慧城市研究提供了新的探索，为智慧城市建设实践带来新的思考和认识。

丛书主要特点有二。一是在深刻认识数字时代生产生活方式变革的基础上，从以人为本的需求挖掘和城市发展规律把握出发，构建基于人地关系、复杂适应系统等理论框架，探索开放、流动、共享与融合理念支撑的智慧城市研究范式；二是强调从智能技术与社会经济发展、居民活动、城市空间互动融合角度出发，理解智慧城市发展、空间布局和建设管理，并提出多学科综合和多源时空大数据融合的智慧城市规划框架与方法体系。

相信本丛书的出版将为未来智慧社会下的城市高质量发展、城市功能完善、治理效能提升以及规划建设提供启发和指导。毋庸置疑，多学科综合视角的智慧城市理论研究与规划方法体系探索意义重大，需要更多的学者加入，更需要更多的研究成果积累。希望本丛书的出版，能够吸引更多的学界和业界同仁加入智慧城市科学理论与工程技术的研究，为国家智慧城市战略实施以及地方智慧城市建设实践提供相应理论指引和技术支撑。

郭仁忠

中国工程院　院士

深圳大学　教授，智慧城市研究院　院长

"大数据与智慧城市研究丛书"
前　言

　　智慧城市是近十余年来世界各学术界、政府及企业关注的热点。中国信息化建设的起步虽然较西方发达国家晚，但却发展迅速。目前已经成为全球信息化大国和智慧城市建设的主战场。就概念而言，智慧城市起源于西方，中国在规划建设初期也大量学习、借鉴了欧美发达国家的经验和教训。但中国的智慧城市建设，在"摸着石头过河"的道路中，已经形成了自己的一套体系和建设模式。如今，在这个"百年未有之大变局"的背景下，总结经验与不足就显得非常必要。

　　智慧城市与我结缘，首先要感谢我的恩师——清华大学顾朝林教授。1998 年，顾先生刚到南京大学就接纳我为博士生，并让我参加国家重点基金项目，引导我去探索"信息化与区域空间结构"这一前沿领域。那时的我，对这一领域还一无所知。感谢先生提供机会，使我于 1999 年和 2002 年先后两次赴香港中文大学跟随沈建法教授做研究助理和副研究员。期间，我有幸阅读了当时在内地还较少见到的大量英文文献，对当时在信息技术影响下的国际层面里的城市与区域研究理论基础、范式和进展方面有了较为全面的了解。有了这些积累的同时，还得到时任商务印书馆地理编辑室李平主任的大力支持，于 2005 年在商务印书馆出版了《信息时代的区域空间结构》一书。

　　2011 年，我组织了第一届"信息化、智慧城市与空间规划会议"。在北京大学柴彦威教授的推荐下，我有幸邀请了住房和城乡建设部的郭理桥副司长做了关于智慧城市的主题报告。之后，应郭司长邀请，我参与了第一批、第二批国家智慧城市试点的遴选工作，并先后对北京、南京、济南、兰州、宜昌等多个城市进行智慧城市的调研与考察。在实践中，我也逐渐认识到智慧城市顶层规划设计的重要性，以及从城市科学的视角加强智慧城市研究与规划的必要性和紧迫性。郭司长在智慧城市规划建设方面的深入思考，促使我一直试图将信息化与城市研究、空间规划方面的理论与方法探索落实到智慧城市规划建设领域。这对本丛书的选题有着很大的启发。

尽管智慧城市的概念很热，也有大量的著作推陈出新，但作为一个自然、经济、社会、生态组成的复杂系统，智慧城市的规划建设显然不能单纯依靠技术路径。同时，伴随着移动互联网的普及以及各种信息化平台的建设，大数据开始强力支撑智慧城市的规划建设。基于大数据的城市研究与规划探索成果不断涌现。因此，我与时任商务印书馆副总编辑李平博士讨论后，并在他的大力支持下，推出了这套"大数据与智慧城市研究丛书"。

近些年来，随着中国智能技术在社会经济及治理领域的广泛和深度应用，以及经济转型与规划转型，大数据应用与智慧城市规划成为规划、地理、测绘与地理信息系统、计算机、信息管理等领域多学科研究的热点。我要感谢很多前辈和朋友，从他们的学术报告或成果交流中，我都汲取了太多的营养，对本丛书也产生了重大影响。他们是，叶嘉安院士、吴志强院士、周成虎院士、郭仁忠院士、陈军院士、张荣教授、陆延青教授、李满春教授、孙建军教授、卢佩莹教授、路紫教授、王德教授、柴彦威教授、修春亮教授、沈振江教授、党安荣教授、詹庆明教授、刘瑜教授、曹小曙教授、周素红教授、汪明峰教授、杨俊宴教授、徐菲菲教授、裴韬研究员、龙瀛研究员、王芙蓉博士、万碧玉博士、迈克尔·巴蒂（Michael Batty）教授、帕特里夏·L.莫赫塔拉（Patricia L. Mokhtarian）教授、曹新宇教授、叶信岳教授、彭仲仁教授等。同时，也要感谢南京大学"智城至慧"研究团队的师生们。做有"温度"、有"深度"的智慧城市研究与实践，是我们共同努力的方向。

大数据与智慧城市方面的著作是国内外城市研究、政策领域的优先选题，许多出版社都相继翻译出版了智慧城市和大数据相关著作，对智慧城市和大数据的理论研究和实践起到了方向性的引领作用。但是，国内目前的相关成果主要集中在政策和实践领域，虽名为智慧城市，但信息化建设的特色仅突出了实践指导性，对城市研究的理论创新尚存在不足。对地理、规划等相关学科发展的贡献略显薄弱，亟须加强。同时，国内的智慧城市成果技术主义痕迹浓厚。当前的从业者也多为IT领域专家与技术人员，故需要站在技术、人文与空间相结合的高度，基于更加综合的视野进行分析和研究，以便更好地指导智慧城市的建设和发展。更进一步，国外的成果多是从社会学和政策的角度关注智慧城市的综合治理。尽管对中国的智慧城市研究与发展有积极的借鉴意义，但当下仍需立足中国国情，面向解决当前的城市问题和实现可持续发展目标，从而构建智慧城市研究的理论框架体系。除此之外，还可利用大数据等手段对城市空间进行多维度分析与研究，探讨智慧城市的空间组织以及建设模式，以便更好地指导国内智慧城市的建设，推进新型城镇化和城市的可持续发展。

自 2010 年这套丛书立项，至今已过去 11 年。感谢商务印书馆领导以及地理编辑室李娟主任及其同事们，一直在支持、鼓励我，给了我足够的耐心和时间去做自由的探索。我时常很惭愧，未能保障丛书的及时出版。但现在看来，基于数十年的研究和积累沉淀下来、认真思考中国大数据与智慧城市已有的成就、存在的问题与未来的方向，才是这套丛书的目的所在。恰巧这些年来，大数据与智慧城市研究逐渐从蔓延式增长转向了理性的探索与思考。大数据应用与智慧城市建设模式及路径也逐渐清晰。新型智慧城市建设已成为主要发展方向。同时，作为全球最大的数字经济和智慧城市市场，"十四五"规划中提出的国家生态文明建设与新型城镇化发展，也为我们从事大数据与智慧城市研究及应用提供了新的背景、服务国家需求、成为试验田。

本丛书旨在对智慧社会理论进行总结与梳理，紧扣智能技术、人与城市空间的相互作用及其影响，探索基于城市研究的智慧城市理论与方法体系；对城市社会经济与空间转型进行分析，尤其是通过城市流动空间的评价，探索智慧城市空间组织模式；利用大数据对城市中的要素互动及其空间变化进行分析，探索新的城市研究与智慧城市规划的方法体系；在总结国际经验的基础上，将智慧城市建设与新型城镇化关联，结合国土空间规划体系改革，探索城市智慧治理的框架、内容与路径。

期待本丛书的出版，能弥补国内智慧城市研究理论创新与方法体系建设的不足；丰富城市地理、国土空间规划相关理论体系；为智慧城市建设实践提供理论、路径、方法上的指导；也为国际智慧城市规划建设提供中国经验。

甄峰

2021 年 4 月于南京

目　录

上篇　理解新兴技术的空间效应

中篇 互联网赋能长三角区域协同发展

下篇　新经济背景下的长三角城市发展

绪论 当长三角遇上互联网

　　全球化、信息化和网络化作为当今世界经济发展的重要特征，正在持续、显著地影响全球各个国家和地区的发展。长江三角洲地区（以下简称长三角）是中国经济最发达和城市化水平最高的地区之一。进入 21 世纪以来，伴随着中国经济的进一步对外开放，长三角凭借优越的区位条件、高素质的劳动力、日益完善的基础设施，以及对外招商优惠政策等条件，成为中国大陆吸引外资最多的地区。与此同时，产业结构发生新的转型，更深入地融入了全球经济的空间体系。长三角地区内部的空间组织和形态也在发生巨大的变化。各种经济要素的流动更加频繁。城市之间的联系更加紧密。通过产业链条组织起来的空间分工更加复杂。这些变化都促使长三角地区朝着一种新的"全球城市区域"的空间形态演进。2019 年 12 月，《长江三角洲区域一体化发展规划纲要》指出："实施长三角一体化发展战略，是引领全国高质量发展、完善我国改革开放空间布局、打造我国发展强劲活跃增长极的重大战略举措。"

　　同时，随着中国工业化与城镇化加速发展，人口、资源、环境的压力日趋紧迫。现有发展方式的局限性、经济结构问题以及资源环境矛盾，也越来越加突出。为解决这些问题，实现科学发展、可持续发展，积极培育和发展战略性新兴产业具有重要意义。2010 年 10 月，《国务院关于加快培育和发展战略性新兴产业的决定》提出，加快培育和发展战略性新兴产业是"推进产业结构升级、加快经济发展方式转变的重大举措"。经过十年发展，新兴产业的引领带动作用越发明显，已经成为构建中国现代产业体系的新支柱（王礼恒等，2019）。在新兴产业中，以先进信息与通信技术（Information and Communication Technologies，ICTs）为基础发展起来的信息产业尤其成为众多企业和政府关注的焦点，被赋予承担新经济增长点的角色。伴随着新一代信息技术的日益成熟，加之当前全球创新大环境的影响，催生出一种新的社会经济发展模式"互联网+"，为城市与区域发展注入了新动能。各级地方政府纷纷制定"互联网+"行动计划，以求在新一轮的地区竞争中胜出。

　　在这种新经济发展背景下，互联网推动了城市的产业转型升级，并影响其发展路径，从而改变了城市区域的空间结构及其演化机制。尤其在长三角地区，各地相继启动新兴信息技术产业的相关项目和规划，为区域发展带来了新的契机。这一发展动态要求相关的学术研究加强实践性，按照新的理念和规则来优化城市和区域空间组织，使城市和区域在信息时代更具活力和竞争力。本书基于全球化背景，以长三角地区为重点研究区域，聚焦新一代信息技术产业的培育和发展，探讨中国战略性新兴产业布局与全球城市区域共同发展的互动关系和机制问题，以期为区域信息化战略提供范本和政策启示。

第一节　作为全球城市区域的长三角

一、全球城市区域的浮现

　　从弗里德曼和沃尔夫（Friedmann and Wolff，1982）提出"世界城市假说"，到萨森（Sassen，1991）把"全球城市"作为世界城市体系的核心，再到泰勒（Taylor，2004）领军的学者们聚焦于"全球城市网络"的构建，有关城市和区域的全球化研究持续成为城市研究的热点前沿领域。同时，在全球城市和世界城市研究方兴未艾之际，一种新的地域现象即全球城市区域现象也日益受到关注。斯科特（Scott，2001）认为，全球城市区域既不同于一般意义上的城市范畴，也不同于仅有地域联系形成的城市连绵区，而是在国际化高度发展的前提下，以经济联系为基础，由国际城市及其腹地内经济实力较为雄厚的二级大中城市扩展联合而形成的一种独特空间现象（图1）。

　　伴随着全球化的影响日益加深和拓展，全球范围内的国家和地区发展已不是由个别城市所主导的城市化和现代化道路，而是依托城市与其所在的广大腹地内部存在密切的分工协作，通过产业链条形成协作和互补关系，构成相互关联的生产网络和城市网络（Hall and Pain，2006），并在这样一个整体平台上，使得经济和社会活动得到呈现和展开。"城市区域"概念通过内在的耦合关系和网络联系，为分析各种地方性、国家性和全球性力量的相互作用提供了新的分析工具（任远等，2009；宁越敏、武前波，2011）。为了理清区域内部的空间关系，许多学者通过研究经济活动（尤其是生产者服务业）的空间组织来探讨城市区域的空间格局及其演化过程（Hoyler *et al.*，2008；Hansen and Winther，2010）。

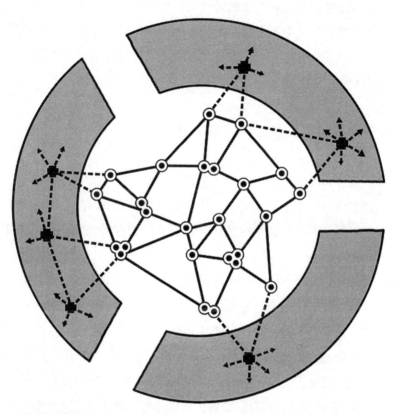

图 1　浮现中的全球城市区域马赛克示意

资料来源：Sccot，2012。

对全球化的城市与区域研究在国内一直颇受关注。作为中国经济最发达、最开放和城市化水平最高的地区之一，长江三角洲地区是其中的热点研究区域（顾朝林、张敏，2001；宁越敏等，1998）。过去十余年，全球化和信息化对长三角区域的空间结构已经产生了显著的影响（甄峰，2004）。长三角被认为是中国最有可能建设成为全球城市区域的地区（于涛方、吴志强，2006；张敏等，2006）。近几年，上海提出建设卓越的全球城市愿景，加快了长三角地区一体化进程，使得以上海为核心的长三角全球城市区域已然形成（彭震伟，2016）。在现有的文献中，长三角地区的空间格局被较多的关注和分析，而有关其作为全球城市区域的发展和形成机制过程却少有探讨。事实上，全球城市区域强调的是在全球化和本地化互动中形成的空间分工的全新格局（Scott，2001；罗震东、张京祥，2009）。因此，从产业演进和空间分工的视角，可以更准确和清晰地认识日益全球化的长三角地区的发展进程。

二、长三角的整合和协同发展

长三角作为一个三角洲地区，首先是一个自然地理学和沉积学的概念，而现在更多是从区域经济和经济地理学角度来界定的。其包含的空间范围，在不同发展时期和不同讨论语境中存在差异。这与长三角地区的一体化进程紧密相关（罗小龙，2011；Li and Jonas，2019）。

一般认为，当前的长三角一体化进程始于 1992 年。当年 6 月在京召开的"长江三角洲及长江沿江地区经济规划座谈会"建立了长江三角洲协作办（委）主任联席会议。该联席会议包括上海、杭州、宁波、湖州、嘉兴、绍兴、舟山、南京、镇江、扬州、泰州、常州、无锡、苏州、南通 15 个城市。1996 年地级市泰州设置，成员数量扩展到 15 个。1997 年，该联席会议制度上升为长江三角洲城市经济协调会。2003 年，台州市被接纳为长三角的新成员。16 个城市市长在南京签署了《以承办"世博会"为契机，加快长江三角洲城市联动发展的意见》。这个以苏浙沪 16 个城市为主体形态的长三角主体框架在随后一段时间里保持稳定并受到普遍认可。

随着国际经济环境变化和国内各项改革深入推进，长三角一体化逐渐从城市层面的自发合作上升到国家层面。国家部委陆续发布相关规划，其空间范围逐步拓展。2008 年，《国务院关于进一步推进长江三角洲改革开放和经济社会发展的指导意见》发布，明确指出长江三角洲地区包括两省一市：江苏省、浙江省、上海市。根据该指导意见，国家发展改革委于 2010 年 6 月制定发布《长江三角洲地区区域规划》（规划期为 2009～2015 年）。规划范围包括两省一市，区域面积为 21.07 万平方千米，并提出以苏浙沪 16 个城市为核心区，统筹两省一市发展，辐射泛长三角地区。2016 年 6 月，国家发展改革委和住房和城乡建设部发布《长江三角洲城市群发展规划》（规划期为 2016～2020 年），将长三角城市群扩容到三省一市，由以上海为核心、联系紧密的 26 个城市组成，国土面积为

21.17 万平方千米。^①

当前的长三角区域一体化已经上升为国家战略。其内部空间治理体系框架已基本成形。2018 年 11 月，首届中国国际进口博览会开幕式上，中国国家主席习近平发表主旨演讲时指出，为了更好地发挥上海等地区在对外开放中的重要作用，决定将支持长江三角洲区域一体化发展上升为国家战略。2019 年 12 月，中共中央、国务院印发了《长江三角洲区域一体化发展规划纲要》（规划期至 2025 年）。该规划的范围包括三省一市全域（面积 35.8 万平方千米）。在长三角城市群 26 个城市的基础上增加温州市，即 27 个城市确定为中心区（面积 22.5 万平方千米），辐射带动长三角地区高质量发展。以上海青浦、江苏吴江、浙江嘉善为长三角生态绿色一体化发展示范区（面积约 2 300 平方千米），示范引领长三角地区更高质量一体化发展。以上海临港等地区为中国（上海）自由贸易试验区新片区，打造与国际通行规则相衔接，更具国际市场影响力和竞争力的特殊经济功能区。

第二节　互联网与长三角的发展

一、信息技术的空间效应

互联网发展早期，很多人谈论的是"距离的死亡"（Cairncross，1997）和全球"时空压缩"（Harvey，1990）。经济学家弗里德曼（Friedman，2005）的著作宣称信息技术推动的全球化导致"世界是平的"。但该书一经问世，即遭到众多学者的批判（Christopherson *et al.*，2008）。利默尔（Leamer，2007）论证了经济一体化趋势导致经济活动的空间集聚，而不是地理上的扁平态势。地理学者们则认为全球化反而进一步提升了地方的作用，特别是具有地方特色的社会文化制度要素，在培育和维持经济活动的空间集聚中起着关键作用（朱竑等，2010）。越来越多的证据表明世界正变得日益陡峭。其结果是世界更加弯曲或者说是凸的（McCann，2008）。许多高附加值的部门日益被重要

---

① 包括上海市，江苏省的南京、无锡、常州、苏州、南通、盐城、扬州、镇江、泰州，浙江省的杭州、宁波、嘉兴、湖州、绍兴、金华、舟山、台州，安徽省的合肥、芜湖、马鞍山、铜陵、安庆、滁州、池州、宣城 26 个城市。

的城市中心所支配。这些地方正是全球运输和通信网络中的枢纽（汪明峰，2004）。

管理学家波特（Porter，1998）早已指出，在全球化的经济中，竞争优势对地方的依赖性正在加强。信息时代中地方的作用反而更加突出，推动各种要素在空间上的集聚，加速了城市化和大城市的发展（汪明峰，2007；范剑勇、陈至奕，2017）。越来越多的经验证据表明电子通信并不能替代面对面接触和城市。在城市里的人更多地使用互联网技术。那些物理上更接近的人，可能更频繁地借助手机或网络进行联系（姜玉培、甄峰，2018）。经济学家格莱泽（Glaeser，1998）甚至认为，技术越发达，对信息交流需求的增长将增加对城市的需求。因此，新的技术和信息构架仅仅是对面对面交流的补充，而不是替代（Sinai and Waldfogel，2004）。

与格莱泽（Glaeser，2011）的观点类似，社会学家萨森（Sassen，1991）发现，在全球化和快速城市化的时代，经济活动不可避免地集聚在一些主要的城市之中，其中具有决策和控制中心功能的世界城市，成为全球信息生产和消费的主要中心。信息社会的先驱理论家卡斯泰尔（Castells，1996）进一步认为全球性城市支配着所有形式的国际信息交流（尤其是互联网）。他提出的"流动空间"很好地解释了网络社会崛起中的这种新的空间形式。然而，网络的空间逻辑具有选择性，只有那些有价值的城市和区域才能连接上价值创造和财富获取的全球网络（汪明峰、高丰，2007）。世界银行发布的《2009年世界发展报告：重塑经济地理》指出当今世界经济增长呈现出的极度空间不平衡，但同时该报告也强调了发展仍然可以具有包容性（World Bank，2009）。以互联网为代表的先进信息技术给发展带来了新机遇。诸多地方政府有可能借此追赶领先的地区。

二、互联网影响下区域发展新动向

互联网的信息技术属性是随其发展而逐步显现增强，并赋予经济、社会、组织或个人掌控事物和关系网络的一定权利与技术（郑永年，2014）。它可重塑经济社会形态、空间、结构及政府治理方式，有明显技术性、分权性、公共性和渗透性特征（王波、甄峰，2016）。信息技术不仅作用于智慧城市，更是未来实现区域协调发展的核心推动力。通过智慧区域的构建将避免信息孤岛的出现。在关注区域中心城市发展的同时，也将关注区域逐渐被边缘化的中小城市的协调发展（沈丽珍、陈池，2018）。

（一）互联网作为城市区域经济增长的助推器

互联网被认为是经济活动中新的动脉，对于国家或地区的经济增长具有重要的作用（Dabinett，2001）。互联网促进了高度发达国家的经济增长，为欠发达国家提供了增长和融入世界经济的机会（Gnezdova *et al.*，2016）。尤其是对于落后地区而言，互联网会推动地方经济与国家或国际生产体系实现关联，从而使其快速获取到发达地区的市场信息或发展经验，促使其整合到更大的贸易市场，进而推动落后地区的经济增长，实现与发达地区之间的协调发展（Grimes，2005）。在一些国家，互联网的使用能明显提升地区生产率，进而促进经济增长。全球 110 个国家和地区的面板数据统计表明，互联网经济的投资会显著提升经济增长，尤其是对工业化国家和东亚的发展中国家而言贡献更大（Jorgenson and Vu，2005）。最近的研究也认为，中东和北非地区国家需要加强信息通信技术基础设施建设，发展电子金融，由此提升当地经济（Sassi and Goaied，2013）。

（二）互联网作为全球生产网络扩展的催化剂

为了应对日益激烈的全球竞争要求，20 世纪后期的国际经济活动组织结构发生了显著的转变，全球生产网络（Global Production Network，GPN）已经扩展成为全球营运的主要组织创新形式（Henderson *et al.*，2002；李健等，2008）。基于互联网的柔性信息基础设施，不仅支持了公司内部的远程跨界知识交流，也支撑了由垂直专业化所形成的大量供应商之间的多向连接。同时，由于网络效应，扩展基于互联网的信息系统具有较低的成本，这对企业的组织选择和区位战略产生了显著的影响（汪明峰、李健，2009；宗会明等，2010）。信息技术形塑了企业网络化实践的跨界形式演变，特别是全球生产网络和管理这些网络的数字信息系统。

（三）互联网作为地方产业集群演化的驱动力

地方集群的崛起既是对全球化挑战的回应，又是全球化进程的结果。即使在互联网时代，全球产业仍然朝着集聚发展。经济越来越依赖于复杂未编码信息的传播，而这些信息一直以来都是来源于面对面接触的。产业集群特别是中小企业集聚的区域，在利用互联网技术上具有明显的阶段性（汪明峰，2007）。它们可以为集群的发展提供许多新的机会，比如促进集群与外界环境的交流，增强集群内部的交互和信息交换，重新界定客户和供应商之间的关系使生产过程更为合理等（耿超等，2018）。地方政府组织建立集群的门户网站，可以促进企业之间的资源共享和非正式的知识交流，并有助于新产品开发的创新实践（Sellitto et al.，2005）。此外，许多研究强调互联网给企业带来了很多新机会，即可以通过全球电子网络重新设计商业过程与组织。于是，可以看到许多虚拟组织被创造出来（王如玉等，2018），如虚拟集群（陈小勇，2017；宋华、卢强，2017）、虚拟（产业）区（Chiarvesio et al.，2004）、虚拟保税区（刘卫东等，2004）、虚拟孵化器（赵黎明、张玉洁，2011）等。

如此，我们需要在区域尺度上审视信息技术带来的空间重构。在全球化和本地化的双重作用之下，城市区域成为了连接全球生产网络和地方产业集群的空间载体，为新兴产业的涌现、集聚、扩散和繁荣提供了合适的舞台。

三、"互联网+"长三角发展

数字经济和信息产业长期以来是长三角地区最重要的经济部门和经济增长点，也是政策研究的重要领域（简逢敏、王剑，2011）。在当前长三角高质量一体化发展进程中，数字经济的作用尤为重要。

（一）全球网络建设

近年来，中国提出建设"一带一路"倡议得到世界各国的广泛认同。区域协同发展已上升到国际层面。区域国际合作出现了广阔的前景。在此背景下，一些地方借助互联网之势成为全球要素配置的中心以及全球网络的重要节点。例如，电子世界贸易平台（Electronic World Trade Platform，eWTP）是近年来日益具有国际影响力的创新贸易模式（阿里研究院，2017）。作为一个提倡自由公平开放的贸易平台，eWTP 能大幅降低成本，降低中小企业和边缘地区参与全球价值链的门槛，迎合了效率变革的要求。在 eWTP 推动下，新兴的全球数字枢纽城市杭州和义乌，通过互联网整合跨境贸易，培育电子贸易新业态，构建电子商务新平台，运用智慧物流、跨境支付等新渠道来促进地方的发展。

（二）区域一体化

早在 2016 年 3 月，长三角城市群已发出"'互联网+'长三角城市合作与发展"共同宣言，目标直指区域内数字经济形态的初步形成。近年来区域工业互联网平台建设正成为长三角产业合作的核心（李永盛，2019）。2020 年 1 月，一市三省的经信部门签署了《共同推进长三角工业互联网一体化发展示范区建设战略合作协议》。长三角区域一体化持续三十多年后进入了高质量发展的阶段。互联网信息技术对于推动长三角走上高质量一体化的发展道路具有重要作用。互联网对长三角发展的主要影响可以从直接和间接两方面来看。直接影响体现在产业领域，通过互联网与产业的直接融合，区域工业互联网平台正在成为产业合作的基础，成为智能制造的新引擎。间接影响体现在互联网渗透下各类要素在长三角区域尺度上的空间再配置。依托互联网的协同网络将解决阻碍区域内要素流动的难点，促进区域内要素流动的创新机制。

（三）地方数字经济

在省市层面，各地发挥自身优势，加紧推进信息技术与经济发展的深度融合。根据中国信息通信研究院（2020）的测算，从总量上看，长三角省市引领全国数字经济的发展。2019 年江苏省的数字产业化增加值超过 1.5 万亿元；浙江省、上海市和安徽省的数字产业化增加值均超过 1 000 亿元（图 2）。近年来，上海着力推动信息领域关键核心技术加快突破、数字经济与实体经济加快融合，构筑公共数字服务生态圈，大力推进智慧社区试点建设等数字惠民措施（周师迅等，2019）。浙江省启动"数字浙江"建设，把数

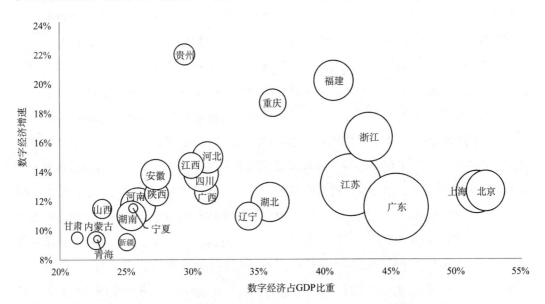

图 2　2019 年中国部分省份数字经济增加值的规模、占比及增速

注：图中圆圈大小表示数字经济增加值规模（单位：亿元）。

资料来源：中国信息通信研究院，2020。

字经济列为一号工程，聚焦智能制造推广、eWTP布局、移动支付推广、5G网络部署等。江苏省着力推进信息基础设施建设提档升级，大力提升数字基础设施，加快推进以智能制造为主攻方向的新工业变革。安徽省统筹布局"数字江淮"战略，发布《支持数字经济发展若干政策》，组建安徽工业互联网产业联盟等。

第三节　本书的结构和内容

"互联网+"作为一种新的经济形态已经在长三角地区成长起来。其内涵是指充分发挥互联网在社会资源配置中的优化和集成作用，将互联网的创新成果深度融合于经济社会发展之中，提升全社会的创新力和生产力，形成更广泛的以互联网为基础设施和创新要素的经济社会发展新形态（国家发展和改革委员会，2018）。互联网在资源与要素配置中具有优化和集成的作用，有利于推动区域发展过程中质量变革、效率变革和动力变革，实现更高质量的区域协同发展。因此，围绕互联网优化资源与要素配置的特征，探讨互联网推动区域协同发展的模式和经验成为当前亟待解决的研究问题。

本书梳理了产业和城市区域共同演化的国内外理论，构建了概念性的分析框架，为研究新兴产业与城市区域空间组织的演化关系与作用机制提供了新的路径。同时，针对中国互联网经济高速增长的区域展开重点研究，尤其是对长三角地区和上海都市区及其他个案城市区域进行了深入剖析，并为地方政府促进产业升级发展提供了政策启示。

全书共十章，分为三个篇章。上篇旨在理解新兴技术的空间效应，包括四章。第一章是本书的理论基础，基于演化理论视角，梳理相关理论脉络和研究进展，重点探讨新兴产业浮现背后的空间动力机制及其与区域发展的关系。第二章是互联网技术对世界经济地理格局的影响态势，重点探讨世界互联网产业和网络空间的形成与发展，分析互联网技术对产业布局和产业空间组织的影响效应，并以B2C电子商务为例，比较典型国家发展这一新兴产业的路径差异。在互联网经济蓬勃发展的全球背景下，第三章和第四章分别从城市和乡村两个层面审视"互联网+"在中国地方经济转型过程中的作用，呈现长三角地区新经济发展的外部环境。第三章通过探讨"互联网+"产业的空间区位逻辑，解释互联网时代的中国城市体系结构特征与发展趋势。第四章则关注中国淘宝村的发展状况和空间集聚特征，并通过淘宝村发展的影响因素分析，揭示农村电子商务在中国发展的空间机制。

　　中篇以互联网赋能长三角区域协同发展为题，包括三章。第五章探讨区域创新背景下的长三角地区城市网络的空间结构和作用机制，基于互联网文本数据，分析产业发展与区域创新环境中的长三角虚拟城市网络。第六章基于资本流动数据，揭示长三角风险投资的空间和行业特征，探究创业投资领域中的长三角城市网络及演变进程。第七章基于演化视角，研究长三角地区的物联网产业空间演化进程，比较不同城市的物联网发展路径，探讨新兴产业兴起和演化过程的地方差异。这些研究为当前推进长三角区域一体化发展提供政策启示。

　　下篇关注新经济背景下的长三角城市发展，重点研究三个城市区域案例，包括三章。第八章聚焦全球城市上海大都市区，探究软件企业的区位变化轨迹及其背后的动力机制，总结出软件产业时空发展模式和区位扩散特征，并对区位因素进行定量评估。第九章以典型"互联网+"城市杭州市为例，通过空间分析方法剖析互联网企业的空间格局和演化特征，并重点探究当地创新主体及其他区位要素的影响机制。第十章选取浙江省丽水市为案例，研究电子商务与长三角全球城市区域的边缘地区发展状况。丽水市把握了新技术变革下的机会窗口，借助发展电子商务破除了原有的发展路径锁定，成功实现了跨区域发展和新路径创造。这些案例研究力求为其他城市区域发展互联网经济提供政策启示与经验借鉴。

上　篇

理解新兴技术的空间效应

第一章　新兴技术产业与城市区域发展：理论基础

当今世界，新技术迅猛发展，孕育着新一轮产业革命。新兴产业正在成为引领未来经济社会发展的重要驱动力。全球各地纷纷制定战略，大力培育和发展新兴产业，抢占未来科技和经济竞争的制高点。追踪和识别新兴技术和新兴产业具有重要的学术和政策意义。新兴产业将知识以新颖的方式结合，往往与技术创新和企业家的活动有关。更重要的是，新兴产业为未来的经济增长提供了平台。正如熊彼特（Schumpeter，1934）所描述的，创新和技术变革之所以成为驱动经济增长的动力，原因即在于新技术的浮现和产业活动的演化。最值得注意的是，新兴产业在空间上往往集聚于拥有创意活动和机会的地方。当新兴产业出现的时候，初始区位的空间分布极为不均衡，对区域发展的影响作用也差异显著。然而，我们对新兴产业兴起的空间逻辑的理解还很欠缺，许多相关问题亟待深入研究。

伴随着国际学术界演化经济地理学的兴起，有越来越多的学者关注于新兴产业的发生机制，并成为近几年经济地理研究的热点前沿议题（Brachert *et al.*，2013）。相比较而言，国内有关新兴产业的研究起步时间较短，主要集中于研究产业的空间格局和区位过程，对其机制还缺少深入的探讨。本章目的是梳理国内外最新的研究进展，重点关注新兴产业背后的空间动力机制及其与区域发展的关系。本章首先梳理了新兴产业的概念及其测度方法；然后分别从产业演化的宏观和微观视角，总结产业创新与演化过程和新兴企业的衍生机制；再进一步突出新兴产业的区位过程，探讨区域条件与地理环境对新兴产业形成的重要作用；最后基于路径依赖理论，探讨新兴产业演化的区域差异，并关注政策在其中所起的作用。

第一节　新兴产业的界定与测度

一、新兴产业的概念

"新兴产业"一词的解释本身具有很强的开放性，目前理论界和实际工作中尚无统一的界定。波特（Porter，1980）曾指出新兴产业的兴起受到技术创新、成本变化、消费需求更新等因素的影响，或者是某些经济社会方面的变化致使新产品或新服务得以市场化。在国内，周叔莲和裴叔平（1984）较早研究了新兴产业，认为它是相对于传统产业而言的，其内涵不断变化。目前的新兴产业指的是伴随新兴技术的应用而出现的新的产业部门。国外学者也有类似的定义，将新兴产业包含为一些能够探索和利用新兴技术经济潜能的企业（Tanner，2014）。他们认为，新兴产业的发展是受到渴望创造技术潜在价值的激发。这种发展会吸引新的和已存在的企业加入。当新兴产业与创新活动、创造就业、增加出口等联系起来的时候，新兴产业就会使所在的区域收益（Brachert *et al.*，2013）。近几年，中国各级政府加快培育和发展战略性新兴产业（表1-1）。战略性新兴产业被界定为"以重大技术突破和重大发展需求为基础，对经济社会全局和长远发展具有重大引领带动作用，知识技术密集、物质资源消耗少、成长潜力大、综合效益好的产业"（国务院，2010）。

二、新兴产业的测度

由于新兴产业的产品很可能还未定型和上市，所以不适合纳入现有的产业分类体系（Feldman and Lendel，2010）。因此，还没有一套标准的定量方法可用来识别属于新兴产业的企业，在研究中存在各种产业界定概念和数据来源（表1-2）。为研究一个国家整体的新兴产业发展情况，一般采用比较新旧产业分类标准的方法（Berger and Frey，2017），也可以利用专利数据挖掘最新的技术行业动态。针对某一专门的新兴行业，可借助行业协会等中介机构整理数据或自建数据库。此外，在研究新的产业集群时，较多采用重点企业访谈的方法。

表 1-1　中国战略性新兴产业的分类

第一层	节能环保	新一代信息技术	生物	高端装备制造	新能源	新材料	新能源汽车
第二层	高效节能；先进环保；资源循环利用；节能环保综合管理服务	下一代信息网络；电子核心基础；高端软件和新型信息技术服务	生物制品制造；生物工程设备制造；生物技术应用；生物研究与服务	航空装备；卫星及应用；轨道交通装备；海洋工程装备；智能制造装备	核电；风能；太阳能；生物质能及其他新能源；智能电网；新能源产业工程及研究技术服务	新型功能材料；先进结构材料；高性能复合材料；前沿新材料；新材料研究与技术服务	新能源汽车整车制造；新能源汽车装置、配件制造；新能源汽车相关设施及服务

资料来源：根据国家统计局《战略性新兴产业分类（2012）》整理。

表 1-2　新兴产业的界定和数据来源

	案例文献	界定	行业	区域	数据来源
产业分类标准及普查数据	Boschma *et al.*（2013）	与原有区域产品结构的距离	综合	西班牙	NBER 世界贸易数据库
	Boschma *et al.*（2017）	由低水平的贸易专业化程度发展成高水平的产业	综合	美国	美国人口普查局数据库和 Comtrade 数据库的世界出口数据
	Berger and Frey（2017）	直接源自于技术革新的新兴产业	综合	美国	美国人口普查局的产业字顺索引
专利数据	Tanner（2014，2016）	早期承担风险探索新的技术范式的行动者	燃料电池	欧洲	欧洲专利局 OECD REGPAT 数据库
	Montresor and Quatraro（2017）	—	关键赋能技术（KET）	欧洲	欧洲专利局 OECD REGPAT 数据库
研究机构数据库	Wyrwich（2013）	新创企业活动	知识密集型商业服务业（KIBSs）	原民主德国	欧洲经济研究中心（ZEW）
行业协会的成员名录	Feldman and Lendel（2010）	—	光学产业	美国	美国光学学会成员公司的专利活动
自建数据库	Leigh and Kraft（2018）	—	机器人产业	美国	多种数据来源自建数据库
企业访谈	Isaksen（2016）	新的产业集群	造船、癌症治疗	挪威	企业访谈
	Li（2018）	新的产业集群	铝合金型材	中国	企业访谈

第二节 产业演化的宏观视角与微观机制

一、产业创新与多样化过程

大多数研究创新的学者都强调历史的重要性。创新能力是通过复杂的日积月累的学习过程而得到的，产业创新也不例外。从产业演化的宏观视角来看，已经有一些理论可以用来解释新兴产业的形成和发展。

（一）产业生命周期

将技术产业看作生命有机体，其演化过程就可以隐喻为生命周期，用于对产业、产品和技术的发展研究。经济学家克莱珀早在 1992 年就曾指出，越来越多的证据支持产业生命周期理论。它对企业和产业的演化作出了很好的解释。这些文献探讨了两个核心观点，即谁在创新以及创新活动是如何发生的。根据克莱珀（Klepper，1996）的看法，这两个问题的答案均与产业生命周期中的阶段紧密相关。

产业生命周期理论是在产品生命周期理论基础之上逐步发展而成的，其目的在于探索技术发展和产业结构随着产业年龄的增长而出现的变化。产业生命周期一般可分为四个阶段：初创期、成长期、成熟期和衰退期。在初创阶段，相关变化是最多的，选择的力量也是最强烈的，这正是研究新兴产业的价值和兴趣点所在。这一阶段的特征往往表现出：技术的不确定性、高端市场，以及高频率的进入和退出，并且缺乏一个主导设计（Essletzbichler and Rigby，2017）。然后，主导设计的出现伴随着产品到工艺创新的转变，以及"进入"的下降和"退出"的上升，从而减少企业的异质性，增加市场的集中度。

生命周期理论也存在局限性（Martin and Sunley，2011）。其中之一是考虑到技术、产品和产业演化的复杂性，生命周期的隐喻是否在类比分析中都能适用。生命周期被用于描述某一专门的演化过程时，很难提供其发生的细节情况，而且其描述是线性的、简化的，但现实往往是反复的、复杂的（Dalum et al.，2005）。技术和创新驱动的产业并不是一个同质的群体，在时间上可能表现出不同的演化机制，所以不是所有的生命周期都表现一致。在有关技术产业研究文献中，产业生命周期、产品生命周期和技术生命周期等概念经常被互换使用（表 1–3）（Routley *et al.*，2013）。事实上，上述三个概念本身的定义就存在模糊性，其各自边界很难界定清楚。尤其是在产业兴起的最初阶段，其组织结构还在变化中，要找到任何时间序列的测度指标都具有挑战性。

表 1–3 产业生命周期、产品生命周期和技术生命周期的概念比较

参考文献	分析变量	阶段
产业生命周期		
Ayres（1987）	N/A	婴儿期，童年期，青年期，成年期，老年期
McGahan *et al.*（2004）	销售额	分化，振动，成熟，衰退（传统模式）
McGahan *et al.*（2004）	销售额	导入，收敛，共存，支配（另类模式——新兴产业更替）
Twiss（1992）	产业规模	孵化，差异化，分裂与增长，成熟，衰退
产品生命周期		
Agarwal and Bayus（2002）	基于统计结果的指标（0~1 值）	发明，商业化，公司起飞，销售起飞
Ayres（1987）	投资回报	基础研究，应用研究，开发，扩张，成熟
Rink and Swan（1979）	销售收入	引入，增长，成熟，衰退
技术生命周期		
Ansoff（1984）	销售	导入，加速增长，成熟，衰退
Ayres（1987）	N/A	婴儿期，童年期，青年期，成年期，老年期
Ford and Ryan（1981）	技术渗透率	技术开发，技术应用，产品上市，应用增长，技术成熟，退化的技术
Nolte（2008）	效用	概念，诞生，童年，青年，成年，成熟，老年，衰老，死亡
Popper and Buskirk（1992）	N/A	前沿，先进，领先，主流，成熟，衰退

资料来源：Routley *et al.*，2013。

（二）产业创新与产业融合

产业也可看作是一组为了满足市场需求，由相互关联的产品群组成，并拥有共同知识的经济活动集合体。任何产业都有其自身特定的知识基础、技术及相关投入，围绕其形成的产业边界通常是不固定的，且会随着时间呈现动态变化。产业系统通过不同组成要素的共生演化而发生如下几种变动。

一是技术创新的产业化，包括发现新的原材料，生产出全新概念的产品，或者增加产品的新功能和新品质。如此，新产品的大规模生产，便形成了相应的生产行业或部门

（Leigh and Kraft，2018）。例如，电子技术的发展推动了战后全球经济中三个新产业的出现——电子计算机、计算机软件和半导体元件产业（Bruland and Mowery，2004）。电子技术的革命可以追溯到两个关键性的创新——晶体管和计算机。这两项关键性的创新在20世纪40年代后期出现，而对两者的应用主要是冷战所引发。从技术创新来看，固体物理学和微电子技术的发展形成了半导体工业，而控制论和电子技术的进展则是建立计算机工作的基础。如此，技术创新通过引起产品、产业的更替，使得一些新兴产业不断兴起和发展壮大，在市场条件下形成产业化。

二是从传统产业中分化，这是社会生产力发展和产业内部分工的必然结果。当产业发展到一定程度，就会开始孕育、萌芽、分离和成长出新的产业，出现新技术、新工艺和新产品。在社会需求动力和市场竞争压力的作用下，这些新产业分支就会从原来的产业中独立出来。按照卡尔顿和佩洛夫（Carlton and Perloff，2005）对产业的认识，新的市场一旦出现，即可认为新的产业形成。这一新的市场，可以是一种全新的产品所形成的新市场，也可以是已有产品的中间品开始交易而形成的新市场。例如汽车产业形成后，与之相关的围绕汽车产业服务和配套的汽车修理业、高速公路产业应运而生。一般而言，新产业与传统产业之间存在技术关联。许多研究表明新产业的出现可以看作是原有产业专长的延续，如美国匹兹堡钢铁技术集群的形成源于该城市在冶金和材料科学上的长期传统（Treado，2010）。

三是技术层面的融合导致产业转型。技术融合得越彻底，新兴产业出现的可能性就越大，并且通常伴有新的供应商、新的客户群以及新的商业模式出现（Feldman and Lendel，2010）。因此，产业融合可以看作是由价值定位、技术和市场等各方面相互渗透、相互交叉所引发的产业之间的边界模糊过程（Bröring et al.，2006）。例如营养药品与功能食品部门的出现正是食品与医药产业之间的融合结果（Bröring et al.，2006）。这种融合已成为当前产业发展的一个普遍现象，并导致新的产业分支出现，进一步形成新的产业。在信息社会中，电子通信、媒体和信息技术部门的融合是最为明显的产业发展趋势（European Commission，1997）。依赖于技术进步的机会促进了传统产业部门间边界上的创新，寻求跨产品、跨平台乃至跨部门之间的融合，如广电网、电话网和互联网的三网融合即是一个典型新兴部门。

（三）产业相关性

相关性通常用来形容相互之间拥有共同或者互补能力的行业之间的关联程度

（Boschma and Iammarino，2009），是近几年来经济地理学解释新兴产业形成的一个重要概念（Content and Frenken，2016）。其想法最初源于经验观察的发现，即从事不同类型但关联性较高产业的企业比从事关联性较低产业的企业可以从企业彼此的知识溢出中得到较多的好处（Frenken et al.，2007）。自 21 世纪初以来，越来越多的学者关注到某个区域产业与技术的种类会直接影响到知识溢出和获取范围的这一事实。其中，波特（Porter，2003）是最早意识到相关联产业会产生重要的空间正外部性的学者之一，并把这个观点整合到其产业集群理论中。他提出促进区域发展的是相关联产业空间集聚形成的专业化，而不是产业自身的专业化。

弗伦肯等（Frenken et al.，2007）在论述空间外部性和区域增长的文献中正式提出了产业相关性的概念。他们指出了相关多样性的效应，即空间外部性来源于区域相关产业的多样性。这类似于努特博姆（Nooteboom，2000）对于所谓最佳认知距离的看法。区域相关联产业的多样性是区域各部门认知邻近性与认知距离间平衡的结果，这使得知识溢出在各部门间更有效地进行。相关多样性通常用来形容相互之间拥有共同或者互补能力的行业之间的关联程度（Boschma and Iammarino，2009）。若两个行业之间具有较高的相关多样性，那么两个行业各自的企业之间将共享一个共同的认知背景，这将极大地提高相互之间知识获取与使用的效率，增强各自的学习能力与效果，最终提高相互间的交流与学习成效。在一个区域内，相关联产业的种类越多，可提供给当地产业的学习机会也就越多，跨部门间的知识溢出也就越有可能发生。随之，区域的经济发展水平也就越高。

区域内相关联产业的种类较多，除了对区域发展有促进作用外，同时也会加快一个区域出现新的产业。有研究指出，一个国家现有的产业结构会影响其未来的发展前景，其原因是一个国家已有的各种能力将决定未来适合发展哪些新的产业（Hidalgo et al.，2007）。豪斯曼和伊达尔戈（Hausmann and Hidalgo，2010）认为所谓的各种能力是指那些无法进入国际贸易的生产性投入。这些能力可以是特定的基础设施，也可以是特定的技能、制度或者规范。如果一个国家拥有足够的发展新产业所必需的能力，那么出现新产业的可能性就高；反之，如果能力不足，出现新产业的可能性就低。已有不少案例研究表明新兴地方产业会扎根于区域内的关联活动（Glaeser，2005；Boschma and Wenting，2007；Klepper，2007；Neffke et al.，2011；Zhang，2013；Colombelli et al.，2014）。同时，最近也有一些学者开始关注非相关多样化问题。尽管已有案例研究（Dawley et al.，2015；Binz et al.，2016）和统计分析（Neffke et al.，2018）的成果，但结论还不够清晰。

　　区域特定的、地方化的能力同样是产业多样化的来源。博希玛和弗伦肯（Boschma and Frenken，2011）把区域多样化的过程描述为区域分岔，即区域已有的产业能力被重新整合到新的经济活动中，技术上相关联的产业诞生出新的产业。企业家创业、企业多样化、劳动力流动及社会网络化，这些知识转移机制均具有强烈的地域偏好，而新产业的产生与多样性紧密相关，因此区域的尺度变得至关重要（Boschma et al.，2013）。成功的新企业通常是由同一区域相关产业的企业家创立。这足以证明，企业衍生的确促使区域内部旧的产业部门孕育出新的产业。有案例研究（Boschma and Wenting，2007；Klepper，2007）表明，新产业领域中最成功的企业家往往拥有在技术相关产业中获取的能力。劳动力流动是知识在企业和产业间转移的另一个重要机制，它也被看作是区域分岔的一个重要来源，因为大部分劳动力流动主要发生在劳动力市场内的区域层面（Eriksson，2011）。劳动力流动对区域分岔具有重要影响，然而这方面的实证性证据还比较少见。

二、企业家精神与新企业的衍生动态

　　前文讨论了新兴产业的出现伴随着相关产业演化和转型机制，而微观层面上以资源和能力为基础的理论将补充新兴产业发展的宏观视角。它们强调了那些具有能力重塑产业环境的人的重要性（Jacobides et al.，2006）。

（一）人力资本与企业家精神

　　人力资本的专业技能禀赋对于区域产业更新颇为重要。关于两者关系有两种理论可以用来解释，一种是再造（Reinvention）假设，认为高技能城市更善于适应新技术，从而再造和振兴城市产业（Glaeser et al.，2014）；另一种是创新假设，强调高技能城市的地方创新能力更强（Doms et al.，2010）。也就是说，新兴产业的产生可能源于地方创新，也有可能是基于其他地区发明的新技术。伯杰和弗雷（Berger and Frey，2017）的研究在控制地方创新的影响之后，发现人力资本与新兴产业两者的正向关系依旧稳健，说明产业复兴很大程度是由于高技能劳动力能够更好地适应技术变革。因此，新兴产业更可能出现在人力资本充裕的地区以及需要相应专业技能的专业化城市。

　　新兴产业初创期总是充满了不确定性，因而使得企业家精神至关重要（Jansson，2011）。波特（Porter，1998）认为，一个地区某一行业出现的第一家企业，在现有理论中只能用本地企业家精神来解释。通过创办新企业，企业家促进了地方产业转型和多样化（Mayer，2013）。同时，企业家还在获取个人利益的过程中，通过集体行动塑造了地方环境，并建立起满足产业成长需求的各种制度。因此，企业家精神也是地方产业发展的关键动力，尤其是能够促进集群的形成和发展（Kim，2015）。有学者指出，从历史的视角来看，产业是企业家在其公司和社群中学习和解决问题的产物（Powell *et al.*，2002）。

（二）衍生动态

在地方新兴产业或集群形成过程中，第一家企业创立并取得初步成功之后，企业衍生机制起到越来越重要的作用。不同产业的研究均得到类似的结论，如美国的半导体产业与汽车工业（Klepper，2010）、轮胎工业（Buenstorf and Klepper，2009），意大利的塑料产业区（Patrucco，2005）等。衍生企业作为初创企业的一个独特的子集，倾向于进入或者接近母公司所在的区位，其进入的市场也往往与其母公司所服务的市场存在着密切的联系。在克莱珀（Klepper，2007）所呈现的衍生动态模型中，衍生机制在一代又一代公司之间充当着知识传播的渠道，在母公司和新的衍生之间形成了成功的路径传承。由于衍生企业的选址往往倾向于邻近母公司，产业集聚就成了一些衍生成功企业的驱动结果（Wenting，2008）。

组织能力通过衍生过程在区域内部进行转移，给予了产业集群形成的理论解释。它并不依赖源于传统马歇尔集聚经济中的外部性经济的存在（Buenstorf and Klepper，2009）。然而，衍生过程和其他的集群演化的动态过程之间的相互关系在很大程度上并未被发掘利用（Mayer，2013）。这种相互关系可能与两个维度有关。一方面，一个区域早期成功的进入者不仅仅是孕育衍生的理由，他们的增长同样也会对区域发展的外部性产生积极的影响，或者说区域的发展并不局限于衍生。另一方面，衍生过程的本身可能会因马歇尔集聚经济的出现而强烈地交互在一起。地方的衍生驱动了区域知识的扩散以及一个共同知识库的出现（Patrucco，2005）。高度专业化的衍生为高频率的垂直分工创造了机遇。那些先前在同一家企业工作的衍生创建者之间的个人联系是区域社会网络的潜在来源，这被认为是成功创建或经营一家企业所获取资源的重要渠道。

由于衍生过程中成功孕育成功的自我强化，历史的奇点诸如一个或几个早期成功的进入者所在的区域位置可能会对区域的发展产生长期的影响。区域早期进入者的性质和方向，会促进区域技术发展路径的形成。考虑到产业集群形成的动态模型所隐含的临界点和滞后效应所起的重要作用，可以预见即使它们只取得暂时性的成功，进入者仍然可以引发持久的区域发展。

第三节　新兴产业形成的区域条件与地理环境

创业的确是产业转型中的关键机制之一。然而学者们经常将精力集中在个人上来解释这种转变，从而忽略了区域条件。但事实上，创业带有强烈的地方色彩。最近的研究发现区域机会和创业环境是导致这种转变的主要驱动力（Michelsen et al.，2013）。即使在完全不同的经济体制变动下，区域条件对新兴产业的出现均具有重要的影响。

一、区位机会窗口：区位自由与产业的早期地方化

区位机会窗口的概念源于斯多波等的研究（Scott and Storper，1987；Storper and Walker，1989），其基本出发点是指导致新产业地方化的一个触发性事件。这一概念可用来解释为什么新兴产业会出现在一个新的空间，而不是在其他地点。其原因主要在于新兴产业的要素投入需求很多，如劳动技能、资源禀赋、基础设施、资本投入等，而已有的区位条件很少能够完全满足这些需求，因此企业就有了区位选址的自由，如此机会就产生了（Storper and Walker，1989；Fornahl et al.，2012）。

博希玛和范德克纳普（Boschma and Van der Knaap，1997）进一步拓展了区位机会窗口的理论方法，以用来描述新兴产业借助于不确定性、创造力和偶然性所形成的空间格局。他们认为新产业在增长初期的空间过程相对独立于原有的空间结构和条件，所产生的机会窗口能够同时为发达和欠发达区域的发展提供机遇。由于新产业本身所具有的强大创造力可以弥补地方劣势，反而使一些区位条件比较一般的地方获得了新产业的成长（Martin and Sunley，2003）。进一步，占据先行优势的区域往往可以获取更大的外部性和收益递增（汪明峰等，2015；Crescenzi and Jaax，2017）。

马丁和森利（Martin and Sunley，2003）在梳理产业集群形成机制时，也采用了类似的解释。他们认为新兴产业在产业集群发展中的重要性主要基于两个方面。一方面，新兴产业处于产业生命周期的早期阶段，具有巨大的增长潜力。另一方面，当一个产业处于导入阶段，还没有出现一个具有明显优势的地方可以完全捕获这类产业活动，因此，对于其他地方来讲，参与竞争以及在新兴产业周围形成产业集群也是有可能的。那些能与创新产业的自然发展趋势相适应的地方，在捕获潜在的利益时，将会处于一个有利的

位置。当然，源于空间邻近性的潜在利益往往是由地方产业内部动态机制所促成的。此外，企业的策略会影响到开放性、外包关系以及对本区域的依附性，进一步会影响到投资和创新的机会（Feldman and Lendel，2010）。

　　新兴产业的具体特征形塑了演化的空间格局。由于新兴产业所拥有的"新奇"，新兴产业被迫形成新的制度和区域结构来使其业务发展有利。这一变化发生在区位机会窗口的第二个阶段，即增长阶段，其特点是导致空间集中累积机制的出现。产业活动空间集中的原因可归结于地方化的外部性经济及地方环境和机构的支撑（Boschma and Ledder，2010）。通过企业增长和空间集中的途径，那些具有较高调整能力的区域将形成特定产业的区域资产，从而进一步提升和推动产业的空间集中（Storper and Walker，1989）。地区外部性经济的水平越高，区位机会窗口就越窄，这会导致空间动态的降低，并影响某一区域模式的稳定发展。

二、选择性环境：区域条件与新兴产业的持续集中

　　为了解释新兴产业的空间演化，区位机会窗口的概念和随机性的方法越来越将注意力集中在集聚经济和制度调整上，但是这些发展背后的机制并没有进一步概念化。这些遗漏的步骤部分被埃斯莱茨比克勒和里格比（Essletzbichler and Rigby，2007）提出的"选择性环境方法"所填补。它的基本主张是：新企业经济上的成功将取决于区域环境的某些特征。新兴产业持续的空间集中，将伴随形成具有地方化环境区域的过程和条件。随着时间的推移，这些过程将会增加空间结构的区域差异。

　　事实上，有关产业区域差异的案例很多，如萨克森尼安（Saxenian，1994）将美国硅谷和128号公路的发散性功能作对比，突出了区域制度和文化差异的作用。里格比和埃斯莱茨比克勒（Rigby and Essletzbichler，2006）在研究三个制造产业中发现证据。即尽管新产业需要时间来形成技术上的异质性，但是地理的差异性往往在时间上是持续存在的。这些技术上的差异性可以被认为是不同区域本地学习条件的差异。他们（Essletzbichler and Rigby，2007）进一步认为，一个区域企业群体的演变是与区域演变整体上的耦合。这个假设认为一个区域所堆积的行为能力不仅仅是这些经济主体所包含的业绩总和。地区经济主体之间的相互作用将会导致区域之间的路径、机构、组织形式以及地方的束缚资源的差异化越来越大。如此，把区域作为选择性的环境，在产生本地外部性经济的区域能力和区域新兴产业的发展潜力之间建立起了联系。

最近，更多的学者关注到新兴产业在空间区位上的选择性。他们认为区域条件对新兴产业的出现非常重要。首先，区域创业机会有利于增加新企业的生存机会。这一点在产业结构薄弱的非工业化区域得到体现。亨恩（Henn，2013）试图解释新兴国家和发展中国家新兴产业的空间演化。他认为可以通过密集的网络以较低的成本在国家间长距离转移相关知识和技术。当外部知识变成特定区域同行之间的知识流动时，即形成了产业集群的先决条件，甚至那些没有产业特定优势的区域也可以形成产业集群。其次，不同行动者之间的网络对新兴产业的出现也有重要的影响。克里特口和克嫩（Klitkou and Coenen，2013）从区域创新系统的方法分析了挪威光伏产业的出现，其中凸显了知识动态网络的重要性。再次，一个区域的知识基础对新兴经济活动的出现也有积极的影响。库尔维奇（Wyrwich，2013）分析了区域条件在德国知识密集型商业服务业的出现中所起的作用。前东德地区不存在知识密集型服务业，但在两德合并后开始出现。其研究发现这一新兴服务业一般出现在市场广阔的人口密集区。区域的知识储备状况对创业活动有着显著的积极作用。最后，一些预设的政策项目对新兴产业的成功出现也扮演着重要的角色。恩格尔等（Engel *et al.*，2013）评估了德国生物产业两大政策对研发活动的影响，结果发现政策对新兴产业的发展有重要的积极作用，尤其是公共资金的支持对研究和创新活动影响显著。

第四节　路径依赖与新兴产业演化的区域差异

地方产业的形成和发展存在路径依赖，可能陷入路径锁定，也可能创造新的路径。对于不同的国家和地区而言，同一产业的兴起和发展往往遵循不同的路径，其背后的动力机制也存在差异（汪明峰等，2009；2015；Gertler and Vinodrai，2009）。

一、路径依赖与新兴产业的空间异质性

路径依赖被认为是产业结构演化的基本特征。马丁和森利（Martin and Sunley，2006）认为路径依赖存在三种观点：一是技术锁定，认为特定的技术领域会锁定于某种轨迹，即使在拥有其他更有效的技术的情况下；二是动态收益递增，认为各种外部性和学习机制产生正向反馈效应，从而强化已有的发展路径；三是制度滞后，认为通过社会经济活

动，各种制度会伴随时间自我再生产。

第一种观点主要与戴维（David，1994；2001）的工作相关联。他曾把路径依赖定义为历史偶然性的选择，并有可能锁定在具有多重稳定的均衡之中。一旦锁定，它就需要一种外在类似刺激物来驱除或打破这种均衡状态。赛多（Sydow et al.，2005）则认为戴维的路径依赖模型存在两点不足：一是强调历史性事件和偶然事件的重要性，忽视了新技术和新产品等的产生是有目的的行为；二是未解释路径锁定是怎么解除、打破和消除的。在他看来，应该有形成前、路径创造、路径锁定和路径消除四个阶段。

事实上，关于技术演化过程的自我增强机制和路径依赖性质的开创性研究，最先是由亚瑟（Arthur，1989）做出的。他认为新技术的采用往往具有收益递增的机制。由于某种原因先发展起来的技术通常可以凭借先动优势，实现自我增强的良性循环，从而在竞争中胜过自己的对手。这种状况在信息经济发展中的体现尤为明显（Shapiro and Varian，1999）；相反，一种较之其他技术更具优良品质的技术却可能因为晚人一步，没有能获得足够的追随者等而陷于困境，甚至锁定在某种恶性循环的被动状态之中（朱华友，2005）。进一步，亚瑟（Arthur，1994）将集聚经济视为规模报酬递增的空间结果以及是形成新兴产业空间格局的主要动力。按照前文提及的企业衍生机制，一个区域产业产生衍生企业的概率是和该区域新兴产业的企业数量成比例的。区位选择于一个区域的新公司越多，那么马歇尔集聚经济出现的可能性也就越大。在这种背景下出现的空间集中是路径依赖的结果，那些早期拥有大量衍生的区域，在后期实现更多衍生的概率就越大。集聚经济的兴起，进一步促进了产业在空间的集中。对于那些新来者进入一个拥有众多企业的区域，从集聚经济中获益是合理的。如此，即出现了产业集群。

制度滞后的理论脉络更多来源于诺斯（North，1990）和塞特菲尔德（Setterfield，1993）的研究。他们均强调在技术领域，出现的一些制度结构可能不一定是最有效的，然而它们的路径依赖演化意味着这些制度安排能在相当长的时期内锁定。因此，制度也是影响区域新兴产业出现的重要因素。切萨布鲁夫（Chesbrough，1999）曾比较日本和美国磁盘驱动器企业的差别，发现与劳动力市场、风险资本和供求关系相关的制度因素存在差异。相类似的，汪明峰和卢姗（2009）对多国电子商务产业兴起过程进行了比较，也强调了国家之间新兴产业赖以发展的制度环境差异，并探讨了路径依赖机制在产业发展中的作用。

根据多西和梅特卡夫（Dosi and Metcalfe，1991）的观点，在跨越不同尺度的观测中，并不一定存在不可逆性和路径依赖之间的同构。当区域内的一些产业、技术或组织出现路径依赖时，其他的部分不一定也会显示出相同类型和程度的路径依赖变化。事实上，区域内的不同产业可能受制于完全不同的路径依赖机制。从区域的视角来看，路径依赖可能源于各种地方资源，包括自然资源、地方资产和基础设施的沉没成本、产业专业化的地方外部经济、区域技术锁定、集聚经济、区域特定的制度和文化传统，以及区域间的联系等（Martin and Sunley，2006）。区域经济越多样化，越有可能包含多种路径。此外，一些路径依赖对于特殊类型的区域经济或多或少是特定的，但是，不同类型或形式的路径可能在一个区域经济内部共存和互动。如此从该意义上讲，区域路径依赖的概念是复杂的和多维度的，可能拒绝任何单一的理论化（Martin and Sunley，2006）。

马丁和森利（Martin and Sunley，2010）进一步认为，利用路径依赖模型来解释特定产业、技术或制度的演化有两种主要的途径。一是关注特定区位，研究导致一个地方产业出现的充分和必要条件、自我强化机制的类型及协同演化过程。二是关注跨区位的差异，研究同一产业在不同地区的空间演化。这些研究一般假设新产业最初的区位具有不确定性，可能有几个区位条件都同等适合，但最终落地的区位往往由机会或偶然事件决定。

二、产业演化与区域多样化的路径创造

如前文所指出，早期的观点认为新增长路径的创造是历史偶然事件或机遇的结果抑或是区位机会窗口的偶然产物。然而这些方法均适合事后分析，被认为是对新路径形成的非均匀地理分布提供了一种相对模棱两可的消极的（Cooke，2012）和唯意志论（Mackinnon et al.，2009）的解释。马丁和森利（Martin and Sunley，2006）则认同路径就是过程的观点，路径创造被理解成路径依赖、路径创造、路径破坏持续相互作用的一部分。这样，路径创造和路径依赖之间的关系就变得更清晰。路径创造成为路径依赖的一个潜在要素，它会受到一系列地方产业技术遗产和区位相关因素的制约，因此，这有助于解释为什么特定的路径发生在特定的区域而不是其他的区域（Dawley，2014）。受到自适应性系统的启发以及专注于地区和产业机构、技术和市场选择压力之间的相互作用，这些观点后来被整合成一系列更系统的微观层面的方法，加入到了地区和区域的产业演化之中（Simmie and Martin，2010；Steen and Hansen，2018）。如图 1-1 所示，马丁（Martin，2010）确定了涉及新路径创造的可能阶段：预形成阶段，受已有经济和技术条件所支配；路径创造阶段，一种尝试或不同经济行动者之间的竞争；路径发展阶段，基于局部递增收益和外部性。这种程式化的方法有助于解释预先形成阶段与路径创造阶段之间的转变是如何需要将区位条件进行识别、利用、转换来满足新的市场机遇。

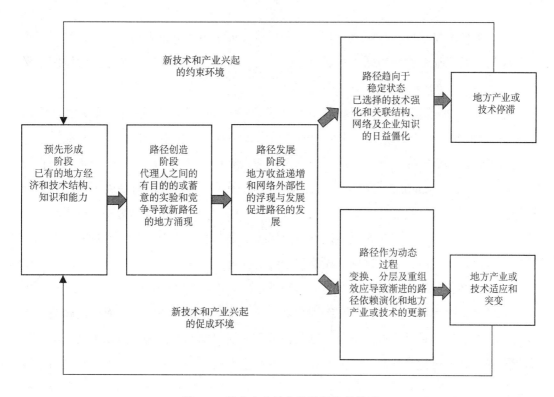

图 1-1　地方产业演化的路径依赖模型

资料来源：Martin，2010。

马丁（Martin，2010）利用分层、转换、社会和制度背景的重组等来分析路径动态的过程。然而，理解这些动态过程如何被激活并限制于地方环境仍然是一个关键性的问题。即便如此，这种可供选择的模型与适应性周期（Simmie and Martin，2010）及集群生命周期（Menzel and Fornahl，2010）的相关论点相似，以一种更开放的、动态的方式来理解路径依赖的概念，对于构建路径创造的理论分析框架是很有帮助的。但是，马丁（Martin，2010）的模型还是留下了很多因果关系上的分析和实证问题，并未厘清路径创造的驱动力（Dawley，2014）。首先，为了分析明确，我们所理解的实际上是不断进化的（包括区域经济、集群、部门等）以及由此产生的各种路径（Fornahl *et al.*，2012）。其次，把路径依赖理解成一种更加开放和有利的过程，那些拥有高水平吸收能力和动态创新系统的区域往往是那些很有可能创造路径的区域（Martin and Simmie，2008）。相反，在其他有些地方因为过去经济发展的特殊性，当地环境可能不太有利于新兴技术或产业的出现，甚至导致限制因素的出现（Martin，2010）。路径创造中出现地理环境的变异引发了一个重要的挑战，即理解地方和区域如何不被现实的环境所限制。第三，为了所涉及的因果关系更加清晰和明确，有必要寻找新的方法更有效地来描绘其中的关键因素和机制（Dawley，2014）。

最近，越来越多的学者开始探寻路径创造中各方行动者发挥的能动性。西米（Simmie，2012）结合经济学和社会学不同的本体论方法，提出了综合社会—经济的路径创造理论，强调了在新的技术路径产生过程中人类行动者的贡献。另一个折中的视角是路径可塑性（Strambach，2010），认为路径本身并不连贯一致，而是由于制度的弹性延伸和行动者的解释灵活性，能对一系列创新和可能性持开放态度。这些理论贡献进一步激发了关于路径演化如何涉及各种可能的变化轨迹的激烈辩论，如伊萨克森（Isaksen，2014）对路径的更新、重新定位、耗竭和创造过程进行了区分。

在整合演化经济地理学和转型研究的基础上，博希玛等（Boschma et al.，2017）提出了区域多样化理论不应只是建立在当前对于相关多样化的理解之上，而应同时透过审视行动者在制度革新过程中的角色，以及在各种空间尺度上的积极与限制因素，来考量非相关多样化的过程。他们从相关性和尺度两个维度进行交叉分析，提出四种区域多样化的轨迹，表明在不同路径中关键行动者及其空间逻辑的差异性（表 1–4）。宾兹等（Binz et al.，2016）提出了一个更系统的非相关多样化的分析框架，认为区域内新的产业路径出现是一个动员和调整不同资源的过程。它假设新产业的市场并不是预先存在的，而是把（利基）市场视为一种关键资源，必须通过引导、监管和标准化等手段来积极创造全新的技术、产品和服务（Dewald and Truffer，2012）。同样，金融投资需要通过企业家、投资者和中介组织之间的网络积极动员。最后，合法性也被强调是新产业形成的关键资源，因为新产品和流程往往与现有的规制、规范和认知制度不一致，会导致用户最初的怀疑和抵触。因此，促进非相关多样化的行动者必须参与相当多的制度性工作，以使行业适应现有的制度结构或调整这些结构以更好地满足行业需求。

表 1–4　区域多样化的轨迹特征

过程	相关性	尺度	风险	制度性工作	关键行动者	空间逻辑
复制	相关	体制	低	维持	区域在位者	地方化
移植	不相关	体制	中等	创造（以区域为主）	体制在位者/政府	全球到区域
变异	相关	利基	中等	创造（以全球为主）	新进入者	区域到全球
突变	不相关	利基	高	创造（所有尺度上）	广泛的	全球到全球

资料来源：Boschma et al.，2017。

三、涌现与规划：新产业落地中的政策作用

路径创造存在三种途径（Martin and Sunley，2006）：路径创造是随机的，即历史偶然性的结果；路径创造是限制性条件和机会事件的综合结果，即所谓的区位机会窗口；路径创造是成功（区域）路径之间的依赖，如硅谷互联网产业的浮现是由于这个区域已有的风险资本产业（Zook，2005）。区域新产业兴起的路径，一方面与政府政策有关，另一方面与新企业的区位因子有关，如熟练技工的可利用性、与研发实验室和大学的邻近性，以及风险资本的可获取性等。其中，对于政府政策（包括国家层面的、区域的、有明确区域的或者没有的）在路径创造中的作用存在争议。

在当前研究中，一些学者认为政策对区域高技术产业发展的支持效果并不显著（Bresnahan and Gambardella，2004）。在发达国家，高技术集群的涌现很少是决策者有目的推进的结果，也不是靠偶然的机会就能产生的（Sternberg，2010）。但也有研究表明各级政府的政策对区域新兴产业的发展均具有显著的影响作用（Gertler and Vinodrai，2009；Kedron and Bagchi-Sen，2011）。在德国，柏林—勃兰登堡光学产业集群的发展是有确定目标的规划驱动，并受限于已有的地方结构，从而减小了意外的发生，所以它是涌现（市场作用）与规划（政府引导）共同起作用的结果（Sydow *et al.*，2010）。

在中国，产业政策作用被普遍强调。互联网产业的案例研究表明，相关多样性在构建新兴产业的地方活力中发挥着主导作用，同时还受到制度的区域根植性的显著影响（Zhang，2013）。通过长三角城市的物联网产业兴起的路径比较研究发现，自上而下的政策扶持对于战略性新兴产业的迅速布局是不可缺少的（汪明峰等，2015）。在区域演化过程中，新兴产业的进入和已有产业的退出造就了新的发展路径。地方政府在这一过程中发挥着双重作用。一方面，地方政府利用补贴扶持本区现有产业的发展，增强地区路径依赖式发展的可能；另一方面，地方补贴又偏好通过引导不同特征的产业进入和退出为地区带来新的路径。政府规划引导和优惠政策在软件产业集聚区的早期形成阶段中起到重要的作用，同时市场的力量也很显著（汪明峰等，2013）。此外，体制改革和开放程度也明显影响到中国城市的区域分岔和路径创造。

兰布和博希玛（Lambooy and Boschma，2001）曾梳理了基于演化原则的区域政策，并探讨两种理想的区域发展类型中政策所起的不同作用。一种是认为新的经济活动空间形成中，机会和收益递增的演化机制对决策者来说存在完全相反的看法。一是认为机会

事件的重要性表明区位存在多种可能性。这是政策面临的首要问题，因为新的发展路径是不可能规划甚至预测的。二是认为决策者可以发挥有效的作用。因为空间对于新的经济活动产生的影响是次要的，所以决策者有可能采取行动来建造吸引人的地方环境。因此，通过城市化经济可以提供弹性的优势。另一种是强调创新地理中选择和路径依赖重要性的演化机制。一般认为如果政策目标强烈根植于地方环境，那么区域政策的潜在影响将非常大。例如在《欧盟 2020 战略》中提出的"精明专业化"已成为当前欧洲最重要的创新政策（McCann and Ortega-Argilés，2015）。该政策鼓励区域事先进行基于本地条件的创新潜力评估，有针对性地开展项目资助，帮助区域内的知识资源进行传播和重组，由此培育新知识、新技术和新市场。

第五节　小　结

近二十年来，演化理论在经济地理学研究中的影响日益加深。众多与演化相关的理论和概念如生命周期、相关多样性、区域分岔、衍生动态、区位机会窗口、选择性环境、路径依赖和路径创造等，为理解产业演化及其空间过程提供了有效的理论框架和分析路径。由于新兴产业处于产业生命周期的初始阶段，变化较多且充满不确定性，所以是演化经济地理学值得更多关注的新兴领域。本章对相关研究进展进行了梳理，以期帮助我们更好地认识新兴经济空间的演化过程和机理。

当然，本章梳理的大部分理论主要基于西方的发展情景构建，在中国的应用可能存在适用性问题。在研究中，要避免将这些理论简单地拿来应用，而应该更多从中国的初始经验里提炼和发展出一些基本概念和理论。尽管国内在该领域的研究才起步不久，但随着近些年创新创业大潮的风起云涌，各地纷纷培育和发展新兴产业，涌现了大量新颖的现象和生动的案例，为地理学研究提供了丰富的素材，值得我们深入探究和理论总结。

第二章 互联网技术对世界经济地理格局的影响：
历史视角

互联网从科研机构的实验室，到散落大街小巷的网吧，再到现在智能手机的普遍无线接入，发展和普及速度惊人，已成为当前世界影响最广泛的技术创新。层出不穷的互联网新技术对人类社会各个领域的影响日益加深。全球空间和地方发展的格局和机制也随之重构。本章重点探讨世界互联网产业和网络空间的形成与发展，内容结构如下：第一节回顾互联网发展简史，呈现当前世界互联网发展格局和互联网产业的发展状况；第二节分析互联网技术对产业布局和产业空间组织的影响效应；第三节以 B2C 电子商务为例，比较典型国家发展这一新兴产业的路径差异。

第一节 互联网与互联网产业的全球发展

一、世界互联网的发展

（一）互联网简史

互联网的雏形是 20 世纪 60 年代末美国国防部资助建立的阿帕网（Advanced Research Projects Agency Network，ARPANET）。最初的设计用途是作为在万一遭受核攻击时使用的一个分散式指挥通信系统。这个网络把加利福尼亚大学洛杉矶分校、加利福尼亚大学圣芭芭拉分校、斯坦福大学，以及位于盐湖城的犹他大学的计算机主机连接起来。随后，其他研究者和学术机构的加入挖掘出这个网络的潜能，规模不断扩大。到 1972 年时，ARPANET 网上的节点数已经达到 40 个。到 20 世纪 70 年代后期，网络节点超过 60 个，主机 100 多台。地域范围跨越了美洲大陆，连通了美国东部和西部的许多大学和研究机构，而且通过通信卫星与夏威夷和欧洲等地区的计算机网络相互连通。

20 世纪 80 年代中期，美国国家科学基金会又建立了一个类似的平行网络，并鼓励大学和研究机构连接和共享他们的巨型计算机。美国国家科学基金会网（National Science Foundation Net，NSFNET）采用了 ARPANET 发展出来的传输控制协议/互联协议（Transmission Control Protocol/Internet Protocol，TCP/IP），成为美国最早的主干网络。由于 NSF 的鼓励和资助，很多大学、政府机构甚至私营的研究机构纷纷把自己的局域网并入 NSFNET。从 1986 年至 1991 年，NSFNET 的子网从 100 个迅速增加到 3 000 多个。NSFNET 的正式营运以及实现与其他已有和新建网络的连接开始真正成为互联网的基础。

在美国网络发展的同时，其他国家的网络建设也在进展之中。英国国家物理实验室（National Physical Laboratory，NPL）的网络，20 世纪 70 年代初连接主机 12 台，终端 80 多个。其他还有英国邮政局的公用分组交换网络（Electronic Packet Switching System，EPSS）（1973 年），法国信息与自动化研究所（Institut de recherche en informatique et en automatique，IRIA）的 CYCLADES 分布式数据处理网络（1975 年），加拿大的 DATAPAC 公用分组交换网（1976 年），日本电报电话公司的 DDX-3 公用数据网（1979 年）等。随着计算机网络在全球的拓展和扩散，美洲以外的网络也逐渐接入美国的 NSFNET 主干或其子网。进入 20 世纪 90 年代，互联网飞速发展。尤其是在 1993 年，两个重要的技术创新，万维网（World Wide Web，WWW）和马赛克（Mosaic）浏览器的应用使互联网有了一个令人耳目一新的平台。目前，互联网已经成为国际商业活动和流行文化的主要媒介。

（二）发展格局

1. 互联网基础设施

与早期电子通信技术（如电话、电视与广播）的扩散状况相似，互联网在国家之间的拓展也是不均衡的。从很大程度上讲，一个国家的互联网连接程度取决于它的经济发展水平、人力资源的受教育程度与英语水平、法律制度环境以及现有的技术资源状况（Hargittai，1999）。传统基础设施网络（如道路与电话系统）发展较好的国家，其互联网设施的发展速度也较快。

美国在全球信息网络的发展中起着特殊的作用，拥有世界上最发达的计算机网络、实力最雄厚的通信企业和最丰富的互联网信息资源。当这些技术向全球拓展时，其他国家的研究网络都倾向与美国的互联网进行直接连接。不少国家的互联网接入商也由于经济原因往往优先与美国，而不是与他们本国的其他网络连接。这样，几乎每个国家都与美国建立了直接的互联网连接，而其他国家之间的连接则相对较少。从全球各大区域之间的连接来看，欧洲到美国与加拿大（4 972Gbps），亚洲到美国与加拿大（2 721Gbps），以及拉美到美国与加拿大（2 848Gbps）是全球互联网最关键的主干连接（图 2–1）。同时，欧亚之间的连接（1 345Gbps）正在快速增长，目前也占据了国际互联网带宽容量的很大部分。

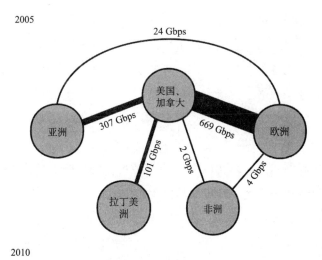

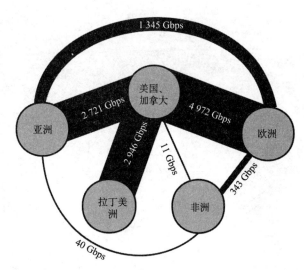

图 2–1　2005～2010 年各地区之间的互联网连接带宽

资料来源：www.telegeography.com。

随着国际互联网连接的不断增加，少数全球城市与次一级区域节点之间在通信技术路径上存在的差距正在缩小。然而，电子通信的实体基础设施与互联网的虚拟本质之间还是存在着微妙的差异。承接大部分国际通信流量的海底电缆系统需要一种由国家、区域和区域内部集聚点组成的等级体系（Malecki and Wei，2009）。从理论上讲，互联网骨干网络也遵循相同的地理格局（Townsend，2001a）。然而，最近光纤网络的快速发展给国际通信地理格局提供了变动的机会。增加的骨干网容量可以通过简单的安装新路由器来快速部署公用线路。因此，信息和资本流的全球地理格局促使世界城市处于纷杂的变动状态，一些新的大都市群体在这些新的国际通信网络中的地位正在提升。全球城市仍然维持着重要地位，而且它们之间的纽带比以前更为紧密。同时，它们不再是国际通信网络的唯一中介。一些竞争者加入进来，降低了全球网络的集中度。更多的城市在快速变动的全球互联网骨干网络中变得愈来愈重要。

2. 互联网用户

根据国际电信联盟的统计，2018 年世界上使用互联网的人口比重达到 51.4%，但是互联网使用在世界各地的扩散呈现出明显的差异。图 2–2 使用的是 2011 年世界银行提供的互联网用户数据和总人口数据库。该数据库自 20 世纪 90 年代以来一直跟踪每个国家和地区的互联网用户和连接状况。互联网用户是指可以访问互联网的人口部分，利用一

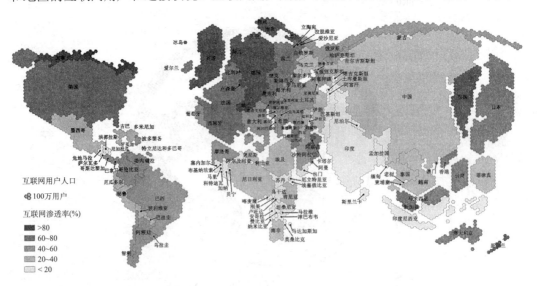

图 2–2　2011 年世界各国和地区的互联网用户

资料来源：Graham *et al.*，2015。

个国家和地区的互联网普及率计算得出。在图中，用户规模采用六边形图表示。每个国家和地区的大小由其互联网用户人口决定（其中，每三个单位六边形代表一百万用户）。地图未显示用户数量少于 333 333 的国家和地区。图中的阴影反映了它的互联网渗透率。较暗的阴影处表示人口中人均互联网使用率较高。图中的扭曲变形显示了用户在国家一级的集中程度。中国拥有世界上最大的互联网用户规模，超过 5 亿，随后依次是美国、印度和日本。

图 2-2 展现出两个重要趋势。首先，亚洲是世界互联网用户最大的组成部分，占全世界比重为 42%。中国、印度和日本的互联网用户数量比欧洲和北美的总和还要多。其次，互联网用户规模较大的国家很少拥有较高的普及率（超过 80%）。印度等一些国家的互联网普及率最低，只有不到 20%。换句话说，对这些互联网大国而言，它们仍然有很大的增长空间。此外，互联网渗透的另一个关键地理模式是，除了加拿大、新西兰、卡塔尔和韩国这四个国家外，其他渗透率超过 80% 的国家都在欧洲。相比之下，整个拉美地区的互联网用户几乎与美国相同，拥有 40%～60% 的渗透率。非洲的情况最为多样化。一些国家经历了高速增长，而其他国家几乎没有发生变化。在过去三年中，几乎所有北非国家的互联网用户人数翻了一番（阿尔及利亚除外），肯尼亚、尼日利亚和南非也出现了大幅增长。然而，超过 20 个撒哈拉以南非洲国家的互联网普及率不到 10%，近年来增长缓慢。因此，尽管互联网已经在我们的日常生活中发挥了巨大的作用，但这个星球上的大多数人们仍然无法访问。

3. 全球数字鸿沟

技术基础建设、财富和教育在地球上不均衡分布，会导致网络使用在空间上的差异。这正是数字鸿沟的主要表现之一。尽管互联网的扩散很快，但是从全球范围来看，第一世界和第三世界国家之间长期存在的信息不平等仍然存在于国际互联网使用的地理格局之中。信息化水平的差异反映了经济发展水平的差异性。信息富国与信息穷国的数字鸿沟正是它们之间经济鸿沟的结果，即使在发达的工业化国家之间也是如此。互联网曾经被预言是自由的、富有活力的、缩小空间差异的工具。事实上，网络拥有者与未拥有者之间的差异增加了不平等的来源，造成被社会排斥者与主流社会的基本割裂。其复杂的互动进程扩大了信息社会的理想状况与真实世界之间的鸿沟。

根据华为技术有限公司（2017）发布的全球联接指数（Global Connectivity Index，GCI）报告，近几年的全球数字鸿沟趋于扩大，马太效应显现。该报告依据各个国家的

GCI 得分与人均 GDP 的正向关系，将不同国家分为三类：起步者、加速者、领跑者（表 2-1），呈现出 S 形曲线的发展规律，反映出各国的数字经济发展进程（图 2-3）。对比 2015～ 2017 年的数据，研究发现三类国家在数字经济发展进程中的差距正在扩大。数字鸿沟问题变得更为严重。对比 2015 年，2017 年领跑者的平均 GCI 得分提高了 4.7 分，加速者的平均 GCI 得分提高了 4.5 分，而起步者的平均 GCI 得分仅提高 2.4 分。这让信息通信技术基础设施相对薄弱的国家在向数字转型时，面临更为严峻和落后的困境。对各国政府而言，数字鸿沟的扩大化会影响到社会和经济的各个层面（华为技术有限公司，2017）。那些经济缺乏可持续增长的国家，还将影响老百姓的衣食住行、受教育机会、社会就业等多方面，产生不利影响。如果某国的基础设施发展过慢，不仅可能会丧失参与全球数字经济发展的机会，还可能导致区域甚至全球的不稳定和贫困，乃至一系列极端问题的产生。

表 2-1　基于全球联接指数（GCI）的各国数字经济发展类型

	起步者	加速者	领跑者
人均 GDP（美元）	3 000	15 000	50 000
GCI 得分	20～34	35～55	56～85
国家	菲律宾、约旦、厄瓜多尔、印度尼西亚、越南、摩洛哥、委内瑞拉、埃及、黎巴嫩、巴拉圭、印度、玻利维亚、阿尔及利亚、加纳、肯尼亚、博茨瓦纳、纳米比亚、尼日利亚、孟加拉国、巴基斯坦、坦桑尼亚、乌干达、埃塞俄比亚	阿联酋、葡萄牙、捷克、斯洛文尼亚、意大利、立陶宛、马来西亚、匈牙利、斯洛伐克、中国、智利、阿曼、波兰、乌拉圭、罗马尼亚、俄罗斯、沙特阿拉伯、巴林、克罗地亚、巴西、希腊、保加利亚、科威特、土耳其、白俄罗斯、哈萨克斯坦、阿根廷、塞尔维亚、哥伦比亚、泰国、墨西哥、南非、乌克兰、秘鲁	美国、新加坡、瑞士、瑞典、丹麦、日本、芬兰、澳大利亚、挪威、英国、韩国、新西兰、荷兰、德国、加拿大、卢森堡、法国、奥地利、比利时、爱尔兰、爱沙尼亚、西班牙
基本状况	这些国家处于 ICT 基础设施建设的初期，重点要解决 ICT 的供给问题，让更多的人享受接入数字世界的权利。	GCI 得分超过 35 分的国家将驶入数字经济发展的快车道。这个阶段重点解决 ICT 的需求，尤其是如何有效促进行业转型和经济的高速增长。	领跑者多为发达国家，这个阶段重点关注 ICT 的用户体验提升，通过大数据分析和物联网技术的应用，实现更加高效、智能的社会发展。

资料来源：根据华为技术有限公司（2017）整理。

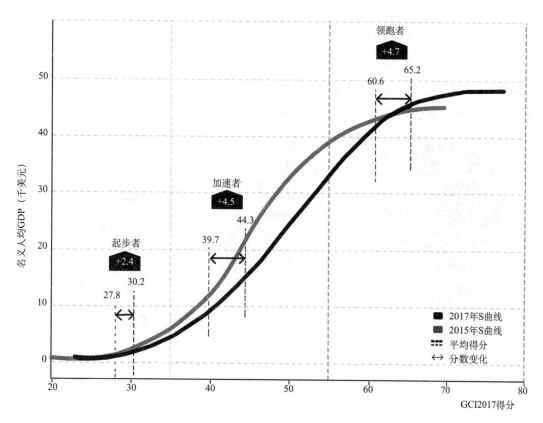

图 2–3　2015～2017 年主要国家数字化进程的表现

资料来源：华为技术有限公司，2017。

二、世界互联网产业的发展

（一）网络信息生产与内容产业

信息是信息时代的重要产品。互联网则是这些信息交流和生产的重要工具。互联网域名指标常被用于分析新经济和比较区域竞争力的常用方法。全球层次的统计数据提供了各国在互联网内容生产上存在巨大差异的证据（图 2–4）。同样，在一个国家内部也存在域名分布极不均衡的状况。如此，一些互联网产业集群已经在全球范围浮现。根据已有的研究，互联网内容生产领域中的领导地位很大程度上源自这个地区或城市的相关产业专业化程度。同时，风险投资的区域分布也明显影响了新的互联网企业的地理区位。最近，关于互联网的经济地理学研究也逐渐深入到一些具体的内容产业，如网络多媒体产业、音乐产业、赌博网站等。这些产业都为我们提供了一个侧面去理解互联网和地方之间的相互关系。多媒体和互联网产业活动往往集聚于城市中心区并形成产业集群（Zook，2005）。这种状况被认为有利于接近潜在的合作者和供应商、雇员、教育和培训设施，也能够与顾客特别是在中心区的消费者保持频繁交流和紧密关系。

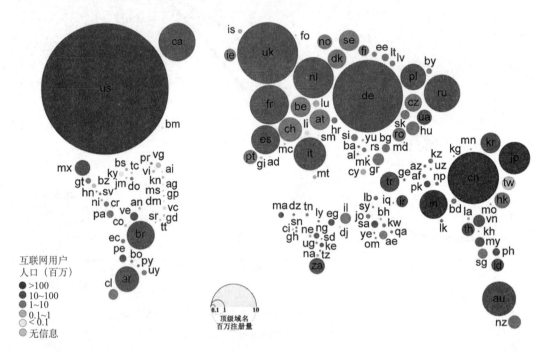

图 2–4　世界各国和地区的互联网域名分布

资料来源：www.zooknic.com。

　　越来越多的研究表明：互联网技术并没有像最初许多专家所预测的那样促进地理均衡，反而加剧了区域之间、城市之间的差异（Zook，2001；汪明峰，2007）。互联网活动具有明显的空间集聚性。这些活动在城市中的高度集中可以更好地与市场、与竞争性的产品和服务创新保持紧密联系。甚至有学者认为城市偏好尤其是对大都市区的偏好已成为互联网扩散和渗透的标签。互联网内容生产集群化使一些城市和区域成为网络中的关键节点。在更小的空间尺度上，电子商务企业都偏好分布在最大的大都市中心和中央商务区（Central Business District，CBD）地区。此外，从市场需求来看，一些国家的数字鸿沟问题的主要空间表现也是体现在互联网技术对大城市的偏好上（汪明峰，2004）。因为对各种先进通信技术的需求往往都是由城市市场的增长来推动的。特大城市在推动各方面的新技术投资和创新过程中起着关键作用。

硅谷网络组织（Silicon Valley Network，2000）发布的一系列报告描述了 20 世纪 90 年代末互联网经济的繁荣时期，互联网集群在全球层面尤其是美国的发展状况。在美国，除了众所周知的硅谷之外，还有芝加哥的硅城、西雅图的硅林、圣弗朗西斯科的多媒体谷、洛杉矶的数码海岸、奥斯汀/达拉斯的硅山、迈阿密的硅滩、研究三角地区的硅三角、亚特兰大的新南首府、华盛顿特区的硅域、纽约的硅街，以及波士顿的 128 公路，都是互联网企业集中的产业集群区域。近几年，东亚地区的互联网产业蓬勃发展，但其空间差异状况似乎更加明显。根据新井等（Arai *et al.*，2004）的调查，2001 年在日本有近 1/3 的多媒体和互联网企业集中于东京地区，并在几个特定城区形成企业集群。同样在韩国，首都地区（包括首尔、仁川和京畿道）所拥有的域名数量更要超过全国的 3/4 以上（Huh and Kim，2003）。

对硅谷的研究报告指出（Joint Venture：Silicon Valley Network，2000），互联网产业集群的特征包括：1.一大批熟练的、富有经验的技术型人才；2.支柱企业，锚定、支持和推进互联网扩散和企业家创业活动，主要是指一些领先的高技术、媒体和娱乐业公司，为互联网公司的创业提供人才、资金及其他资源；3.大量可利用的风险基金或其他资金来源；4.大学，以提供各种人才及可转化为商业用途的研究成果；5.专门化的支持服务，如懂技术的律师、会计师和猎头等；6.强有力的政府项目，以培育经济增长、开发当地劳动力，以及改善地方基本生活条件和经济状况。

（二）电子商务的全球扩散

技术与经济融合的趋势产生了电子商务。它的繁荣始于 20 世纪 90 年代中期。电子商务是指在互联网、企业内部网和增值网上以电子交易方式进行交易活动和相关服务活动，是传统商业活动各环节的电子化和网络化。它可以有多种模式，企业与企业之间的电子商务（Business-To-Business，B2B）、企业与消费者之间的电子商务（Business-To-Consumer，B2C）、消费者与消费者之间的电子商务（Consumer-To-Consumer，C2C）、消费者与企业之间的电子商务（Consumer-To-Business，C2B）、企业与政府之间的电子商务（Business-To-Government，B2G）和消费者与政府之间的电子商务（Citizens-To-Government，C2G）等。事实上，各种电子商务活动都与地理学有紧密关系。

1. B2B 电子商务

与 B2C 电子商务相比，B2B 的规模更大，增长更快，其全球分布的地区差异更为明显。2017 年，全球电子商务销售额达到 29 万亿美元，其中 87% 以 B2B 电子商务的形式出现（表 2–2）。美国是全球最大的 B2B 电子商务市场，占到全球的近三分之一。中国位列第三，与发达经济体相比，B2B 在整体电子商务市场规模中的占比较小，为 49%。图 2–5 展示了 B2B 电子商务技术在全球扩散的各种影响因素。创造和使用电子商务技术的能力受到全球化效应和国家层面效应的影响。此外，商业技术与其他技术相比也存在不同的影响作用。

表 2–2　2017 年全球十大电子商务经济体

排名	国家/地区	电子商务销售总额（十亿美元）	GDP 中占比（百分比）	B2B（十亿美元）	电子商务中占比（百分比）	B2C（十亿美元）	每位网购者的年平均支出（美元）
1	美国	8 883	46	8 129	90	753	3 851
2	日本	2 975	61	2 828	95	147	3 248
3	中国	1 931	16	869	49	1 062	2 574
4	德国	1 503	41	1 414	92	88	1 668
5	韩国	1 290	84	1 220	95	69	2 983
6	英国	755	29	548	74	206	4 658
7	法国	734	28	642	87	92	2 577
8	加拿大	512	31	452	90	60	3 130
9	印度	400	15	369	91	31	1 130
10	意大利	333	17	310	93	23	1 493
	总计	19 315	36	16 782	87	2 533	2 904
	全球	29 367		25 516		3 851	

资料来源：United Nations Conference on Trade and Development，2019。

2. 网上零售业

近年来，在全球经济保持平稳增长和互联网宽带技术迅速普及的背景下，世界网上零售市场保持高速增长态势。

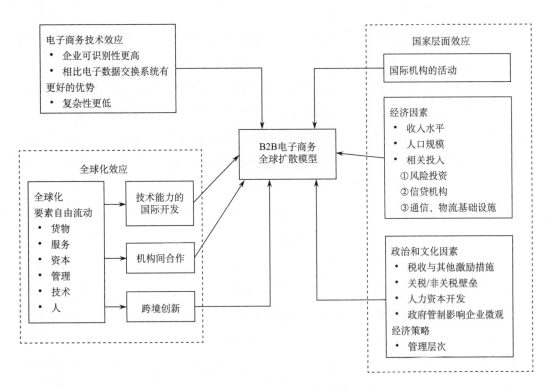

图 2-5　B2B 电子商务技术全球扩散的解释模型

资料来源：Kshetri and Dholakia，2002。

电子商务作为一种有效的"破坏性"技术，为创新型的企业提供了创造新的商业模式的机会，从而改变原有产业的运行格局。电子商务对原有产业的生产网络和价值链具有"去中介"和"再中介"作用，即互联网缩短了生产网络和消费网络之间的连接（Currah，2002；Wrigley *et al.*，2002）。在价值链重构过程中，互联网有可能绕过甚至剔除原有价值链中的关键节点，而直接把消费者与生产者及设计者联系在一起。如此，互联网帮助企业降低市场进入壁垒，减少固定成本和沉淀成本，因此会对零售商产生"去中介"作用，同时也提供了进入更大的消费者市场的途径。互联网不仅有能力连接价值链中的每一个节点，而且它也可能作为全新的中介进入价值链，甚至在某些极端的案例中完全取代其中的节点，这就是所谓的"再中介"过程。在当前的商业实践中，还出现了一种新的基于网络的信息中介（Wrigley *et al.*，2002）。它为消费者提供购物决策所需的信息（如商品种类、价格、可获得性，以及零售商的相关情况等）（Evans and Wurster，1997）。信息中介对于面临信息超载的消费者来说，作用日益显著。同时，这种状况也成为电子商务网站得以发展的重要基础。

20 世纪 90 年代后涌现了大量基于互联网的零售商业形式，主要包括三种基本的模式（Murphy，2007）。其中建设速度最快、成本最低的是"砖头加鼠标"模式。零售商需要利用原有的实体店铺网络。另一种成本最高的模式则需要建立专用的电子商务配送中心。它们是没有实体店铺网络的"纯鼠标"电子商务营运商。第三种通常是一些小型的零售商把网上订货和顾客管理功能外包给一个前文所述的"信息中介"。这些中介的核心功能是在消费者和零售商之间传递库存、订单和发货等信息，而把商品分销外包给第三方物流。

从理论上而言，纯电子商务零售企业的目标市场是全国甚至全球性的。这种模式下的企业销售范围是可以没有边界的。但事实上，跨国购物的成本非常高，这就造成大多数外来电子零售商处于明显的劣势。国界成为电子零售商国际市场拓展的主要障碍之一。已有的研究表明，电子商务的发展具有社会和地域根植性。它的空间扩散受到配送能力、消费文化、制度等诸多因素的影响，往往被限制在一个特定的地域范围内。此外，跨国零售企业为了支撑电子商务营运，必须进行有效的知识管理。其中的一个办法就是要使雇员之间保持"面对面"的接触和交流（Wrigley and Currah，2006）。因此，网上零售企业的跨国经营活动也是相当地方化的。

亚马逊分支机构的全球布局说明互联网公司仍然束缚于地理因素。它在世界各地租赁了超过 100 万平方米的用地，其中绝大多数是仓储和物流运营用地。亚马逊的地理格局是数字经济的典型。全球和区域性的总部选址于一线商务城市，物流设施（包括呼叫中心）和仓库通常分布于三线城市。两个主要因子可以解释其原因：较低的成本（薪水和地产）和优良的航空货运通达性。仓储活动不应该邻近繁忙的航空客运枢纽，如芝加哥、亚特兰大或伦敦，而是靠近物流公司集中的货运枢纽。在美国，还有一个不太明显的区位因子是避免有工会组织的州（Malecki and Moriset，2008）。

第二节　互联网对全球产业布局的影响

新的信息技术在全球传送实时信息和数字化商品之时，很明显已经产生了新的区位形式，因为信息商品可以用很低的组织和边际成本销售于全球市场。在这个转变过程中，我们已经看到集中和扩散的力量同时存在。当然在不同部门和不同空间层级上，这两种力量的组合与作用也是不同的（Leamer and Storper，2001）。当地理学家在审视新的组织网络空间和传统地理空间之间的关系时，与一般的看法不同。他们认为是由地理空间提供了界定原则，从而塑造了网络空间的结构。尽管信息技术在一定程度上可以消除地理空间距离，实现即时的信息交流，但是这些所谓无拘束的信息网络活动仍然依赖于地理空间的约束。正如波特（Porter，1998）曾指出的，"在全球经济中的持续竞争力越来越依赖于地方化的事物（知识、关系、动机），而它们是远距离竞争对手所无法比拟的"，因为区域性的集聚促进了地方化的学习、创造和创新，其中信息和知识的空间过程至关重要。

一、互联网对产业布局的空间效应

（一）区位仍然重要

现代社会中，社会关系一直以来是由空间形塑的。由距离阻力支配的空间逻辑组织了人们与其生产和消费地点的关系。为了以空间克服时间，城市遂开始发展。城市也因此在有原料之便或贸易路线的地方落地生根；生产地点被选在原料产地与市场聚集之处，以最小成本获取最大的销售量；消费地点则坐落于可以极大化销售数量的地方。然而，随着技术的进步，一些学者如凯恩克罗斯（Cairncross，1997）认为，信息与通信技术肯定会导致这种现代空间逻辑的逐渐退化。信息和通信技术挑战了现代思想中的空间与时间关系，并且正在创造一个无空间性的世界。

显然，有关无空间性的推断过于简单和粗糙。这种对社会经济变革的认识正在遭到越来越多的学者反对。他们认为使用新的技术和信息构架仅仅是对面对面交流的补充，而不是替代（Gasper and Glaeser，1998）。但可以肯定的是，信息与通信技术确实严重地破坏了现代主义的空间逻辑，但并非完全抛弃了这种逻辑。地理区位仍然重要，它仍然是一种组织原则和社会关系建构的重要要素。技术会改变，但支配空间的地理法则不会。除非每一个地方都具有同样平等的生产机会与消费机会，且每个人接近这些渠道的机会都平等，才有可能完全废弃现代主义的空间逻辑。显然，无论在一国之内或是各国之间，都不可能被公平地分配信息传输技术、带宽容量和接入机会。这意味着现代主义的主要空间分配过程，如集中化仍将持续发生作用，因为使用信息通信技术作为全球化工具，还是必须依赖于真实世界的固定空间才得以达成（Kitchin，1998）。即使对于无线通信来说，用户使用的地点、无线电缆的物理性与物质性等都会造成影响。事实上，经验证据已经表明了与无空间性相反的趋势：许多工业社会末期的中心地仍然是信息时代的中心（Miller，2004）。诸如曼哈顿中心区和伦敦苏豪（SoHo）区仍然是公司总部最渴望的区位，尤其是对那些按常理推断应该是最无拘束的活动来说，如决策和创意性工作（Graham and Marvin，1996）。正如米勒（Miller，2004）所说，"当人们和企业的区位选择变得更自由时，他们中的多数反而更加靠近在一起"。

（二）互联网对企业创新的影响

尽管电子通信已经极大地拓展了非地方性联系的频率和强度，但它并没有使得地方连接变得无意义，相反更大地增进了人们在地方上的关系多样性。正如布朗和杜吉德（Brown and Duguid，2000）所指出的，"不论人们可以经由技术而联系得多么完善，在一起工作仍有其独特的优点。实际上，信息技术最强有力的用途之一，便是帮助那些直接在一起工作的人们，使他们得以安排高效率的当面会晤"。因此，当非邻近性的网络为默会知识交流提供可能性时，当前的研究表明地理邻近性仍然在这个过程中起着显著的，甚至是领导性的作用（Zook，2005）。

考夫曼等（Kaufmann *et al.*，2003）设想了互联网可能对企业创新过程产生的有利之处（表 2–3）。他们对奥地利企业的实证分析结果表明：1.互联网对创新活动的效应，首先是改善已有创新伙伴之间的通信关系，而不是在支持寻找新的伙伴；2.互联网的效应

表 2–3　互联网对企业创新活动的潜在影响

	增加创新活动的有效性	改变创新过程或创新网络的拓展
信息的发布	• 在合作创新活动中，更便宜、快速、同步地发布有关创新活动的信息 • 可以传输创新伙伴直接处理好的数据	• 可以接触新型的创新活动 • 可以接触更多的远程创新伙伴（扩展到新的空间范围）
信息的收集	• 快速、频繁、持续和低成本地收集有关创新地数据 • 直接处理电子数据、易于整合内部知识管理 • 整合内部和外部知识系统或数据库	• 收集到目前由于距离太远而没有发现或无法获取的新信息来源 • 收集到目前由于相对距离（属于不同的实践社区）而没有发现或无法获取的新信息来源 • 更易于使用外部数据库和计算资源
交互式通信	• 在合作创新项目中，减少与远程伙伴之间的通信成本 • 更频繁、快速地与远程伙伴通信	• 更好地整合信息流，以改善企业的知识管理

资料来源：Kaufmann *et al.*，2003。

是累积的，它对创新过程的拓展是建立在已有网络基础上的；3.如果面对面交流对创新活动的重要性越高，那么互联网对寻找新的创新伙伴就越不重要。因此，信息与通信技术与面对面交流之间的关系还远远不是相互排斥，而应该是遵循互补机制的。两者的融合细节则取决于信息交换的性质和参与者的熟悉程度。其中的基本点是：数字技术可以应用于更好地维持已经存在的社群，但是它们并不善于首先创造新的社群（Brown and Duguid，2000）。

（三）产业布局的变化趋势

1. 常规业务的疏散布局

信息与通信技术形塑经济活动布局的作用十分显著。一方面，命令与控制活动，以及那些需要决策者面对面交流的活动进一步在空间上集聚。另一方面，一些流动性增强的活动被新技术驱使到区域之间以及中心城市与郊区之间的地方，希望通过成本（尤指劳动力薪资和办公室租金）差异的要素开发以节约企业的运营成本。其中，被广泛讨论的一个例子就是在远离核心组织区位的地方出现大量的后台办公室（Warf，1995）。它的运营只需和客户或组织中的其他部门发生极少量的面对面接触。一些以电信系统为基础的特殊行业（如消费者服务中心、电话接线员、网络营销与市场研究等），以及机票订位、银行服务，甚至保险和政府机关相关的电子交易产业，都积极开发出后台办公室的潜能（Graham and Marvin，1996）。

爱尔兰是许多美国和欧洲企业的后台办公室，提供了大量高技能、相对便宜的无工会组织的员工。其首都都柏林已超越作为爱尔兰本国大都市区的传统职能，而转向主要为欧洲市场提供服务的功能定位。其中之一就是成为泛欧洲的电话呼叫中心（Breathnach，2000）。另外，许多低层次的会计与资料输入等工作，包括像资料处理与大量文件的数字化等，则交给位于东南亚、印度以及加勒比海国家的办公室来处理（Kitchin，1998）。

这种分散效应还在不断加强，跨国公司中一些需要更多技能的后台办公活动，如财务和计算机编程，也开始重新布局以获取规模经济和节约其他成本。在这种趋势中，一些边缘地区的发展中国家在某些产业领域逐渐兴起，如印度和爱尔兰已成为世界软件产业的重要组成部分。当然，伴随着全球化和信息化进程的深入，这些经济活动的流动性越来越强，也促使各国城市纷纷出台相关政策以吸引这些活动。

2. 知识密集型业务的集中布局

尽管高级生产者服务业主要集聚在发达国家的核心大都市区，但是我们也看到了一些生产者服务企业已经扩散到这些大都市区的边缘城市或发展中国家的大都市。即时通信技术降低了旅行成本，刺激企业和家庭搬往边缘地区，从而促进城市向外增长。同时，这种趋势增加了对分散式营运的控制和协调需求，并进一步推动了专业管理活动在战略地点上重新集中的趋势。

在全球城市的研究取径来看，边缘城市是在跨国公司和国有公司的地方化需求驱动下，浮现的新的城市形态。它与城市中心实现数字化连接，逐渐成长为大都市区边缘的新增长中心（Sassen，1994）。加罗（Garreau，1991）最早专门研究了这一现象，当时他认定了在美国最大的 35 个大都市区周边存在的 123 个已经形成和 77 个正在形成中的边缘城市。这些新的郊区中心是后福特经济的产物。与传统的城市中心相比，它们的职能以办公业和零售业为主，并在特定行业显示较强的产业专业性，从而在不同边缘城市之间形成一定程度上的分工。

另一个再集中的趋势表现在一些发展中国家大都市区的兴起。如前文提及，较低层次的知识密集型活动正在向全球边缘地区扩散。而这些活动扩散的目的地仍然集中在少数特定的区位。如计算机软件产业，在印度集中于班加罗尔，在爱尔兰则是都柏林。再如半导体制造业，全球第二大生产基地在中国台湾，尤其是邻近台北都市区的新竹科学工业园区。20 世纪 90 年代后期以来，这些台商的信息产业又在向中国大陆的上海等主要都市区转移，并逐渐形成"硅谷—台湾—大陆"的三角关系，或者是"硅谷—新竹—上海"之间的城市信息产业互动的"金三角"。

二、互联网对产业空间组织的影响

自 20 世纪 80 年代以来，先进的信息技术系统已经在信息资本管理、设施、职能与人员的区位、处理供应商与消费者之间关系等各方面为组织提供了更多新的弹性。互联网技术的使用减少了贸易成本，增加了贸易流的规模，使得全球价值链更加碎片化（Pomfret，2020）。从地理角度来看，不仅庞大的跨国组织可以在多个区位营运，而且较小的组织也可以在广阔区域内进行销售和采购。然而，许多经济活动集聚在一些特定区位，特别是一些依赖于创新驱动的产业部门（Leamer and Storper，2001）。这些变化和现象的背后，信息和知识的空间作用过程至关重要。新的信息技术在经济发展中的作用不仅仅反映在它创造了一个新的产业部门，更重要的是它促进了知识扩散、应用和创新的功能。这使得信息时代的企业组织学习和创新过程，已经呈现出交织并存的两种模式：即在全球层次运作的跨国企业网络和在地方层次演进的企业集群网络。

（一）互联网作为全球生产网络扩展的催化剂

为了应对日益激烈的全球竞争要求，20世纪后期的国际经济活动组织结构发生了显著的转变。全球生产网络已经扩展成为全球营运的主要组织创新形式（Henderson *et al.*，2002）。它包含了各种企业内部与企业之间的交易和合作形式，共同连接了旗舰公司自己的子公司、分公司和合资公司，以及它的转包商、供应商和战略联盟伙伴（Ernst and Kim，2002）。这些生产网络的主要目的是为旗舰公司提供快捷和低成本的渠道，以获得与其核心能力互补的知识、资源和能力。

1. 全球生产网络的驱动力

厄恩斯特（Ernst，2004）认为形成全球生产网络主要有三个相互影响的驱动力。首先是自由化，包括贸易、资本流动、对外直接投资政策的自由化，以及私有化。其整个后果是国际交易成本的大幅降低和国际流动性的显著增加。全球企业首先成为受益者：自由化提供了进入市场时更广泛的选择权（区位专业化）；提供了获取外部资源补充自身核心能力的更好途径（垂直专业化）；减少了价值链扩散的地理限制（空间流动性）。其次是竞争和产业组织的变化。竞争的成功更多地依赖于垂直专业化，这就要求个人向组织的集体形式转变。跨国公司的多部门功能性阶层体系向网络化的全球旗舰模式转变。电子工业是这种新型产业组织模型最重要的滋生地（Lüthje，2002；Macher *et al.*，2002）。第三，用数字信息系统来管理企业网络加速了上述转变。信息和通信技术的快速发展大幅降低了交易成本。基于互联网的柔性信息基础设施，不仅支持了公司内部的远程跨界知识交流，也支撑了由垂直专业化所形成的大量供应商之间的多向连接。同时，由于网络效应，扩展基于互联网的信息系统具有较低的成本，这对企业的组织选择和区位战略产生了显著的影响。然而，我们也不能由此夸大数字信息系统的重要性，正如马赫等（Macher *et al.*，2002）所认为的，"尽管在半导体产业中广泛采纳电子商务的应用，很可能加速了整个产业的价值链专业化程度提高的长期趋势，但是互联网仍然是这种结构性变化的催化剂，而不是首要原因。"

2. 空间组织特征

在信息时代的组织转变进程中，全球生产网络在空间上呈现出扩散性和集聚性的双重特点，即集中式的分散或分散式的集中（刘卫东等，2004；Ernst，2004），表现为制造业和服务业的跨界扩展，并集中于日益增多但数量仍然有限的专业化集群地区。不同的集群接受不同程度的知识扩散，这取决于它们在全球生产网络中承接生产的专业化零部件。扩散程度依零部件所处的价值链位置所定，离最终产品越近，则扩散程度越高，而一些关键性的精密部件和设计密集型的部件仍然高度集中（Ernst and Kim，2002；Ernst，2004）。在研究电子工业的合约制造商时，吕特尔（Lüthje，2002）进一步指出全球生产网络在区位上存在着一个明显的等级体系，主要体现在三个方面：首先，发达国家的产品引介中心（Product Introduction Centers，PICs）在开发产品原型和新产品规模生产线上处于领导地位。这表明在全球生产系统中工程能力分布极不平衡。低成本区位很难获取先进的工程诀窍。其次，制造要求高度多样化但批量小的专业化产品在发达国家生产；标准化大规模生产则分布在低成本区位。第三，关键部件的设计和制造单位也集中在发达国家。此外，在北美、欧洲和东亚三大区域中存在的阶层体系类型是有区别的，主要取决于现场作业管理和工作系统。这在不同区域产业关系的特殊环境中是互不相同的（Lüthje，2002）。

可见，地理因素在全球生产网络中起着关键作用（Ernst，2004）。尽管生产价值链的某些环节正在国际化扩散，但其它环节仍继续保持集中化生产。而且，国际化扩散的活动特别集聚在有限数量的海外集群地区。这说明集聚经济仍在发挥作用，是现代经济发展不可或缺的形式。当然，对于专业化集群的个体来说，其发展轨迹具有路径依赖的本质。所以，新的知识流动性仍然受制于空间。知识的跨界交流渗透入新的地理区域，也只是有限的专业化集群地区。

3. 互联网与全球生产网络中的知识扩散

全球生产网络也充当知识扩散的载体角色，为北美、西欧和日本产业腹地之外的低成本区位的地方能力构建提供了新的机会。其中，互联网所起的作用非常关键，它通过降低通信成本，增加知识扩散的范围来改变经济交易活动，有三方面的效应值得强调，分别是市场化、组织创新和外包（Ernst，2001）。首先，由互联网创造的电子市场将增加经济交易的市场化程度。互联网使卖方更快速地获得更广阔的市场，同样在获取市场情报上有质的提高。另一方面，互联网也提供给买方一个更广泛的供应商选择权。但是，我们也不要期望互联网会改变买方和卖方之间经济力量的相对位置，因为竞争机制的基本法则仍在起作用。它们只会被修改，而不会被废除（Shapiro and Varian，1999）。其次，作为组织创新的催化剂，互联网对经济绩效的影响是从无形投入和无形产出共同体现出来的（Brynjolfson and Hitt，2000）。互联网把工作实践、战略、产品和服务快速联系起来，从而使企业可以转变它的组织及其与供应商、合作伙伴和客户之间的关系。第三，互联网的开放式结构允许企业不断拓展外包范围，可以覆盖从细微零部件的制造到包括知识密集型支撑服务的系统外包各个领域。甚至先进生产者服务业的部分环节也可以被外包到发展中国家的一些信息产业发达的地区。

总之，信息技术形塑了企业网络化实践的跨界形式演变，特别是全球生产网络和管理这些网络的数字信息系统。这两个彼此相关的变化在国际商务组织中逐渐减少了国际知识扩散的约束。全球生产网络跨国界拓展企业之间的连接，增加了知识扩散的需求；同时，数字信息系统不仅加强了信息交流，而且也为知识的分享、联合使用和创造提供了新的机会。互联网对全球生产网络来说，是改善商务组织和管理的强力催化剂（Macher et al.，2002；Ernst，2004）。这就要求企业尽力投资信息技术建设自己的战略管理系统，并把互联网作为一项核心的商务职能。互联网为各区域追赶上结构化的数字信息系统发展提供了历史性的机遇。互联网显著地降低了进入全球生产网络的门槛，特别为较小的专业供应商提供了机会。当然，那些没有自我特色的低端供应商还是被排除在外。互联网也促进了国际知识扩散，推进了地方能力的构建，这主要也是针对拥有专业化能力的较高端供应商而言的。

（二）互联网作为地方产业集群演化的驱动力

如前文所述，地方集群的崛起既是对全球化挑战的回应，又是全球化进程的结果。即使在互联网时代，全球产业仍然朝着集聚发展。经济越来越依赖于复杂未编码信息的传播，而这些信息一直以来都是来源于面对面接触的（Leamer and Storper，2001）。因此，产业集群中的知识交流和共享更加显得重要。

1. 集群内的学习与知识共享

在地方产业集群中，学习和创新成为区域发展的主要工具。空间邻近性和地方属性成为构建学习竞争力的关键经济资产。区域已经在新的全球知识密集型资本主义中成为知识创造和学习的焦点，其结果就是成为学习型区域（Florida，1995）。它们与传统的大规模生产区域在一些主要特征上都存在明显差异。这种新型的区域形态紧密结合了竞争与协作对象的社会、文化、组织和制度环境，达到联系的趋同、一致或认可，使相互之间产生信任感，为地方化学习奠定基础。地方化学习是一种交互式学习，是在相互反馈、相互作用中的知识传播、学习、应用和创新的过程。

地理区位在促进学习和创新时起着重要的作用，但本质上集聚并不足以使学习和技术交流发生。现实中的技术交流发生在各个层面，安东内利（Antonelli，2000）总结了各种产业集群（尤其是技术区）内可能存在的彼此不同且相互关联的五个知识交流渠道，分别是：要素市场条件（劳动力市场、中间品市场和金融市场）、地方产业结构特征、地方创新系统的知识基础设施、地方通信基础设施的质量和地方化与技术战略等。由于交流密度和交互程度的关系，上述每种地方交流渠道都彼此不同，而且技术知识分享的参与者也具有不同的作用。事实上，不同交流渠道之间相互补充，在邻近和集聚的基础上形成了一个交互机制的复杂网络。集群中的企业创新行为深深地被这种交流环境形成的氛围所影响。所以，正是有了这些网络，地方产业集群才变得井然有序、蓬勃发展。

2. 互联网对地方产业集群的效应

产业集群特别是中小企业集聚的区域，在利用互联网技术上具有明显的阶段性。就目前而言，大多数的产业集群还是处于初始阶段，在应用互联网技术上水平普遍不高，但是先进的 ICT 还是被普遍寄予厚望。它们可以为集群的发展提供许多新的机会，比如促进集群与外界环境的交流，增强集群内部的交互和信息交换，重新界定客户和供应商之间的关系使生产过程更为合理等（Carbonara，2005）。当然对每个集群来说，影响互联网技术的应用形式和水平取决于许多因素。其中，组织因素的作用尤为关键。企业内部和外部的协同模式，以及知识、实践和关系的编码化程度影响了 ICT 的利用程度。反过来，信息技术的应用也会影响企业的组织形式。戈塔尔迪（Gottardi，2003）认为，尽管 ICT 和互联网在产业区的扩散程度不高，但从理论上说，数字化会对产业区的价值链产生不少影响（表 2-4）。新技术将促进供需双方的专业化，提高市场作为地方生产关系的协同机制的有效性，使得价值创造的形态变得更加复杂并更具柔性。此外，政府在推进地方企业的信息化进程中也可以扮演积极的角色。一项来自澳大利亚葡萄酒产业集群的案例研究表明，地方政府组织建立集群的门户网站，可以促进企业之间的资源共享和非正式的知识交流，并有助于新产品开发的创新实践（Sellitto and Burgess，2005）。

表 2–4 数字化对产业区价值链的理论影响效应

市场效应	价值链效应	认知效应
交易编码化	价值链解构，商务活动解构	知识编码化
创造电子市场和垂直入口	新的商务和企业战略（聚焦与专业化）	新的无形资产充实企业集群
信息扩散率减少	企业差异化	知识转移刺激混杂/创新效应
交易成本减少	新的产业模式	认知差异化增加
内部市场有效增长	新的劳动分工（系统与线性价值链）	产生新的专业化和网络经济

资料来源：Gottardi，2003。

恩格（Eng，2004）比较全面地概括了集群发展的区域优势和互联网驱动的优势来源。首先，企业在地域上的集中提供了先进互联网基础设施的规模经济，并且由于开放系统而增强。地方化环境与开放系统进一步促进了信息交换和知识分发，形成技术溢出效应。其次，虚拟通道帮助企业抓住集群内快速流动的信息和知识流。集群中高度网络化的企业通过虚拟通道推动创新。它提供了以廉价和简单方式开拓新市场的机制，并建立动态供应链和整合各种不同的资源。第三，互联网有助于多用户参与和运行网上商务活动，而且用户可以包括集群之外的组织和客户。在集群中个人接触的便利性有利于发展信用关系，从而在实质上推动多用户开展互相联合和依赖的商业活动。多用户接合还能进一步增加技术采用率，从合作中节约成本，并在已建立的信用关系上通过有效的知识分发实现创新。最后，互联网进一步增加了企业提供定制化服务的能力，以柔性和即时方式延伸定制化。企业可以通过商务过程整合和情报分享，从定制化延伸中获益。这些被互联网激活的定制化和个性化可以减少交易成本，随时间持续增加跨界企业之间关系的价值。因为新知识的创造是累积和试错过程，通过更透明的商业过程和各种参与者的高度介入，资源被更加有效地配置和运用。

3. 迈向虚拟产业集群

最近，许多研究强调企业面临着新机会，即可以通过全球电子网络重新设计商业过程与组织。于是，我们可以看到许多虚拟组织被创造出来，如虚拟集群、虚拟（产业）区、虚拟保税区、虚拟孵化器等。这些组织之所以称为虚拟，是因为这些组织把先进互联网技术作为首要的合作与竞争手段。事实上，从地理视角来看，这些虚拟组织可以分为两种。一种是在原有地理集群基础上发展出来的虚拟集群。如虚拟保税区，实际上是为地理产业集群搭建的一个电子物流平台，利用这个平台建立虚拟保税区，而这些企业仍然在地理上邻近（刘卫东等，2004）。另一种虚拟集群则不同，它被认为克服了区域产业集群的地域限制，能够集成全球相关业务与组织的核心能力。或者说，这种虚拟组织是用关系上的邻近性替代了地理上的邻近性。这种模式对大企业或许可行，但是中小企业的虚拟集群还是值得质疑。基亚维西奥等（Chiarvesio *et al.*，2004）的研究已经表明不同规模企业在利用信息通信技术时的差异性，甚至小企业在理解信息通信技术的潜力上仍然有困难。

或许比较可行的模型还是整合式的，就是既有真实的连接，又有虚拟的连接。因为创新性的集群还是需要在地方和非地方上建立知识交流的良好平台。企业可以在面对面中建立信任，从而允许默会知识的交换。浮现中的虚拟连接或许是知识交流的催化剂，但其准确的机制还有待进一步研究。另外，我们还必须考虑历史（Leamer and Storper，2001），在集群价值链的不同竞争位置上，各个企业的商业战略及相关的新技术应用的状况，都可能影响地方制造业体系的演化路径。

第三节　电子商务的地方发展路径

近年来，在全球经济保持平稳增长和互联网宽带技术迅速普及的背景下，世界网上零售市场保持高速增长态势。预计未来几年，全球范围内人们参与网上购物的活动将更加广泛而活跃。然而，许多研究也表明各国各地区在电子商务的发展水平和发展模式方面都存在着较大的差异（Gibbs *et al.*，2003；Hawk，2003；Hwang *et al.*，2006）。作为一个新兴的产业部门，电子商务在一个区域的发展受到社会、经济、文化环境和政策等多方面因素的影响（Gibbs *et al.*，2003）。而在不同地区的产业演化过程中，原有的产业基础和技术背景都起着相当重要的作用（Aoyama and Schwarz，2004）。本节试图通过对美国等五个发达国家的 B2C 电子商务发展模式的比较分析①，探讨原有零售业环境对新的产业发展路径产生的潜在影响。

---

① 电子商务是发生在开放网络上的包含企业之间（B2B）、企业与消费者之间（B2C）和消费者与消费者之间（C2C）的商业交易。这里主要研究电子商务的 B2C 部分（即网上零售业）的发展。

一、B2C 电子商务的发展路径：分析框架

演化经济理论为研究区域产业和技术系统的变动与发展提供了崭新的视角和有效的方法。B2C 电子商务是一种建立在互联网技术上的新的零售业态。它的发展很大程度上取决于零售商和消费者对这种新业态的反应。这一过程可以利用演化经济学理论进行解释（Boschma and Weltevreden，2008）。特定的区域环境会对电子商务的发展产生重大的影响（Wrigley and Currah，2006），即电子商务的发展会对零售业环境产生路径依赖，在不同的零售业时空格局影响下会形成具有区域特色的 B2C 电子商务发展路径。电子商务发展的路径依赖过程主要体现在五个方面的综合作用，包括零售业的历史轨迹、空间格局、政策法律环境、消费文化传统，以及零售技术背景（图 2-6）。

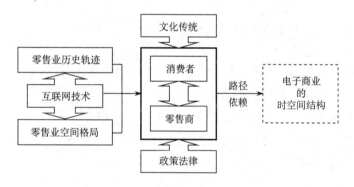

图 2-6　电子商业发展的路径依赖：一个概念性的分析框架

首先，零售业的发展是一个连续渐进的过程。新的零售业态的产生建立在原有零售业态的基础上。原有的零售业结构及其历史发展轨迹将决定未来零售业的发展方式。例如无店铺零售业是较早出现并与电子商务存在很多相似之处的零售业态，无论从供给还是从需求方面来看，原有无店铺零售环境都对当前电子商务的发展起着重要的作用。

其次，电子商务的发展影响着现有的零售业布局，但是电子商务的发展模式更依赖于现有城市结构和传统零售业布局。传统零售店铺的可达性和便捷性很大程度上决定了电子商务的发展程度。当传统购物方式不能给人们带来便捷时，人们就更倾向于选择电子商务渠道。

第三，政策和法律的支持往往对电子商业的发展起到导向作用。电子商务的立法主要包括电子签章、电子合同、电子记录的法律效力以及数字产品的知识产权保护等。此

外，对大型零售业的限制政策可能有利于电子商业的发展，而对传统店铺零售业的保护政策则可能阻碍电子商业的发展。

第四，消费者被认为是技术变迁的被动接受者，但事实上，消费者偏好和习惯在很大程度上会决定新技术引入市场的方式。消费者所做出的选择并不一定是最优选择，而是在最大程度上保持原有文化习惯的选择。因此，电子商务的发展路径依赖于消费者的文化传统。

第五，电子商务是互联网技术的产物。电子商务的发展模式会因上网手段的不同而不同。原有的零售技术同样会对电子商务的发展产生影响，因为大部分消费者会对原有的零售技术产生"锁定"，更倾向于接受与原有零售技术类似且更为先进的技术。

二、电子商业的发展模式与路径依赖：跨国比较分析

（一）B2C 电子商务的发展路径比较

由于路径依赖和惯例的存在，使各个国家和地区在发展 B2C 电子商务的过程中，一般都会遵循原有的轨迹，形成不同的发展路径和模式。基于对现有研究文献的调研，我们在北美、东亚和欧洲三个区域选取了美国、加拿大、日本、德国及荷兰五个电子商务发展水平较高的国家（表 2–5），运用前文提出的框架对这些国家的 B2C 电子商务发展状况进行比较分析（表 2–6）。

表 2–5 各国互联网用户人数和 B2C 电子商务交易额

国家	互联网用户数（万人）	互联网渗透率（%）	B2C 电子商务交易额（亿美元）
美国	21 509	71.4	1 087
加拿大	2 200	65.9	80
日本	8 754	68.7	490
德国	5 324	64.6	239
荷兰	1 454	87.8	22

资料来源：互联网用户数和渗透率均为 2007 年数据，来源于世界互联网统计（Internet World Stats，www.internetworldstats.com）；B2C 电子商务交易额除日本和荷兰之外，均为 2006 年数据，来源于艾瑞市场咨询（iResearch，www.iresearch.com.cn）根据电子市场研究公司（eMarketer）统计数据整理；日本的 B2C 电子商务交易额为 2004 年数据，来源于日本电子商务促进协会（Electronic Commerce Promotion Council of Japan，ECOM），日本经济产业省（Ministry of Economy，Trade and Industry，METI），日本电报电话公司数据研究所（Nippon Telegraph and Telephone Corporation DATA Institute of Management Consulting，Inc.，NTT DATA）经营研究所；荷兰的 B2C 电子商务交易额为 2004 年数据，来源于 Thuiswinkel. Org。

表 2–6　各国 B2C 电子商务发展的路径及其影响因素比较

	美国	加拿大	日本	德国	荷兰
发展特点	多渠道并重发展	多渠道，依赖外国市场	便利店和手机模式为主	无店铺零售模式为主	无店铺零售模式为主
历史轨迹	无店铺零售历史悠久	在发展时间和发展程度方面都落后于美国	无店铺零售并非主流，便利店地位重要；电脑流行期恰逢经济萧条	无店铺零售历史悠久应用广泛，具有良好的市场基础	50多年的限制性零售业政策限制了城市边缘零售业的发展
空间格局	疆域广，郊区人口比重高，市区与郊区间交通不便	电子商务零售额的空间分布与人口和收入分布基本一致	城市空间小，人口密度高，地租高；便利店遍地分布	郊区商业中心不发达，市区与郊区间交通不便	郊区商业中心不发达，但人口规模小，交通便捷
政策法规	强调信息基础设施建设；颁布《全球电子商务纲要》和《国际与国内商务电子签章法》	电子商务加密政策、税收政策、保护隐私权法案、电子签名法律等	大型零售业限制法案，保护小型零售业；颁布《数字签名法》，成立电子商务促进委员会	劳动、竞争法律限制大型零售商的同时，给无店铺零售商带来了价格优势；颁布《信息与通用服务法》	限制性零售业政策使零售业重心集中于市中心地区
文化传统	消费者已习惯于无店铺零售方式	消费者相对保守，大部分只是信息浏览者，实际交易在店铺完成	消费者不愿使用信用卡方式，倾向于现金交易	消费者不愿使用信用卡，但愿意使用银行转账和送货上门	一些消费者已习惯远程购物，但网络信息浏览者仍占大部分
技术背景	互联网用户比重大	互联网技术发达，但进行电子商务交易的上网成本和运输成本高	个人电脑拥有率较低，上网成本高	BTX等技术使消费者具有远程购物的经验	互联网技术作为传统渠道的补充

资料来源：根据参考文献和相关网站资料整理。

1. 美国：多渠道并重发展

美国的 B2C 电子商务属于多渠道的发展战略（Aoyama，2001a）。电子商务零售商主要包括三种不同的类型：①单纯的网络零售商（如亚马逊）；②传统的目录营销零售商；③兼营电子商务的传统店铺零售商。美国电子商务多渠道的发展路径主要依赖于悠久的无店铺零售业历史、市郊并重的传统零售业空间格局，以及开放的消费文化。首先，无店铺零售在美国拥有长达三个多世纪的历史，早已成为美国消费文化传统的一部分。人们在远程零售的供销方面都积累了大量的经验。这使得电子商务手段很容易就为消费者所认可和接受（Ward，2001）。其次，与其他国家不同，美国郊区的传统零售业较为发达。郊区人口比重较高，而郊区的消费者到市中心购物并不方便。因此，零售业布局除了在市中心有大型的购物中心外，在郊区也建有大型折扣商店。第三，长久以来无店铺零售注重产品质量和服务的战略获得了美国消费者的信任，并获得了众多中产阶级的青睐。

2. 加拿大：依赖于国外市场

加拿大与美国地理位置接近，因此两国在电子商务的发展模式方面非常相似。通过运营网上商店，越来越多的加拿大零售商基于已有的实体零售网络，实施多渠道的互联网发展战略（Currah，2002）。但是由于加拿大消费者接受新事物的速度不及美国消费者，而且进行电子商务交易的上网成本和运输成本较高，因而加拿大无论在发展时间还是发展程度上都落后于美国。加拿大电子商务市场最大的特点是严重依赖于国外市场（Michalak and Calder，2003）。据加拿大商务署统计，1998 年 63%加拿大消费者在美国网站上进行电子商务交易。

3. 日本：以便利店模式为主

尽管日本的经济高度信息化，但它的社会还远未信息化（Castells，1996）。日本的家庭电脑普及率远远低于美国。日本从事电子商务的途径主要有三种，即个人电脑、手机和便利店的终端。其中连锁便利店模式是日本独有的一种电子商务发展模式（Aoyama，2001b）。便利店零售商通过在连锁店铺中安装电子商务终端，从而为顾客提供网上购物、机票、宾馆预订等服务。演化经济学认为新技术可能会因为不具有先发优势而不被重视。细小的事件和偶然的情况会把技术的发展引入特定的路径，导致与预期完全不同的结果。这一点在日本电子商务的发展过程中体现得尤为明显。无店铺零售业在日本的发展也有一个世纪的历史，但是从来没有成为零售业市场的主流。而便利店却在各种因素的影响下成为了日本重要的零售业态，为电子商务的发展提供了有利的平台。从技术的历史轨迹来看，1997～1998 年当世界流行购买电脑时，日本处于经济大萧条期，消费者没有能力购买电脑；1999～2000 年是日本经济的复苏期，而这一时期正是手机流行的年代。此外，日本的互联网使用成本也比较高。因此，日本采用个人电脑方式进行网上购物的用户就相对较少，这为便利店模式的发展提供了前提。从零售业空间布局和政策方面来看，日本城市空间小，人口密度高，导致地租很高，造成零售业规模也较小。1973 年颁布的《大型零售业限制法案》目的是保护小型零售业主，大型零售商却利用政策漏洞建立了大量便利店。因此，便利店在日本分布广泛，为发展便利店模式的电子商务提供了基础。

在日本的城市里，平均每家便利店服务 2 000 至 3 000 人，而在美国的华盛顿每家便利店要服务 6 000 人。再从文化传统上来看，大部分消费者思想较保守，不愿使用信用卡。因此常见的电子商务手段在日本的发展较为困难，而通过便利店进行网上购物的模式能够提供安全的支付手段，所以得到了日本消费者的青睐。

4. 德国：无店铺零售发展

在德国，传统店铺零售商开展电子商务业务的情况较为少见。德国的电子商务市场主要由一些原有的无店铺目录营销商垄断。他们通过吸收店铺零售商，建立网络店铺发展多渠道营销战略。路径依赖同样形塑了当前德国的 B2C 电子商务发展特点。在历史和技术影响方面，无店铺零售早在 1871 年德国完成统一后就被广泛使用了。通过数百年的经验积累和品牌创建，无店铺零售商在提供高效的产品服务和开拓消费市场方面都比传统零售商更具有发展电子商务的基础。此外，无店铺零售采用文字电视广播和屏幕文本（Bildschirmtext，BTX）技术[①]，为消费者提供了最早的远程购物经验，从而为电子商务的发展奠定了重要的市场基础。在零售业空间布局和政策影响方面，德国在 19 世纪末期先后颁布了一系列有关劳动和竞争的法律（Aoyama and Schwarz，2004），规定大型零售商不得变相降低价格。这使得无店铺零售商更具有价格竞争优势。与美国不同，德国郊区商业提供的产品数量有限，而且市区与郊区间交通不便，郊区居民到店铺购物很不方便。住在城郊结合部和郊区的居民更倾向于使用新的信息技术（Bhat *et al.*，2003）。这些都使无店铺零售在德国得以迅速发展。在消费文化的影响方面，德国的消费者也不愿意使用信用卡作为支付手段。但是和日本不同，德国消费者愿意使用银行转账和货到付款手段进行网上购物，因此，无店铺零售在日本难以发展，而在德国却发展迅速。

5. 荷兰：无店铺零售发展

荷兰电子商务的发展模式比较类似于德国，以无店铺零售商发展电子商务业务为主。传统店铺零售商发展电子商务业务通常只作为现有业务的补充，用以开拓新的市场。但

---

① BTX 类似于法国的迷你电信服务（Minitel），是德国 1984 年开始营运的一套交互式服务系统。在互联网推广之前，BTX 为消费者提供了在线市场以及体验远程购物经验的最初形式，为后来的电子商务发展奠定了基础。BTX 的贡献之一，是让人体验到网上银行的安全性和可靠性。今天德国是欧洲最大的网上银行市场。

荷兰电子商务的发展尚处于初级阶段。据 2002 年的统计显示，网络零售额仅占总零售额的 1.11%。这主要是因为荷兰的城市规模小，慢行交通方式比重较高，郊区消费者购物也很便捷。与前述的美国、加拿大和德国相比，荷兰是一个高度城市化的小国，即使在乡村地区，消费者也拥有较好的购物可达性（Weltevreden *et al.*，2008）。这在一定程度上限制了电子商务的迅速发展。不过，那些在城市中心开店的零售商现在也开始意识到互联网的优势，其中有不少已经创办了网上商店，实施"鼠标加水泥"战略（Weltevreden and Atzema，2006）。

（二）B2C 电子商务的发展模式

按照无店铺零售历史长短、政策对传统零售业的保护程度、郊区购物的便捷程度、消费者对新事物的接受程度，以及远程购物技术的发展程度五个因子，从低到高分别将各个国家进行排序，并给予 1 至 5 的评分。结果得到各国 B2C 电子商务发展的影响因素雷达图（图 2-7），从中可以发现三种不同的发展模式。

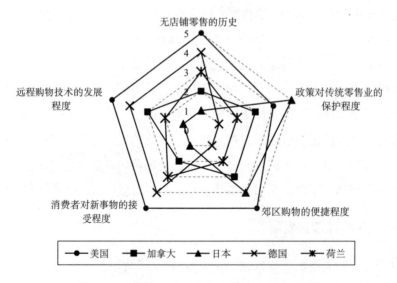

图 2-7　各国 B2C 电子商务发展的影响因素比较

1. 以传统店铺零售发展模式为主

日本在政策对传统零售业的保护程度和郊区购物的便捷程度两个因子上得分较高，从而导致了日本以传统店铺零售模式为主的电子商务发展模式。其特征是从事电子商务业务的大多数是传统店铺零售商。无店铺零售发展相对不太成功。小型零售业发展良好。消费者思想较为保守，习惯于现金交易方式。

2. 以无店铺零售发展模式为主

德国和荷兰相对在无店铺历史、消费者对新事物的接受程度、远程购物技术的发展程度三个因子上得分较高。这三个因子都有利于无店铺业的发展，导致了德国和荷兰无店铺零售为主的电子商务发展模式。该模式的主要特征是：从事电子商务业务的大多数是原有的无店铺零售商。一般而言，该地区郊区商业中心不发达，无店铺零售在该地区的发展已有悠久的历史。远程购物方式已为大多数消费者所接受。

3. 多渠道的电子商务发展模式

如图显示，美国、加拿大五个因子的得分较为平均，图形上近似为等边五角形，形成了多渠道的发展模式。主要特征是：从事电子商务业务的零售商来源多样。一般而言，该地区互联网技术发达；互联网用户比例高；无店铺零售业历史悠久；电子商务的发展历史较长；发展程度较高。消费者思想较为开放，信用卡、银行转账等方式已在消费者中得到了广泛的应用。

从以上的分析可知，各国电子商务发展路径是在零售业历史、城市和零售业的空间格局、零售业制度、消费文化和技术背景的综合作用下形成的。由于各个国家区域环境的分异，导致了各国电子商务发展模式的差异。B2C 电子商务的发展是一个长期演化的过程，与区域环境密切相关。在零售业历史、空间、制度、文化和技术等因素的作用下，电子商务并不一定沿着最优的路径演化，而是会对原有的零售业发展轨迹产生路径依赖，新奇（Variety）因子则会使发展路径发生变化。因此，在电子商务的发展过程中，既有遗传，又有变异。各国不同的区域环境会产生不同的电子商务发展路径。而各种发展路径之间很难区分孰优孰劣，关键是如何在结合本国特点的基础上寻求创新。

第四节 小 结

新的信息与通信技术在全球传送实时信息和数字化商品之时，很明显已经产生了新的区位形式，因为信息商品可以用很低的组织和边际成本销售于全球市场。在这个转变过程中，可以看到集中和扩散的力量同时存在，而且在不同部门和不同空间层级上，这两种力量的组合与作用存在差异。当地理学家在审视新的网络空间和传统地理空间之间的关系时，与一般的看法不同。他们认为是由地理空间提供了界定原则，从而塑造了网络空间的结构。尽管信息技术在一定程度上可以消除地理空间距离，实现即时的信息交流，但是这些所谓无拘束的信息网络活动仍然依赖于地理空间的约束。本章对于全球互联网和电子商务产业的研究表明，各国和各地区的新经济地理格局存在显著的差异性，由此也演化出来不同的发展道路。

第三章 "互联网+"、产业转型与中国城市体系的变动

　　伴随着新一代信息技术的日益成熟，加之当前全球创新大环境的影响，世面上催生了一种新的社会经济发展模式"互联网+"，为城市与区域的发展注入了新动力。2015年，中国总理李克强在政府工作报告中首次提出"互联网+"行动计划，倡导积极培育新的产业发展部门（Wang *et al.*，2016）。随着当前智慧城市的兴起、中国经济进入新常态，许多城市纷纷制定"互联网+"发展战略，以求在新一轮的城市竞争中胜出（Guo *et al.*，2016；Kshetri，2017）。在这种新经济发展背景下，城市是互联网发展的重要载体，是新技术得以实现的重要途径（Wang，2006；Zhen *et al.*，2015）。同时，互联网也推动了城市产业转型升级，从而进一步影响城市的发展路径，改变了城市体系的空间结构及其演化机制（Zhang，2013）。

　　本质上，城市体系是一个具有整体性、等级性和动态性的社会系统。已有的研究主要从国家或区域尺度关注城市体系的职能、规模和空间结构等问题。在传统地理学领域，中心地理论被认为是描述城市体系结构最经典的模型。但已有学者指出这种由中心、市场和交通等要素组成的巢状结构似乎已经不能完全解释当前现实社会中的城市体系（Camagni and Capello，2004；Meijers，2007；Taylor *et al.*，2010；Neal，2011；Shearmur and Doloreux，2015），因此，我们需要新的范式来完善和延伸城市体系结构的研究。

　　在当前中国，伴随信息化战略的推进，其在城市发展中的作用并不仅仅表现在基础设施建设或电子商务等某个单一层面，而是方方面面存在于各行各业之中（Loo and Wang，2017）。因此，我们需要更全面的视角来揭示"互联网+"在城市经济转型过程中的作用，从而进一步理解新兴技术与城市体系发展的相互关系。基于此，本章通过探讨"互联网+"产业的空间区位逻辑，解释互联网时代的城市体系结构特征与发展趋势，并

进一步基于"互联网+"重点企业的城市区位数据，对城市体系内部的等级分化和产业专业化趋势进行分析。

第一节　互联网技术与城市发展：理论框架

一、技术的演化本质

面对新技术所带来的巨大影响力，一些学者和大众媒体习惯接受技术决定论的观点，即将技术摆放在决定性的位置。社会只能被动地、无条件地接受技术所引致的变迁。在互联网大规模普及的初期，技术决定论的观点是学术界探讨信息通信技术与地方空间关系的主流论述（Graham，1998）。这类论著旨在解释信息通信技术对空间造成的"冲击"，并基于一种简单的、线性的因果思维方式，将信息通信技术视为决定社会变迁的独立变量。其基本逻辑是创新导致新技术，新技术又会被应用和使用于社会领域，于是社会直接定型于技术发展，而独立于经济与政治进程。如此，社会与技术是两个完全不同的领域。前者由后者形塑而成。在城市和空间研究领域，技术预测者往往认为建立新的信息架构体系将促成一系列的创新，最终导致城市和区域经济运行的功能性转变。

但是，技术决定论显然把技术进步和社会发展的关系简单化了。克鲁格曼（Krugman，1991）曾特别强调在产业地方化中，历史和偶然事件起着决定性的作用。不少经典案例都表明，产业地方化往往起源于一个偶然事件。但重要的并不是最初的偶然事件，而是使此类偶然事件有如此大且持久影响的累积过程。克鲁格曼（Krugman，1991）认为这种累积过程无处不在，无论从时间上看或从空间上看，硅谷都不是独一无二的，而只是传统现象的又一个引人注目的翻版而已。从长时间段来看，城市和区域发展往往呈现出典型的发展轨迹，是一个循环和累积的因果过程。斯科特（Scott，2011）也认同这一动态增长过程。近几年，他在所关注的认知—文化经济的研究中指出，集聚和创造地方就业的逻辑建立在双重时空过程中。一方面，是在复杂的生产体系中寻求削减成本的邻近性和增加收益的效应；另一方面，呈现的是一个有关创新、横向和纵向溢出、企业家精神，以及地方特色的竞争优势集体累积的路径依赖过程（Scott，2011）。整个城市增长的动态过程也依赖于对当地产品的持续外部需求。其朝向结构锁定的趋势，意味着地方化的生产体系的部门结构通常保持惊人的稳定性,很少随时间变化。这一点非常重要,支撑大城市化地区的经济基础的各种生产体系往往具有强烈的相互依赖性和滞后性的特征(Frenken and Boschma,2007)。因此,尤其是在分析技术进步的地理空间性、动态的竞争优势、经济重组和经济增长这样的问题时,引入一个演化的视角就很有必要(Boschma and Lambooy,1999)。

在经济学和经济地理学中,演化理论的核心是通过技术学习导致质的提升,并推进经济发展。演化方法建立在熊彼特(Schumpeter,1934)的学术思想上,解释技术的内生性特征及其对经济发展的贡献。我们所看到的不同发展形式可以解释为初始条件、路径/地方依赖、非线性动力机制,以及能力和行为的异质性在微观层面上的差异所造成的结果,从而在系统层面上反映出不同的突变特征(Morrison and Cusmano,2015)。异质性及其动力机制与多样性产生和选择的过程紧密相关,主要发生在微观(企业)和中观(区域)尺度上,但是因为经济活动的组成和空间分布及其相互作用都发生变化,其结果最终会导致结构性的变迁(Saviotti and Pyka,2004)。从这方面来看,演化方法为理解知识经济中发展模式的多样性和地理格局提供了丰富的概念框架。如此,在当前中国面临的宏观背景中,我们将把城市和区域发展置于动态演化的进程中加以探讨。

二、路径依赖与空间极化

网络系统在演变过程中具有路径依赖的特征,它是指网络中的一种状态一旦形成,无论是否有效都会在一定时期内持续存在并影响其后的选择。一般来讲,路径依赖又有两种类型,一种是某种状态形成以后,具有收益递增的效果,并进入了良性循环的轨道。这是一种正面的路径依赖;另一种是某种状态形成以后,随着事物的发展,开始阻碍系统的发展,系统被锁定在低效状态,这是一种负面的路径依赖(Boschma and Lambooy,1999)。前者如战后欧洲(如第三意大利)和美国(如硅谷)的一些地区,垂直分解的大量企业在特定技术产业领域集群分布,形成所谓的创新氛围,并通过集体学习,导致累积效应,最终产生其它地区难以复制和转移的比较优势。后者如大量老工业区的调整问题,由于路径依赖,这些区域和企业很难创造和采纳新的基础技术,导致在面对新事物时缺乏足够的学习能力。老工业区往往是一个相当同质的实体,具有特殊的技术产业结构和制度环境。它们的发展强烈依赖于原有的产业特征。这种路径依赖产生了负面的锁定状态。或者说,已经建立的工业区可能会锁定于刚性轨迹,因为它们过去的技术产业遗产会腐蚀和弱化它们适应新技术的能力。

许多新兴产业如互联网产业的发展存在大城市偏好的现象（Gorman，2002）。越来越多的研究表明：互联网技术并没有像最初许多专家所预测的那样促进地理均衡，反而加剧了区域之间、城市之间的差异（Zook，2005）。互联网活动具有明显的空间集聚性。这些活动在城市中的高度集中可以更好地与市场或与竞争性的产品和服务创新保持紧密联系（Jansson，2011；Zhen *et al.*，2015）。互联网内容生产集群化使一些城市和区域成为网络中的关键节点。在更小的空间尺度上，电子商务企业都偏好分布在最大的大都市区市中心和 CBD 地区。此外，从市场需求来看，一些国家的数字鸿沟问题的主要空间表现也是体现在互联网技术对大城市的偏好上。因为对各种先进通信技术的需求往往都是由城市市场的增长来推动的。特大城市在推动各方面的新技术投资和创新过程中起着关键作用（Kellerman，2000；Zhang，2008）。

三、机会窗口与新兴城市

在全球化的网络经济中，以规模生产方式为主导的老工业城市不断衰落。然而，新的城市化进程仍在急速推进。博希玛和范德克纳普（Boschma and van der Knaap，1997）提出的区位机会窗口概念可以用来描述新兴的产业借助于不确定性、创造力和偶然性所形成的空间格局。他认为在新产业出现时，区位机会窗口会打开，同时为先进和后进区域的产业发展提供机遇。这是因为新产业在增长初期的空间过程比较独立于原有的空间结构和条件。此时，空间的影响作用是不可预测和比较弱的。新产业所需的新要求并不一定得到满足。反而是一些非特殊区位条件的地方可以获得新产业的发展，因为新产业所具有的强大创造力可以弥补地方发展的区位劣势。因此，当技术进步形成新网络的时候，在全球城市体系中占据先动优势的那些城市往往可以从中获取更大的外部性和收益递增。

过去，许多有关网络技术能够弥补区域差异的说法在许多方面是似而非的（Lin *et al.*，2017）。因为以往的网络技术在提升交流速度的同时，一般会增加交易成本，这就需要在中心城市区位建立垂直整合的企业组织。相反，今天的开放、协同的网络系统可以提供更多的功能，减少交互过程中的交易成本，从而使网络具有更好的柔性。标准的交互平台使扩散可以更快、更均衡，从而推动新的产品开发和创新。卡斯泰尔（Castells，2000）认为，新的信息通信技术可以对交互系统中的复杂性进行协调和管理，能够最大限度地平衡柔性与任务执行之间的关系,从而达成协同决策与分散执行的同时进行。

当前,先进信息通信网络(尤其是互联网)的出现和发展已经深刻地影响了全球城市体系(Zook,2001)。一方面,原有的城市体系仍然在互联网区位中起着重要作用。世界城市充满活力,发展良好。例如伦敦和纽约,在累积投资的集聚效应作用下,它们仍然保持着重要地位。但另一方面,新技术也导致了新的扰动,促使新群体的出现。由此可见,当互联网重构原有的城市商业和通信基础设施网络时,它也在很大程度上改变了大都市区之间的关系结构。不像其它传统的通信方式,互联网没有严格的城市间信息交流的等级体系。它用不同于以往的方式部署着全球商业和信息资源,为各地城市发展提供了新的机遇。

目前,全球已经有许多国家政府、区域经济开发机构和地方政府将互联网产业看作是一个区位机会窗口。由技术变革所带来的新的市场机会已经拓展到广阔的地理范围,并创造了大量的就业机会。对城市来说,除了直接受益于就业和财政收入之外,互联网产业还为地方发展带来了其他间接收益(Naylor,1999)。首先,互联网企业对地方意象的塑造和实施地方营销战略具有积极意义,因为这些企业普遍被认为是高科技、知识密集型、具有创造力的清洁产业。其次,开发机构总是希望地方性互联网企业的存在可以加速当地互联网的升级,帮助形成大规模的用户群体,并刺激当地在线服务业的发展。如此,其它的电信产品和服务也被逐渐推广使用,从而使得这些有关学习型溢出的要素能够不断被转变成为城市的竞争优势。

第二节 数据与方法

一、数据来源与处理

本研究以 2010 年中国县级及以上城市作为研究对象(不包括港澳台地区)。采用的基础数据主要来源于两方面。

1. "互联网+"重点企业的城市区位数据,来源于《中国互联网+发展研究报告》。该报告是在中国社会科学院信息化研究中心、中国社会科学院数量经济与技术经济研究所信息化与网络经济研究室、中科院《互联网周刊》和 eNet 硅谷动力等多家单位联合支持下的研究成果。报告利用多项指标体系进行系统评价，确定了 13 个"互联网+"实践的重点行业部门（分别为 IT 服务、金融服务、一般制造业、生物化工、工矿能源、房地产、农副食品、服务业、在线服务、文化传播、智慧产业、投资风向和大众创业）的重点企业，共获取 6 502 条企业数据。

以"互联网+"重点企业的总部所在地为其对应城市区位，以县级及以上城市为研究单元，每个企业对应唯一的城市区位。经整理，这些重点区域分布在 333 个县级及以上城市。为了聚焦"互联网+"对当地经济的影响效应，进一步对样本城市进行筛选，选取至少在三个行业部门拥有重点企业数量至少五家的城市作为重点研究对象。剔除掉市辖区常住人口数据缺失的襄阳市，最终得到重点样本城市数量 80 个，其中包含 4 个直辖市、15 个副省级城市、54 个地级市和 7 个县级市。

2. 城市人口和经济规模数据。其中，经济规模数据来源于《中国城市统计年鉴 2015》中的地区生产总值；人口规模数据来源于《中国 2010 年人口普查数据分县资料》中的常住人口指标。地级市的空间统计范围为市辖区。

二、研究方法

首先对原始数据进行标准化处理，处理方法如下：

$$INDEX_{ij} = \frac{DATA_{ij}}{\max\left(DATA_{ij}\right)} \qquad \text{式 3-1}$$

式中：$INDEX_{ij}$ 代表指数，$DATA_{ij}$ 代表原始数据，i 为不同的城市，j 为不同的行业。如此便形成了一个数值在 0 到 100 之间的标准化数据库。这些数值反映的是一个城市中"互联网+"活动的相对规模。举例来讲，根据上网调查获得的原始数据显示北京拥有最多的企业总部数量，即赋值为 100。上海拥有的企业总部数量为北京的 46.48%，其相对规模指数为 46.48。

为了测度各城市"互联网+"经济的发展状况，构造了以下三个指数：

1. 综合规模指数 S_i，用以反映城市"互联网+"经济的综合发展规模。由 j 个行业的规模指数之和组成，公式如下：

$$S_i = \sum_{j=1}^{n} S_{ij} \qquad \text{式 3-2}$$

式中：n 代表"互联网+"重点企业的行业分类；S_{ij} 表示 i 城市中 j 行业的"互联网+"相对规模指数。

2. 发展水平指数 D_i，用以反映城市"互联网+"经济的相对发展水平。采用 i 城市的总规模指数、经济规模指数和人口规模指数来界定，公式如下：

$$D_i = \frac{S_i^*}{\dfrac{E_i + P_i}{2}} \qquad\qquad 式\ 3\text{--}3$$

式中：S_i^* 表示城市 i 的总规模指数，区别于综合规模指数 S_i 所表征的综合发展规模。总规模指数采用各城市 13 个行业的企业数量之和来计算规模指数，表示该城市"互联网+"经济发展的总水平；E_i 表示城市 i 的经济规模指数，P_i 表示城市 i 的人口规模指数。

3. 专业化指数。借鉴纳尔逊（Nelson，1955）关于城市职能分类的统计分析方法，将 80 个重点样本城市按照专业化部门和专业水平进行分类。分别计算各城市拥有每种行业企业总部数量的算术平均值（M）和标准差（$S.D$）（表 3–1）。

表 3–1 13 个行业的企业总部数量平均值和标准差

	平均值（M）	标准差（$S.D$）	$M+0.5S.D$	$M+1S.D$	$M+2S.D$	$M+3S.D$
IT 服务	9.48	40.54	29.75	50.01	90.55	131.08
金融服务	8.74	26.97	22.23	35.71	62.69	89.66
一般制造业	3.78	6.22	6.89	10	16.22	22.45
生物化工	1.73	2.73	3.10	4.45	7.18	9.91
工矿能源	3.96	10.75	9.34	14.72	25.47	36.23
房地产	3.54	10.47	8.78	14.01	24.48	34.96
农副食品	2.90	5.20	5.50	8.10	13.29	18.49
服务业	11.89	37.56	30.67	49.45	87.01	124.57
在线服务	7.4	33.08	23.94	40.48	73.55	106.63
文化传播	3.45	17.96	12.43	21.41	39.36	57.32
智慧产业	8.08	21.06	18.61	29.13	50.19	71.25
投资风向	4.46	14.03	11.48	18.49	32.52	46.54
大众创业	4.55	16.24	12.67	20.79	37.03	53.27

第三节　基于"互联网+"经济的城市体系等级结构与空间特征

结合综合规模指数与发展水平指数两项指标来综合评价"互联网+"经济影响下的中国城市体系特征。采用 SPSS 软件中的沃德（Ward）法对两项指标的计算结果进行聚类分析，并结合客观实际，最终确定了 80 个"互联网+"城市的等级体系（表 3–2）。

表 3–2　基于"互联网+"经济的中国城市等级划分

等级	城市
I	北京
II	上海、深圳、杭州
III	广州、天津、南京、成都、武汉、重庆、厦门、青岛、昆明、合肥、郑州、西安、福州、长沙、济南、威海、海口、珠海、嵊州
IV	东莞、东营、大连、沈阳、绍兴、苏州、宁波、石家庄、南昌、贵阳、泉州、乌鲁木齐、常州、太原、沧州、保定、银川、廊坊
V	佛山、哈尔滨、长春、南通、烟台、晋江、中山、江阴、宜昌、淄博、南宁、呼和浩特、徐州、桂林、张家港、惠州、扬州、寿光、岳阳、唐山、济宁、台州、临沂、无锡、温州、包头、鄂尔多斯、潍坊、龙口、兰州、汕头、慈溪、邢台、西宁、绵阳、咸阳、嘉兴、湘潭、长治

从等级排名来看，I 级"互联网+"城市只有北京，其综合规模指数与发展水平指数均远远超过排名第二位的城市。其综合发展水平极高，是当前中国"互联网+"经济发展的首位城市。北京作为国家的首都，是全国重要的政治、文化和科创中心，同时也是众多央企和外企等大型企业总部的集中所在地。新经济发展所需的各种资金、人才、技术、信息等要素都在这里集聚，为"互联网+"经济的发展提供了沃土（Zhang，2008；2013）。

II 级"互联网+"城市有三个，分别为上海、深圳和杭州。上海是公认的中国最发达城市之一，其国际化水平、科教文卫等软实力远高于除北京之外的中国其他城市，始终位于中国城市体系的核心地位。深圳是极具创新力的城市，拥有华为、腾讯等大型信息通信技术企业（Wang *et al.*，2010）。近年来创新驱动的主导发展战略、活跃的创新环境、有效的人才吸引政策、逐步完善的资本市场以及企业家精神孕育了发展成效显著、极具潜力的创新型深圳。杭州作为长三角地区中心城市，在传统的城市体系中地位相对较低，但其电子商务产业发达、电子商务龙头与标杆企业集聚。2016 年阿里研究院发布的报告显示杭州市电子商务服务指数排名全国第一（阿里研究院，2016）。在"互联网+"经济的影响下，杭州在城市体系中的排名超过广州，一跃成为中国最为重要的新兴"互联网+"城市。

III级"互联网+"城市以副省级城市、省会城市为主。这些城市大多是各地区域性中心城市，经济发展水平较好，对周边地区有一定的辐射带动作用。它们在自身原有的发展基础之上，及时抓住"互联网+"这一机会，将其转化为新一轮城市发展的竞争力。还有少数在传统行业发展较好的地级市如威海，也在此列。威海是山东半岛制造业基地的主要城市之一，同时也是通向日韩的主要出海口岸，拥有较成规模的制造业企业。产业基础良好，其"互联网+"经济主要体现在一般制造业中。这一层级还包括县级市嵊州，其发展水平指数在80个样本城市中排第17名，超过许多副省级城市、省会城市。这极大程度上得益于嵊州领带、厨具等制造业的产业基础与政府引导创立集群产业电子商务发展的嵊州模式（尹洁银，2015）。

IV级和V级"互联网+"城市主要是一般的区域性城市，如部分中西部省会城市石家庄、南昌、贵阳、乌鲁木齐等，部分传统制造业城市东莞、东营、佛山等。它们大都是借助"互联网+"这一新经济模式，发展自身传统优势行业，因此综合规模与发展水平仍有待提高。

从空间分布来看，"互联网+"经济对城市的影响效应存在明显差异（图3–1）。"互联网+"经济的重点城市主要分布在东部沿海地区，尤其是长三角、珠三角、山东半岛和京津冀这四大城市群中。城市数量占样本城市总数的56.25%（表3–3）。中西部地区整体水平较低，"互联网+"经济主要出现在省会城市，且综合发展水平不高。其中，西南地区尽管平均水平低，但也有少数极具发展潜力的城市，如重庆和成都。同时，仅有哈尔滨、长春、沈阳和大连四个城市来自东北地区。它们都没有进入前三级，且规模与发展水平均未超过全国平均水平。对比该地区的城市人口规模与经济总量，其"互联网+"经济的发展水平明显落后于自身在传统城市体系中的地位。

表3–3 "互联网+"城市在四大城市群中分布数量

城市群	城市个数	占比
京津冀	8	10%
山东半岛	11	13.75%
长三角	19	23.75%
珠三角	7	8.75%

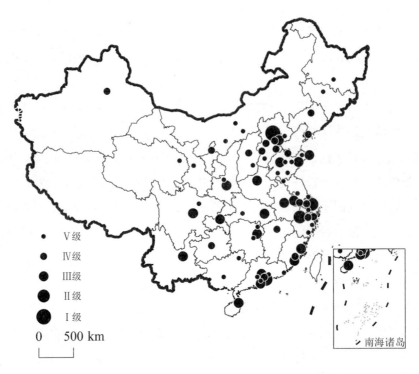

图 3-1   基于"互联网+"经济的中国城市体系

综上，在"互联网+"经济影响下的中国城市体系呈现以下特点和趋势。①"互联网+"城市表现出明显的空间极化现象。新经济活动集中于少数大城市中。北京独占鳌头，地位极其突出；上海、深圳、杭州紧随其后，位于全国领先地位。②区域发展不平衡，主要"互联网+"城市集中在沿海发达地区，内陆分布较少。中西部整体发展水平不高，尤其是东北地区整体表现落后于全国平均水平。③较之传统意义上的城市体系结构，一些新兴"互联网+"城市开始浮现，如杭州跻身发达城市行列，威海、嵊州等传统制造业城市依靠良好的产业基础，通过"互联网+"这一新兴"机会窗口"实现产业转型升级。

第四节   基于"互联网+"经济的城市专业化表现

专业化是城市体系中职能特征的重要表现形式，本节基于各城市在不同行业的专业化表现，进一步探讨在"互联网+"经济影响下的城市体系特征。

以高于均值 0.5 个标准差作为城市在该行业达到专业化的标准，80 个样本城市中有

19个城市至少在一个行业部门表现出专业化特征（表3-4）。其中，只有极少数城市的"互联网+"产业发展较为全面。北京和上海两市在所有行业上均具有专业化优势；深圳和杭州两市的专业化部门有12个，只有在文化传播行业上没有达到标准。京沪作为中国综合实力与竞争力最强的两个城市，在政策、资本、技术、市场、人才和信息等资源的获取上，具有先天的优势。这种优势状态形成以后，会产生良性循环，当新的发展机会来临之际，就能更快更好地接受和利用。相比较而言，北京的专业化优势更加明显，几乎在所有行业上均领先于全国。深圳是中国改革开放的门户，是全国创新能力最强的城市。在面临新经济发展机遇之时，深圳毫无疑问表现出极强的适应能力，尤其在一般制造业、房地产业及新兴的智慧产业上表现突出。杭州是唯一一个由中国电子商务协会命名的"电

表3-4　重点城市的"互联网+"行业专业化表现

	IT服务	金融服务	一般制造业	生物化工	工矿能源	房地产	农副食品	服务业	在线服务	文化传播	智慧产业	投资风向	大众创业
北京	3	3	3	3	3	3	3	3	3	3	3	3	3
上海	2	3	3	3	1	2	3	3	2	2	3	2	3
深圳	2	2	3	1	2	3	0.5	1	1		3	2	2
杭州	0.5	0.5	0.5	1	0.5	0.5	0.5	0.5	0.5		1	1	0.5
广州			1	0.5	0.5	1	1	0.5	0.5	1	0.5	0.5	
天津			0.5	2	0.5		1				0.5		
重庆				0.5				0.5					
南京				0.5							0.5		
厦门			0.5				0.5						
青岛			0.5				0.5						
东莞			3				0.5						
成都							0.5						
武汉											0.5		
西安											0.5		
大连				0.5									
宁波			0.5										
佛山			1										
威海			0.5										
东营				2									

注：按照各城市具备专业化部门数量的多少进行排序，表中数值表示高于均值以上标准差的数量。

子商务之都"，是国家电子商务、电子政务和信息化试点城市。电子商务建设起步较早、基础较好。其电子商务经济发展水平处于全国前列，并涌现出了一批全国甚至世界有名的电子商务企业（杭州日报，2016）。但从具体行业来看，杭州各行业的专业化水平较为均衡，与前述三个城市相比，并没有特别突出的行业。

广州和天津分别拥有 10 个和 5 个专业化行业，处于第二梯队。广州是重要的国家中心城市，珠三角区域的核心增长极，经济基础良好并拥有比较完整的产业体系，也诞生了不少著名的互联网企业。因此，在较多的行业上体现出专业化特征。天津是中国北方的经济中心，城市规模与等级都位于中国城市体系的前列，工业基础雄厚。特别是近年来在京津冀协同发展背景下，承接着北京非首都功能的产业转移，在生物化工和农副食品等传统行业具有较高的专业化水平。

其他城市所拥有的专业化部门数量明显减少。重庆、南京、厦门、青岛和东莞五个城市分别有两个行业具备专业化特征。从区域层面来看，前四个城市都承担着各自所在区域的中心职能，长期以来作为区域中心城市。而东莞的表现明显与其产业基础相关，尤其是改革开放后迅速发展的制造业，甚至被誉为"世界工厂"。余下的城市均只有一个专业化部门。成都是农副食品行业，武汉和西安均为智慧产业，其他城市则集中在生物化工和一般制造业。

再进一步从行业部门的角度来看，"互联网+"各行业的分布格局差异明显。总体上，制造业专业化的城市分布较多，服务行业上则相对集中，新兴的服务业专业化城市最少。其中，文化传播业的专业化城市数量最少，只分布在北京、上海和广州三个传统的国家中心城市；金融、IT 服务和大众创业等三个新兴或高级生产者服务业，只集中于京沪深杭四个城市。除去发展较为全面的城市之外，还有部分产业基础较好的城市在其传统优势行业中实现"互联网+"发展，如东莞、宁波、佛山、威海和东营。东莞作为传统的制造加工业城市，其"互联网+"在一般制造业与农副食品业上得到较好的实践，尤其是在一般制造业上达到极高的专业化水平。佛山也是全国先进制造业基地、珠三角重要的制造业中心，在广东省经济发展中一直处于领先地位，其在一般制造业上也表现出较高的专业化水平。东营是重要的石油基地，其生物化工行业的"互联网+"发展良好，可以为其他资源型城市转型发展提供好的借鉴。

综上，只有少数城市如北京、上海、深圳、杭州和广州的"互联网+"产业发展较为全面，尤其是部分对人才、信息等关键要素环境要求较高的行业，只集中在极少数高等级的城市。由此可见，新经济并不是凭空创造出来的，它需要扎实的产业基础、良好的发展环境与强劲的综合实力作为支撑。大多数城市只能集中于少数专业领域，并在优势产业基础上寻求发展。

第五节　小　结

本章以"互联网+"这一新要素为切入视角，基于"互联网+"重点企业的城市区位数据，通过建立城市体系基本分析框架，对中国城市体系结构特征进行了实证分析。结果表明：一方面，城市的"互联网+"进程加剧了新经济要素的空间集聚，导致少数大城市主导了这一轮产业转型升级，造成城市体系中的空间极化趋势；另一方面，互联网技术应用也提供了城市发展的机会窗口。一些城市借助互联网正在迅速崛起，而当地的产业基础和相关专业化起到了重要的作用。

在原有的城市体系结构中，高等级的城市职能往往只出现在大城市中（Batten，1995）。然而在以"互联网+"为代表的新要素产生之际，城市体系与产业经济获得了新的发展机遇。因此，当前的城市发展表现出了不同以往的特征，规模较小但是专业化的城市也可能拥有较高等级的城市职能，如世界最重要的信息技术中心硅谷和软件之都印度班加罗尔。城市增长会出现在整个体系之中，无论城市规模大小，都有可能获得良好的增长机会，甚至会出现小城市的增长率远远高于规模较大城市的情况（Hohenberg and Lees，1985）。然而需要强调的是，从本章的实证结果来看，城市"互联网+"新经济的崛起在一定程度上依赖于当地产业基础与相关专业化，因此，尽管新的技术力量在一定程度上重塑了中国的城市体系结构，但原有的城市格局仍然在新的体系中发挥着支配性作用。在未来的城市发展中，路径依赖能否被打破，是否存在某种新的发展模式，使得新机会出现之时，能有更多的城市从中获益，城市间实现均等增长，这将是未来值得关注与探讨的问题。

第四章　基于格网的淘宝村集聚特征及其影响因素

淘宝村是互联网和实体经济相结合的一种新兴的经济发展产物。21 世纪以来，互联网迅速成为一种新的经济要素，降低社会经济活动的"空间摩擦"，在区域经济发展中的作用越来越突出（刘卫东，2002；甄峰等，2007；汪明峰等，2009；孙中伟、王杨，2011）。对乡村而言，电子商务使乡村得以突破传统区位约束，去除传统的经济媒介，参与到区域、全国乃至全球的产业价值链中，实现乡村在规模与职能上的跃迁式发展（汪明峰，2005；罗震东、何鹤鸣，2017）。乡村的区位决定乡村经济的发展会受到地方市场规模和资源可及性的挑战。互联网参与乡村经济最常见的好处之一，是通过电子商务平台扩展市场和供应商，在城市的外围形成裂变式的边缘发展效应（Galloway *et al.*，2004；南京大学空间规划研究中心，2018）。电子商务作为互联网在零售领域的实践载体，在与乡村经济结合以后，演变成淘宝村的主体形态，不断以数字经济的形式推动乡村振兴（金万富等，2018）。淘宝村的发展是电子商务支撑下乡村地区社会、经济与空间的系统重构。随着电子商务在乡村地区的扩展，互联网将改变乡村以往的社会经济面貌。未来电子商务专业村将极大地缓解中国城乡发展不平衡、不充分的问题（李小建等，2013；姜会明等，2017；Li，2017；郭坤等，2018）。

淘宝村作为中国独有的电子商务专业村，国外学术期刊对淘宝村的关注还较少。利昂等（Leong *et al.*，2016）以浙江省 21 个淘宝村样本，分析互联网支撑下中国偏远乡村自组织性的电子商务对地区发展的影响。李浩晖（Li，2017）以淘宝村为例，探讨其对农村社会的变革性影响，以评估淘宝村使中国农村居民受益的程度。孙一飞和王红扬（Sun and Wang，2005）考察江苏农村的数字鸿沟，认为互联网接入与乡村企业的经济和创新绩效呈现积极的关系。也有国外学者考察互联网与乡村发展的关系。加洛韦等（Galloway *et al.*，2011）以苏格兰农村地区为案例地，认为互联网对农村小企业的重要性在很大程度上被忽视。迪金斯等（Deakins *et al.*，2004）发现使用互联网是自发性行为。乡村互联网企业可以获得竞争优势。普雷姆库姆和罗伯茨（Premkumar and Roberts，1999）研究美国乡村通信技术的使用状况，认为信息和通信技术为乡村小企业同时提供了机会和威胁。

　　国内学者对于淘宝村的研究主要基于经济学、社会学、地理学等视角。经济学主要从演化经济学、全球价值链和新经济地理学等角度出发，关注淘宝村的产业演化（刘亚军、储新民，2017）、产业升级（魏晓蓓、王淼，2018）和产业集群（池仁勇、陈至奕，2017）等。社会学视角的研究主要基于列斐伏尔的空间生产理论和鲍曼的流动社会理论等，对淘宝村的发展模式（汪向东，2013）、空间转型（张嘉欣、千庆兰，2015；陈宏伟、张京祥，2018）、空间重构（杨思等，2016）进行了深入的探究。地理学的关注热点主要是从空间视角出发，关注淘宝村的空间组织、空间分布与空间集聚特征（单建树、罗震东，2017；赵军阳等，2017；白冬冬、孙中伟，2019）。另外一些学者在空间研究的基础上，也对淘宝村的形成机理和影响因素进行了探究（朱邦耀等，2016；千庆兰等，2017；徐智邦等，2017；辛向阳、乔家君，2018）。

　　从内容上看，淘宝村研究主要集中在发展路径、空间重构、空间分布特征、形成机理等方面。对于淘宝村集聚特征有一些分析，但研究未能剥离行政区面积对研究结果的影响。在宏观尺度上对淘宝村的影响因素探究中，研究多以定性分析为主，定量的机制分析较少。本章基于 2013～2018 年阿里研究院公布的淘宝村数据，运用重心分析、标准差椭圆分析、高低值聚类等空间分析方法以及计量回归模型，首先对淘宝村的发展状况进行梳理，在此基础上对淘宝村的集聚特征进行探究，接下来将集聚效应纳入到回归模型中，并结合兴趣点（Point of Interest，POI）等大数据对淘宝村的影响因素进行定量研究，以期为淘宝村未来的健康平稳发展，提供科学的参考。

第一节　数据来源与研究方法

一、数据来源

　　研究所使用的数据涉及三大类。①淘宝村数据：来源于阿里研究院（www.aliresearch.com），整理后通过 GeoSharp 软件地理编码。根据阿里研究院的定义，淘宝村是大量网商聚集在某个村落，以淘宝网为主要交易平台，形成规模和协同效应的网络商业群聚现象。②社会经济数据：道路数据来源于中国基础地理的公路网数据；人口与 GDP 数据为中国科学院资源环境科学数据中心徐新良团队 2015 年中国人口与 GDP 空间分布公里网格数据集；信息通信、物流、电商产业园数据来源于 2017 年 POI 数据。③基础地图数据：来源于国家测绘地理信息局，研究区域不包括港澳台地区。

二、研究方法

（一）重心分析

借鉴力学原理，在淘宝村空间分布研究中引入区域重心的概念，以揭示淘宝村在空间分布上的发展趋势。以淘宝村数量为研究属性，假设研究区由若干小区域组成，当研究属性淘宝村的空间均值显著区别于区域几何中心，即指示淘宝村不均衡分布或称重心偏离。偏离方向指示空间现象的高密度部位，偏离距离则指示了均衡程度。

（二）标准差椭圆

标准差椭圆可以概括地理要素中心趋势、离散和方向趋势等空间特征。标准差椭圆分析基于欧氏距离或者曼哈顿距离，创建淘宝村对应的椭圆面。椭圆面属性值会包括平均中心、两个标准距离（长轴和短轴）及椭圆方向。长半轴表征淘宝村分布主要方向，短半轴表征分布范围。短轴与长轴越接近，表明淘宝村分布的离散程度越大，反之方向性特征越明显（许昕等，2017）。

（三）空间自相关

地理学第一定律认为事物在地理空间分布上相互关联，存在集聚、随机、规则分布，并且相关性随距离增大而减少，该现象称为空间自相关（周亮等，2017）。为了解淘宝村的集聚状况，首先利用 GeoDa 软件计算地级研究单元的淘宝村数量的 Morans' I 值，检验淘宝村分布是否在空间上具有相关性；其次再对淘宝村进行局部空间相关性分析，计算 LISA 值，以表征地级研究单元内部的集聚特征。

第二节　淘宝村的发展态势

一、淘宝村的空间分布演化

伴随着互联网和快递行业持续繁荣发展，以及互联网消费的膨胀，有创新创业意识的乡村开始借助互联网进行创业。2009 年，中国出现睢宁县东风村、义乌市青岩刘村和清河县东高庄村三个淘宝村。2013 年，全国淘宝村总量为 20 个，主要分布在东部沿海，中西部只有一个淘宝村位于江西（图 4–1）。在第一批淘宝村成功的示范效应下，2014年东部淘宝村开始快速增长，长三角成为淘宝村较多的区域；但同时，中西部地区淘宝村增长不明显，仅在河南、湖北和四川出现了零星淘宝村。2015～2017 年，淘宝村开始在

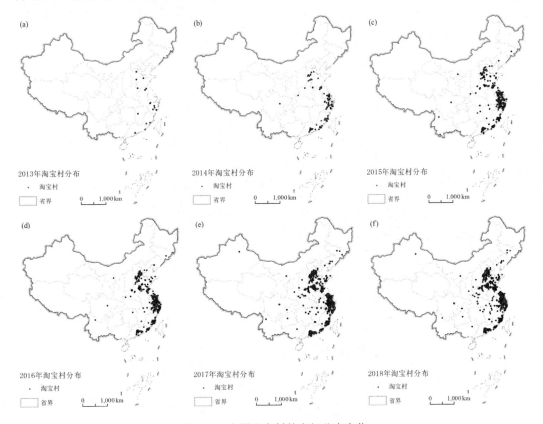

图 4–1　中国淘宝村的空间分布变化

全国膨胀式扩张，在东部沿海地区形成串珠状的聚集区，尤其是在环渤海、长三角、海峡西岸和珠三角等地区，形成较为明显的聚集区，同时，也有大量淘宝村被淘汰。此阶段淘宝村消失162个，东部占95%以上。2017年，存在淘宝村的省份由2013年7个增加到24个。2018年，东部沿海淘宝村较多的区域进一步扩张，但向中西部蔓延的趋势仍较缓慢。

二、淘宝村的重心与方向变化

在空间分布的基础上，进一步对淘宝村的重心和分布方向进行分析（图4-2）。2013年淘宝村的重心落在安徽省铜陵县，经过一年的发展，重心向南移动了252.4千米，落在江西省乐平市。2014年南方地区福建、广东的淘宝村快速扩张，导致重心大幅向南移动。2014~2015年，全国淘宝村呈现井喷态势，尤其是东部地区江苏、浙江的淘宝村强势崛起，重心向东北方向折回71.4千米，落在安徽省休宁县。2015年以后，淘宝村发展较好的几个省份持续扩大规模。全国淘宝村分布逐渐形成稳定的格局，重心移动变小，基本在安徽省休宁县行政范围附近移动。相对于2013年的基础，淘宝村重心整体向东南偏移。

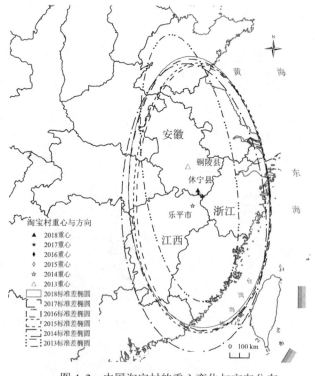

图4-2　中国淘宝村的重心变化与方向分布

为揭示淘宝村发展的方向性和紧凑性，进一步对淘宝村的空间分布进行标准差椭圆分析。2013 年淘宝村分布的椭圆方向为西北—东南向。2014 年淘宝村的扩张导致其分布相较于 2013 年呈现离散状态。椭圆的短轴变长，椭圆方向也由西北—东南向改变为南北走向。2015～2018 年，由于淘宝村在东部沿海的河北与山东、江苏与浙江、福建与广东这一条南北向纵轴线上稳定地扩张，椭圆长轴和短轴稍微变短，说明淘宝村分布更加紧凑，方向基本稳定。

第三节　淘宝村的集聚特征

淘宝村空间分布和重心方向变化表现的是空间演变特征。在此基础上，为揭示淘宝村的集聚特征，采用空间自相关对集聚规律进行探究。为降低行政区域面积对集聚特征分析的影响，创建 100 千米×100 千米的格网，每个格网面积 10 000 平方千米。统计 2013～2018 年格网内淘宝村数量，通过集聚分析，探究淘宝村集聚特征演变，以识别淘宝村的高值集聚区。

识别淘宝村集聚区前，先对淘宝村全局相关性进行判别，根据判别标准和 Moran'I、Z 得分和 P 值分析可知（表 4–1），2013、2014 年全局 Moran'I 的 P 值未通过 0.1 水平置信检验，表明 2013 与 2014 年淘宝村是随机分布，不具有集聚性。2015～2018 年的 Moran'I 值分别为 0.076 9、0.804 0、0.777 0、0.072 6，淘宝村在空间上呈正相关性。淘宝村 P 值均通过 0.01 水平置信检验，且此时 Z 得分均大于 2.56，表明 2015～2018 年淘宝村分布具有高度集聚性。

表 4–1　中国淘宝村空间自相关分析结果

	2013	2014	2015	2016	2017	2018
Moran'I	0.005 3	−0.022 1	0.076 9	0.080 4	0.077 7	0.072 6
Z score	0.413 9	0.014 3	3.077 1	3.706 2	6.748 9	7.037 1
P value	0.678 8	0.988 5	0.002 1	0.000 2	0.000 0	0.000 0

从全局自相关结果可以看出，2015～2018 年存在高度集聚性，为进一步研究淘宝村发展的内部差异和局部集聚状况，对淘宝村进行局部自相关分析，得到局部 LISA 指数（图 4–3）。

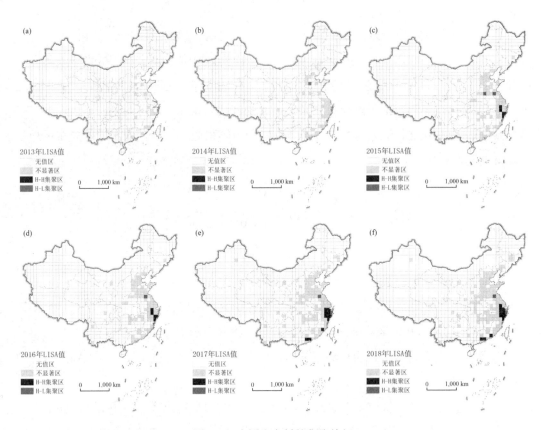

图 4-3　中国淘宝村的集聚特征

2013～2018 年全国大部分地区淘宝村未通过 0.1 水平置信检验，为不显著区。淘宝村在大部分地区分布具有随机性，同时，全国范围内也未出现 L–L 和 L–H 集聚区。2013年淘宝村 P 值未通过 0.1 的置信检验，分布存在随机性，2014 年仅有一个 H–L 区域，没有 H–H 集聚产生。2015 年，全国淘宝村达到 778 个，淘宝村开始形成一定规模，此时淘宝村开始表现出明显的集聚特征，在长三角地区形成面积较大的 H–H 集聚区。珠三角有一个 H–H 集聚区，增加一个菏泽与商丘交界的 H–L 区。2016 年淘宝村集聚特征进一步增强，长三角地区 H–H 集聚区域增加一个网格，但 H–L 区减少一个。2017 年，长三角和珠三角地区的淘宝村显示出强劲的势头，较 2016 年而言，珠三角 H–H 集聚区域增加到两个，集聚特征再次增强，H–L 区域没有变化。2018 年淘宝村的 H–H 集聚区与 2017年一致，H–L 区域也位于山东西南部，只增加了部分不显著区。淘宝村 H–H 与 H–L 集聚区在 2017～2018 年未发生改变，说明淘宝村快速增长区域可能开始有区域固定的趋势。

第四节　集聚的影响因素

淘宝村的发展存在显著地区差异，这种差异是各种因素综合作用的结果。本节选择2017年100千米×100千米格网淘宝村数量为因变量进行回归分析，探究形成这种格局的影响因素，并参考已有文献对淘宝村影响因素进行研究，包括地理区位、资源禀赋、商业传统、企业家精神、示范效应、物流快递、互联网、政府政策、文化根植性等（朱邦耀等，2016；徐智邦等，2017；千庆兰等，2017；辛向阳、乔家君，2018）。借鉴已有研究，并将集聚特征纳入分析中，选取集聚效应、物流、信息通信、政府政策、交通、人口、地区生产总值七项作为解释变量，对淘宝村的影响因素进行分析。

依托电商平台发展的淘宝村，会受到各种社会经济要素影响。本节采用国道、省道与高速公路长度代表交通（ROAD）；人口（POP）采用格网人口总量表征；格网 GDP 总量代表经济发展（GDP）；信息通信（ICT）采用格网中电信、移动和联通营业厅数量表征；物流快递门店数量表示物流（EXP）；格网中电商产业园、电商孵化园、电商创业园等表征政府政策（POLICY）。淘宝村的发展也受益于集聚效应的影响（袁丰等，2010；史焱文等，2016），采用局部自相关的 Z 值表征集聚效应（CLUSTER）。Z 值得分正值越大为 H–H 集聚，负值越小为 H–L 集聚，L–L 与 L–H 集聚的 Z 值趋近于 0，故将局部自相关 Z 值取绝对值作为集聚效应。

部分数据进行取对数处理（表 4–2）。物流与信息通信存在较强共线性，故保留信息通信。2017 年的人口与 GDP 数据较难获取，因为解释变量人口与 GDP 存在内生性，故采用 2015 年数据代替，其回归系数解释力度存在一定局限性。运用 GeoDa 软件进行分析，空间权重矩阵采用空间邻接原则确定。若共边或者共点则视为空间邻接，权重取值为 1，反之为 0，比较空间误差模型（Spatial Error Model，SEM）、空间滞后模型（Spatial Lag Model，SLM）和普通最小二乘法模型（Ordinary Least Square，OLS）的模拟参数（表 4–3）。空间依赖性检验显示，SLM 和 SEM 模型的 LM 与 Robust LM 检验均在 0.01 水平上显著，模型拟合效果均比较理想。综合空间依赖性检验、R^2 与 AICc 等判定准则得出，在模型拟合优度上，SLM 模型优于 OLS、SEM 模型，对格网单元淘宝村发展影响因素估计效果更优。

表 4–2　变量描述性统计与方差膨胀因子

	最小值	最大值	均值	标准偏差	方差	VIF（1）	VIF（2）
CLUSTER	0.003	12.560	1.284	2.271	5.161	1.306	1.290
lnPOLICY	0	4.672	1.382	1.138	1.296	2.446	2.363
lnEXP	0	8.571	5.903	1.338	1.792	13.562	—
lnICT	0	8.383	6.521	1.091	1.191	11.413	4.836
lnPOP	11.962	16.634	15.132	0.793	0.630	4.353	4.351
lnGDP	14.267	19.208	16.872	0.995	0.992	6.270	5.338
lnROAD	0.027	2.210 7	0.593	0.454	0.207	1.039	1.035

根据 SLM 回归结果可知（表 4–3），淘宝村的集聚效应、政府政策、信息通信和人口对淘宝村发展有正向影响。淘宝村集聚效应回归系数为 0.212 9。淘宝村在发展过程中，东部沿海地区许多淘宝村经营家具和纺织品等产品（南京大学空间规划研究中心，2018），作为互联网销售方的同时，也是线下的产品生产者。这种轻工业生产和销售的集聚，可以分享创业成功经验，共享劳动力市场，降低生产成本，集聚效应的正向外部性推动电子商务不断扩张。政府政策回归系数为 0.291 6。淘宝村在前期发展过程中比较依赖创业能人的创业精神（阿里巴巴有限公司，2015；南京大学空间规划研究中心，2018），但在产业形成一定规模以后，政府与行业协会的支撑和引导对产业的发展壮大起到巨大的作用。政府主导的电子商务产业园，以及政府出台的电商扶持政策，都能推动电商发展。

表 4–3　中国淘宝村发展的计量分析

变量	非空间模型	空间模型	
	OLS（1）	SLM（2）	SEM（3）
C	−0.000 6	−0.020 1**	0.012 1
	（−0.062 1）	（−2.014 8）	（0.801 8）
CLUSTER	0.241 8***	0.212 9***	0.238 4***
	（15.691 1）	（14.329 7）	（14.782 8）
lnPOLICY	0.344 9***	0.291 6***	0.314 7***
	（8.496 5）	（7.558 2）	（7.987 1）
lnICT	0.227 9***	0.235 9***	0.216 7***
	（4.769 1）	（5.231 8）	（4.575 9）
lnPOP	0.188 0***	0.243 6***	0.219 8***
	（2.677 8）	（3.676 7）	（3.076 5）

续表

变量	非空间模型	空间模型	
	OLS（1）	SLM（2）	SEM（3）
lnGDP	−0.182 9***	−0.243 2***	−0.209 3***
	（−2.915 7）	（−4.104 0）	（−3.252 8）
lnROAD	−0.045 5	−0.113 7*	−0.158 5**
	（−0.663 6）	（−1.755 2）	（−2.416 1）
λ		0.208 9***	
		（10.453 1）	
ρ			0.361 5***
ρ			（8.287 3）
R^2	0.815 5	0.834 6	0.828 8
Adjusted R^2	0.814 4		
LM		116.931 2***	57.494 7***
Robust LM		70.741 5***	11.305 1***
AICc	602.803	496.227	547.251
Sc	637.559	535.948	582.006

注：***，**，*分别表示在1%，5%，10%水平上显著；模型（1）括号内为t检验值，模型（2）（3）括号内为Z值；C为常数项；空白项表示该模型没有此类检验项。

淘宝村信息通信回归系数为0.235 9，信息通信技术为淘宝村的发展提供了广阔的市场。东部地区的农村位于发达地区，但与城市相比，既面临产品供应问题，也面临销售市场问题。中西部与东北地区的农村更是如此。互联网降低了通信和搜索等成本。东部地区通过互联网从事轻工业产品销售，将销售市场推向全国。这种可复制模式不断推广促进了淘宝村的快速发展。中西部与东北地区主要通过互联网进行农特产品销售，相较于东部地区发展速度比较缓慢。总之，借助于信息通信技术，淘宝村有效地进行着市场扩张、沟通交流、售后服务等活动。人口的回归系数为正值，回归系数为0.243 6。淘宝村所在区域是农村，很多农村人多地少，经济欠发达，如福建、浙江的丘陵地区。这些地区的农民一直不断寻求致富途径。从事电子商务使得一部分农民获得极大的经济收益。这种成功的示范效应，带动更多外出务工村民回乡创业，同时电子商务关联的产业发展也吸引更多的劳动力到淘宝村就业（阿里巴巴有限公司，2015）。

道路和GDP的回归系数为负，表示淘宝村的发育地区为乡村，与城市区域相比，其经济发展水平和交通基础设施比较薄弱。淘宝村所在的区域很多是国家级贫困县。乡村创业者自发性探索出电子商务这种发展模式，希望摆脱贫困。相反，经济较好的乡村有支柱产业，则很难孕育出淘宝村，所以 GDP 与淘宝村的发展表现出负向的关系。道路回归系数不稳健，但这并不意味着交通对淘宝村发展不重要。在中西部地区的部分乡村，道路设施条件较差，对外联系依靠低等级公路。道路对电商发展显示一定的制约作用。在东部淘宝村发展的过程中，很多乡村靠近国道、省道或高速公路，有更便利的运输条件，但高等级道路的密度并不高，所以道路对产业发展确实有推动作用，但影响的方式并不体现在数量上。

综合而言，淘宝村的集聚效应、政府政策、信息通信和人口是影响淘宝村发展的主要影响因素，对淘宝村的发展起正向的推动作用。GDP 与淘宝村的发展为负向的关系，道路和淘宝村的发展关系不显著。

第五节　小　结

本章基于 2013～2018 年的数据，对淘宝村的时空分布进行探究，并从格网尺度对集聚特征和影响因素进行分析，得到以下结论：

1. 淘宝村在 2013～2018 年从 7 个省份扩散至中国 24 个省份，2018 年增长至 3 202 个，东部沿海地区淘宝村扩张迅速，占全国淘宝村总量的 96%。中西部和东北地区乡村地区淘宝村发展的规模较小且速度较慢。淘宝村呈现出快速扩张的形势的同时，也开始产生局部淘汰的现象。淘汰量较大的地区也处在东部，占淘汰总量的 95% 以上。

2. 2013～2015 年，淘宝村分布的重心和方向发生较大偏移。2015 年以后，全国淘宝村的分布已经基本形成稳定的格局，重心基本在安徽省休宁县附近移动。淘宝村分布方向由西北东南走向转变为南北走向，长轴和短轴变短。淘宝村分布更加紧凑。淘宝村的标准差椭圆长轴方向趋于稳定，呈现南北走向。

3. 淘宝村在 2013 年与 2014 年处于随机分布的状态，2015 年之后淘宝村的 Moran' I 均为正值。淘宝村全局上开始呈现集聚特征，并先后形成了长三角和珠三角两个 H–H 集聚区。同时，淘宝村的 H–H 集聚区开始出现区域固定的趋势。

4. 淘宝村的分布是在各种影响因素综合作用下形成的。集聚效应、政府政策、信息通信和人口是影响淘宝村发展的主要影响因素，对淘宝村的发展起正向的推动作用。GDP

与淘宝村发展呈现负向的相关关系。交通和淘宝村的发展之间关系不稳健。

淘宝村的发展是数字经济时代乡村地区融入社会主义市场经济的一种重要形式。淘宝村的发展也为乡村振兴战略的有效推进提供了可选择的路径。淘宝村的分布在初始阶段具有随机性。随着数量的增加，淘宝村在空间上开始集聚。集聚具有外部性，可共享基础设施和劳动市场，共享创业经营经验，大幅度降低经营成本。淘宝村集群对区域经济发展起着关键作用。我们先要识别集聚，探究淘宝村高速扩张区的空间位置。以往的研究结论认为淘宝村于 2014 年开始集聚（朱邦耀等，2016；辛向阳、乔家君，2018），但本研究在 100 千米×100 千米格网单元上的研究表明，淘宝村集聚开始于 2015 年。淘宝村在发展过程中，东西部淘宝村发展存在差异。东部扩散较快，中西部地区有追赶的趋势，但中西部地区的发展速度比较缓慢。东部地区引领着全国淘宝村的发展，这与东西部淘宝村发展模式和经营对象存在一定的关联。东部地区淘宝村经营的产品多为服装、鞋帽、日化和家具等轻工业产品，经营的成本投入小，模式可复制性较高，而中西部多为柑橘、花椒等农特产品，前期投入较大，这也是导致只有东部形成淘宝村集聚的原因之一（阿里巴巴有限公司，2015；南京大学空间规划研究中心，2018）。以往我们认为乡村发展电子商务是弥补地区、城乡等经济发展差异的一种途径，但若东部地区出现淘宝村的高值固定区，那这种发展模式的作用仍值得反思和探讨。

本章的研究只是识别出淘宝村的空间分布与集聚特征，选取截面数据进行回归分析，同时，研究发现淘宝村的集聚只出现在东部地区，这究竟是发展阶段还未成熟，还是发展模式的限制造成的结果，本章未做详细探讨。虽然意识到集聚的重要性，但是定量测度集聚区域内部的分组情况还未实现，所以本章还存在一定的不足，未来将进一步跟踪研究淘宝村的发展，对其发展特征进行更加科学的探究。

中　篇

互联网赋能长三角区域协同发展

第五章　产业发展与区域创新中的长三角城市网络
——基于搜索引擎超链接的分析

随着新一代信息技术与城市经济社会发展相互融合，城市和区域的影响范围已超越实体空间，向网络信息空间迈进。现代信息技术支撑下的网络数据挖掘等大数据手段更是为城市网络研究提供了新的可能性。同时，城市网络与信息技术的发展也得到了政策层面的支持。《国家新型城镇化规划（2014~2020年）》明确指出，新型城镇化要"强化信息网络、数据中心等信息基础设施建设，推进智慧城市发展，优化城镇布局，促进各类城市协调发展"。在信息技术的支持下，城市之间的联系不再局限于特定实体空间。距离衰减规律和城市等级对城市间联系的制约作用减弱（冷炳荣等，2004）。换而言之，城市之间逐渐呈现出网络化的特征。传统的城市等级理论已经难以有效阐释城市之间的关系。与强调等级规则和秩序的城市体系相比，城市网络更加重视竞争与活力（甄峰等，2007），然而二者并不能截然分开。目前的研究发现，中国城市网络一方面仍以高等级城市为核心节点，另一方面具有专业优势的中小城市在城市网络中的作用也越发重要（甄峰等，2007；汪明峰等，2014）。从区域和产业层面来说，中国城市网络在不同地域、不同产业内也会呈现出多样的特征（金凤君，2001；甄峰等，2007）。

目前国内主要从两方面研究城市网络：一是通过企业组织的分布来探讨城市之间的关系，包括物流企业的物流网络（王成金，2008）、跨国公司的子母企业联系（金钟范，2009）、电子信息企业的总部及研发中心布局（武前波、宁越敏，2012）、中国风险投资产业等（汪明峰等，2014）。二是通过交通基础设施研究城市网络，包括利用民航和铁路的客货流量（金凤君，2001；金凤君、王娇娥，2004）、中国干线公路网的通达性（曹小曙等，2005）等。上述研究中，城市网络主要是基于实体空间中城市之间人口与经济的联系。然而，考虑到互联网和信息技术的深刻影响，城市网络的研究不能仅限于经济社会等实体空间之中，更要看到信息时代中城市网络在网络信息空间中的发展。

长三角地区是中国城市发展的龙头。《国家新型城镇化规划（2014～2020年）》和《长江三角洲地区区域规划（2010～2015年）》都要求长三角进一步统筹区域信息网络建设，增强创新能力，提升国际竞争力。基于长三角城市间互联互通的历史基础，长三角一体化发展进一步加快了区域内部的协作。本章选取产业发展和区域创新作为主要研究议题，基于以下几点考虑：一是因为根据《长江三角洲地区区域规划（2010～2015年）》，"产业发展与布局""自主创新与创新型区域建设"是长三角地区未来发展中需要着重解决的问题，也是中国城市在未来发展的关键；二是在信息化时代下，产业发展和区域创新的实现都离不开互联网络的支撑；三是产业发展和区域创新不拘于某一具体产业或领域，同时涉及了基础设施、政策支持等诸多因素，具有综合性的特点。

由此，本章以产业发展和区域创新为切入点，重点探究长三角地区城市网络在网络信息空间中的拓扑结构，比较其与实体空间的异同，并对其中的影响因素和机制进行初步的定性分析。希望通过对于网络信息空间中城市互动关系的研究，加深学界对于区域城市网络的认识。

第一节　基于互联网的城市网络

现代信息技术的发展不仅改变了城市网络研究对象，更改变了研究手段。前者主要是将关注点从城市之间的经济、交通联系（如物流、客流、各类经济金融数据等）转向网络、通信联系（如社交应用中好友联系、GPS定位、网页浏览数据、搜索数据等）；后者主要是指现代信息技术的采用，如网络数据挖掘、居民行为数据采集等（秦萧等，2013）。随着大数据时代的来临，现代信息技术与网络信息空间、互联网地理和城市网络的相关研究显得愈发重要。

网络信息空间的城市网络研究可从以下几个方面入手。一是基于互联网的带宽、域名等基础设施数据。21世纪初，一些国外学者较早围绕美国商业互联网络及城市节点可达性做出了一系列研究，并对它们之间的关系和时空变化做出了探讨（Wheeler and O'Kelly，1999；O'Kelly and Grubesic，2002；Grubesic et al.，2003）。祖克（Zook，2001）以图表的形式展示了互联网域名在世界主要城市的分布，分析网络信息市场在全球范围内的生产和消费的动力机制，最后提出了旧的等级体系还是新的网络的疑问。同样，汤森（Townsend，2001b）也通过域名注册和骨干网络的分析发现互联网推动的城市间连接与先前体系有很大的差别。格雷厄姆（Graham，1999）的研究表明电子基础设施区位遵循于原有的全球城市网络。马莱茨基和韦虎（Malecki and Wei，2009）分析了全球主要城市的主干网带宽、网络数量等基础设施，发现全球城市信息网络的分布倾向于世界城市。在国内，汪明峰等（2004，2006）通过分析中国互联网骨干网络，认为中国互联网基础设施的空间格局基本遵循原有的城市等级体系，同时互联网基础设施也在重构城市的竞争优势。总的来说，基础设施是网络信息空间的物质基础，也是连接实体空间和网络信息空间的桥梁。通过网络基础设施数据，可以较为准确地探知网络信息空间中城市的空间组织体系。但由于基础设施数据属于静态数据，在一定时间内难以从中获知城市网络的动态变化。

二是通过信息流强度研究城市网络关系。信息流研究的具体方法又包含了城市间或城市用户间的联系强度，如纳曼等（Naaman *et al.*，2012）利用 Twitter 定位信息和时间序列模型，分析了美国不同城市间的网络活动等级和联系；克林斯等（Krings *et al.*，2009）则结合电信运营商提供的用户通讯信息和用户手机账单地址对应的邮政编码，得到城市之间的通信联系和等级体系；康朝贵等（Kang *et al.*，2013）利用了黑龙江省移动通话记录数据，结合重力模型，测度城市间联系强度；甄峰等（2012）从新浪微博的网络社会空间的角度入手，表明中国城市网络存在着明显的等级关系和层级区分，其后续研究进一步证明了信息空间与经济网络、交通网络的高密度聚集区地理分布的相关性（陈映雪等，2012；熊丽芳等，2013）。信息流强度还包含了不同城市间信息内容的关联程度，其典型方法之一就是关键词频率法，即通过大数据分析或关键字出现频率验证网络信息空间的分布。信息流强度克服了基础设施数据的静态性缺点，可以让学者把握城市网络关系的动态变迁。然而由于信息流的测度在很大程度上依赖人际网络数据（如网络社交软件数据、电信数据等）和个人出行数据（如 GPS 位置数据），这使得研究结果难以表现城市之间在经济、社会等宏观层面的相互联系。

近年来，有学者采用关键词频率法验证不同城市间信息内容的关联程度。如布鲁恩等（Brunn *et al.*，2010）利用关键词频率法评价了美国或欧洲城市在全球经济危机和气候变化问题中的网络关系（Brunn *et al.*，2010；Boulton *et al.*，2011）。本章也使用这一方法，对特定关键词在搜索引擎中的结果进行分析以测度长三角城市网络。相比于比较静态的宏观基础设施数据，搜索数据可以更好地反映经济社会的动态变化；相比于微博等社交网络、手机及 GPS 等微观数据，搜索引擎提供的数据更加全面，而非仅仅人际网络或位置数据。通过关键词控制，搜索引擎可以反映城市之间在某一特定领域中的联系，同时广泛的信息来源又保证了数据的充足性。

综上，通过搜索引擎的关键词数据来测度网络信息空间中的城市网络体系，减少了对实体空间要素的依存度，可以更加客观地探知网络信息空间与实体空间的关系。

第二节　研究区域、数据来源及处理方法

一、研究区域

本研究区域为上海、江苏、浙江和安徽一市三省，重点探讨一市三省在网络信息空间中的城市网络体系。将《长江三角洲地区区域规划（2010～2015）》中划定的 16 个长三角核心城市作为实体空间中的长三角核心区[①]，考察其在网络信息空间中的对应关系。

二、数据来源及处理方法

采用关键词频率法进行研究，即通过搜索引擎抓取超链接数量，作为原始数据。综合考虑互联网搜索引擎的市场占有率情况[②]，选取百度和谷歌作为获取数据的搜索引擎。由于百度和谷歌的搜索工作方式不同，同时选用这两种引擎也可增加搜索结果的准确性和客观性。但也正是由于二者搜索工作方式不同，搜索结果经常有较大差异。为融合百度和谷歌的搜索数据，对原始数据进行标准化处理，即将原始数据转化为百分化的相对数值，并将百度和谷歌的百分化数据进行平均，实现二者融合。

分析内容包括两个部分。首先，以"产业发展"和"区域创新"为主要方面，通过超链接数量计算各城市的产业发展指数和区域创新指数，分析长三角各城市在网络信息空间城市体系中的位置，并将其与实体城市等级体系进行对比。然后，再通过超链接数

---

① 包括上海、南京、苏州、无锡、常州、镇江、扬州、泰州、南通、杭州、宁波、湖州、嘉兴、绍兴、舟山、台州 16 个城市。

② 根据 CNZZ 数据中心（engine.data.cnzz.com）在 2014 年 4 月的统计，百度和谷歌的占有率之和达到 59.13%。另据 CNZZ 搜索引擎分析报告，百度和谷歌的总评得分分别为 4.5 和 4（总分 5），居所有搜索引擎的第一、二位。

量计算两两城市间的产业协作指数和创新协作指数，测度长三角内部各城市间的网络协作程度，并与实体城市网络空间体系相比较，分析二者的相关性。

选择搜索关键词的标准①有：1.与产业发展和区域创新两方面密切相关；2.与长三角城市网络密切相关。基于此，参考《长江三角洲地区区域规划（2010～2015）》对于产业发展和区域创新的相关表述，选取产业转型/产业发展作为产业发展的关键词，创新性区域/自主创新作为区域创新的关键词。用于搜索引擎的关键词组合如表5–1所示。

表5–1 搜索使用的关键词组合

	产业发展	区域创新
城市节点等级体系	产业转型/产业发展+城市	创新型区域/自主创新+城市
城市间网络协作关系	产业转型/产业发展+城市 A+城市 B	创新型区域/自主创新+城市 A+城市 B

需要指出的是，使用表5–1的关键词不仅可以获取城市节点等级体系和城市间网络协作关系的原始链接数据，还可以对搜索内容进行控制，在一定程度上确保搜索引擎提供的超链接与城市在某一方面的发展有关，或者与城市之间的相互协作有关。即通过控制搜索关键词来剔除虚假数据。原始数据的后续处理步骤如下：

1. 将同一搜索引擎下获取的同一方面（产业发展或区域创新）数据进行平均，得到该方面的平均链接数，如将在长三角城市网络空间体系分析中百度获取的"产业转型+城市""产业发展+城市"两组链接数进行平均，获得在产业发展中的百度平均链接数。

2. 将不同搜索引擎在不同方面的平均链接数按如下公式进行标准化处理：

$$S_{ij} = W_{ij} / \max\left(W_{ij}\right) \times 100 \qquad\qquad 式5\text{--}1$$

其中，S_{ij}为标准化数值，W_{ij}为平均链接数或原始数据，i为不同的城市，j为不同的方面。该标准化结果可以反映城市在网络信息空间中的相对规模。

3. 将同一方面下百度标准化结果和谷歌标准化结果进行平均。最终，在"长三角城市网络空间体系分析"中各城市将有一个产业发展指数和一个区域创新指数；在"长三角内部城市间网络协作关系"中每两个城市间会有一个产业协作指数和创新协作指数。

4. 使用 SPSS 软件对最终指数进行聚类分析，并将分析结果利用 GIS 绘制成可视化地图。

---

① 在搜索关键词中，城市即为各城市的具体名称。

第三节 城市节点等级体系分析

一、基于产业发展主题

基于各城市的产业发展指数，通过聚类分析可将所有城市分为三类（表5-2）：核心节点城市（产业发展指数≥55.03）4个，重要节点城市（产业发展指数≥29.01）9个，以及次级节点城市（产业发展指数＜29.01）28个。从产业发展指数来看，上海的数值最高，为66.59；徐州紧随其后，为65.64。在核心节点城市之中，第三位的南京与徐州的产业发展指数出现了比较大的差异——南京为55.71，较徐州低了近10。在核心节点和重要节点之间，产业发展指数也有比较大的差异（无锡为55.03，温州为46.21）。在次级节点之中，产业发展指数最高的城市为芜湖（25.61），与盐城（最末一位的重要节点城市）的差距并不大。这些数据表明，在产业发展中，核心节点城市和重要节点城市之间存在着比较大的分化，而重要节点和次级节点之间的分化则不明显；此外，核心节点城市内部也存在着一定程度的分化。

表5-2 "产业发展"主题中的城市节点等级

	产业发展指数	所在省（市）	行政区类别	节点等级
上海	66.59	上海市	直辖市	核心节点城市
徐州	65.64	江苏省	地级市	核心节点城市
南京	55.71	江苏省	副省级市、省会	核心节点城市
无锡	55.03	江苏省	地级市	核心节点城市
温州	46.21	浙江省	地级市	重要节点城市
苏州	44.41	江苏省	地级市	重要节点城市
宁波	40.60	浙江省	副省级市	重要节点城市
杭州	39.60	浙江省	副省级市、省会	重要节点城市
常州	34.65	江苏省	地级市	重要节点城市
南通	34.07	江苏省	地级市	重要节点城市
宣城	33.60	安徽省	地级市	重要节点城市
合肥	32.93	安徽省	地级市、省会	重要节点城市
盐城	29.01	江苏省	地级市	重要节点城市

从长三角的核心与非核心区域分布来看，13 个核心（重要）节点城市有 8 个在长三角核心区域之中，但也有 5 个城市包括徐州、南通、合肥、宣城和温州不在核心区域。同样，属于核心（重要）节点的城市也占据核心区域中总城市量的一半。从省际分布来看，核心（重要）节点城市的分布明显不均。除直辖市上海外，江苏省 13 个地级市中有 3 个核心节点城市，4 个重要节点城市；浙江省 10 个地级市仅有 3 个重要节点城市；安徽省 14 个地级市中仅省会合肥市和宣城市属于重要节点城市。此外，从表 5–2 中还可以看出，大部分行政级别较高的城市在城市网络中的节点地位也较高。这表明城市的行政等级和其在城市网络空间体系中的位置存在一定的关联性。

二、基于区域创新主题

基于各城市的区域创新指数，通过聚类分析也可将所有城市分为三类（表 5–3）：核心节点城市（区域创新指数≥82.96）3 个，重要节点城市（区域创新指数≥50.64）11 个，以及次级节点城市 27 个。南京的区域创新指数最高，为 97.04；其后为杭州，数值

表 5–3　区域创新主题中的城市节点等级

	区域创新指数	所在省（市）	行政区类别	节点等级
南京	97.04	江苏省	副省级市、省会	核心节点城市
杭州	89.50	浙江省	副省级市、省会	核心节点城市
苏州	82.96	江苏省	地级市	核心节点城市
宁波	70.33	浙江省	副省级市	重要节点城市
上海	70.10	上海市	直辖市	重要节点城市
绍兴	66.68	浙江省	地级市	重要节点城市
扬州	65.63	江苏省	地级市	重要节点城市
徐州	63.48	江苏省	地级市	重要节点城市
合肥	60.60	安徽省	地级市、省会	重要节点城市
台州	58.28	浙江省	地级市	重要节点城市
金华	56.01	浙江省	地级市	重要节点城市
盐城	55.25	江苏省	地级市	重要节点城市
温州	55.11	浙江省	地级市	重要节点城市
镇江	50.64	江苏省	地级市	重要节点城市

为 89.50。核心节点城市和重要节点城市的区域创新指数有着比较明显的差异（苏州为 82.96，宁波为 70.33）。相比较于产业发展指数的数值分布，在区域创新主题中不同等级城市的分化更为明显。

与产业发展类似，区域创新的核心（重要）节点城市也多分布于长三角核心区域。14 个核心（重要）节点城市中有 8 个属于核心区域。在省际差异上，江浙之间的差异并不明显，两者所属城市数量相当，但是安徽仍处于明显边缘的地带，仅合肥市进入了重要节点的等级。与产业发展主题类似，行政等级对于区域创新的节点地位也有显著的作用。

三、两大主题的关联度分析

进一步考察产业发展和区域创新之间的联系。将每个城市作为样本，各自的产业发展指数和区域创新指数分别作为 X 轴数据和 Y 轴数据，可得到散点图（图 5-1）。结果显示各个城市的散点分布相对集中，区域创新和产业发展两大主题的指数呈现出正相关的趋势。根据进一步统计分析，二者的皮尔森（Person）相关系数 $r=0.574$，在 0.01 水平上显著。造成这种相关性的可能原因有两个：一是产业发展和区域创新存在着相互促进的关系，即一个城市良好的产业发展能够带动该市创新能力的提高，反之亦然；二是城市的产业发展和区域创新受到某些共同因素的影响，如较高的城市规模等级可能同时提高城市的产业发展指数和区域创新指数。

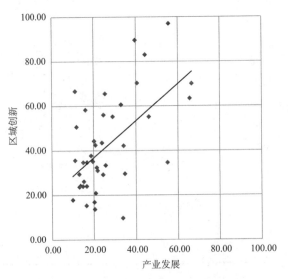

图 5-1 区域创新与产业发展相关性散点图

第四节　城市间网络协作关系分析

一、基于产业发展主题

对城市间的产业协作指数进行聚类分析，可将两两城市之间的协作关系划分为四个等级：强（产业协作指数≥54.13）、较强（≥26.37）、一般（≥11.69）和弱。结果显示，在 820 组城市中，有 5 组城市属于强协作关系，分别为合肥—杭州（72.76）、合肥—南京（64.56）、上海—合肥（57.43）、杭州—温州（54.20）以及杭州—南京（54.13）；53 组城市属于较强协作关系；196 组城市属于一般协作关系；其余城市组合则属于弱协作关系（图 5–2）。

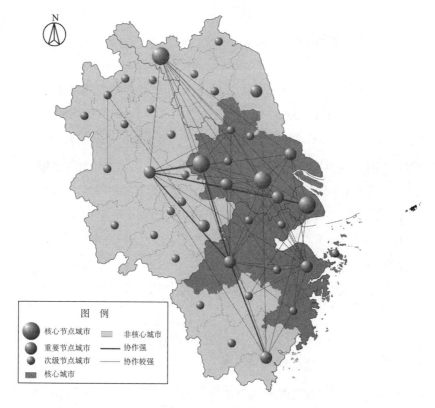

图 5–2　产业发展中的长三角城市间网络协作关系

注：图中省略了城市间的一般和弱协作关系。

协作主要发生在长三角核心区域的城市之间，且已经形成一定的网络化结构；此外再加上与温州、徐州和合肥三个城市的联系，但这三个城市的网络协作关系主要是与核心区域的放射状联系，与其周边城市之间则缺乏协作。这表明长三角城市在产业发展方面的网络协作的地理分布并不均衡，苏北、浙南及安徽的大部分城市被排除在产业发展网络协作的密集区域之外。

如果按城市在产业发展中的节点等级划分，城市协作关系可划分为：核心—核心、核心—重要、重要—重要、核心—次级、重要—次级、次级—次级。根据城市间的产业协作指数可以发现，强协作关系均发生在核心（重要）节点城市之间，3 组核心—重要及 2 组重要—重要；而 54 组较强协作关系中有 34 组发生在核心（重要）节点城市之间，18 组发生在次级节点城市和核心（重要）节点城市之间，仅 2 组发生在次级节点城市之间。这表明相比于次级节点城市，核心（重要）节点城市能建立起强度更高的协作关系。这也表明基于产业发展主题，长三角城市间协作强度与城市节点等级呈现正相关关系。

二、基于区域创新主题

城市间区域创新协作指数的聚类分析表明，城市间的网络协作关系可划分为四个等级：强（创新协作指数≥52.27）、较强（≥28.65）、一般（≥14.63）和弱。根据划分结果，820 组城市组合中有 8 组城市属于强协作，分别为上海—杭州（80.77）、上海—南京（76.92）、上海—苏州（69.33）、苏州—无锡（63.68）、杭州—苏州（61.87）、常州—镇江（57.33）、南京—苏州（55.24）、南通—镇江（52.27）；51 组城市属于较强协作；280 组城市属于一般协作；其余城市组合则属于弱协作（图 5-3）。

关系的空间分布仍主要集中于长三角核心区域之中，沿沪宁至合肥一线分布。杭州、宁波则是网络协作中另两个重要的节点城市。而核心区域之外的合肥、徐州、六安等城市也建立起较强协作关系。总的来说，区域创新的协作关系已经出现了向核心区域外扩散的趋势。

从城市在区域创新中的节点等级来分析，8 组强协作关系有 5 组发生在核心（重要）节点城市之间，3 组发生在核心（重要）节点城市和次级节点城市之间；51 组较强协作关系有 15 组发生在核心（重要）节点城市之间，29 组发生在核心（重要）节点城市和次级节点城市之间，7 组发生在次级节点城市之间。这表明在区域创新主题中，一方面核心（重要）节点城市能建立起更强的网络协作关系；另一方面，区域创新网络协作开始向次级节点城市平衡，次级节点城市在网络协作中发挥了更加重要的作用。区域创新中的城市协作网络已呈现出平面化的趋势。

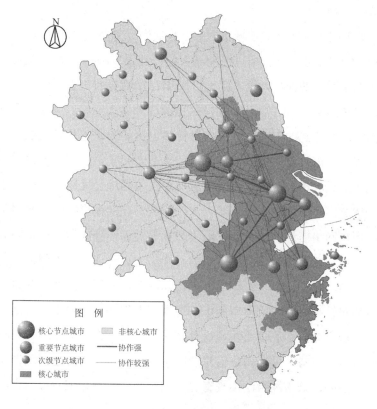

图 5-3 区域创新中的长三角城市间网络协作关系

注：图中省略了城市间的一般和弱协作关系。

第五节 网络空间与实体空间中的城市网络比较

一、影响因素

尽管网络信息空间中的城市网络形态是实体空间在虚拟空间中的映射，但长三角城市网络在信息空间和实体空间中的结构还是存在差异，并主要体现在两方面：一是在节点城市方面，非核心区域的城市在网络空间中表现突出，且核心（重要）节点城市空间分布不再集中于核心区域，呈现更加分散的状态；二是实体空间中的城市网络呈现明显的等级化，而网络信息空间中的城市网络开始向平面化网络过渡。这种差异是不同影响因素在一定机制下相互作用的结果。

一方面，城市的地理区位对于城市网络结构有着十分重要的影响（汪明峰、宁越敏，2004）。在实体空间中，地理区位通过影响城市的产业发展战略、对外联系方向及方式等，进而影响区域城市网络的形成，长三角地区长期存在明显的核心—边缘结构（宁越敏、李健，2009）。而在网络信息空间中，地理区位同样为城市网络联系提供了基础，如城市的经济规模影响网络信息的需求，网络信息传播也需要通讯等基础设施的支持。这也使得地理区位优越的城市可以更容易地在网络信息空间和实体空间中占据重要位置，如宁沪—沪杭—杭甬沿线城市。但实体空间强调地理区位的综合优势，而在网络信息空间中拥有某种单一优势即可成为重要节点城市，比如徐州在实体空间中一直属于长三角城市网络的外缘，而在网络信息空间中却凭借其产业基础等优势成为了重要的节点城市。

另一方面，地理邻近性对于两种空间的不同作用也造成了城市网络结构的差异。一般来说，相比距离较远的城市，距离较近或相邻城市之间更容易发生联系。信息交互所面临的障碍也相对较少。但在实体空间中，地理邻近性的作用弱于核心区域在整个区域的控制力，因此城市倾向于和核心区域进行联系。邻近城市的联系则相对较弱，城市体系呈现明显的等级化态势。而在网络信息空间中则不同。地理邻近性使得次级节点城市之间的联系大大加强，城市网络结构具有更多的平面化特征，或者说城市间的横向联系更为频繁。

二、机制讨论

以往文献中认为服务业发展、专业化分工、国际化程度等产业发展因素对于长三角城市网络的形成具有重要影响（王聪等，2014）。虽然有研究发现实体空间中的长三角城市网络已经发生了某种重构，如杭州、苏州等二线城市与上海之间的联系较以往更加密切，但实体空间中的城市网络依然呈现出明显的层级特征和位序关系，大小城市之间差别明显。上海仍处于核心主导地位（蒲英霞等，2009；张旭亮、宁越敏，2011；魏守华等，2013；周光霞、余吉祥，2013）。对比网络空间的分析，可以看出一些非核心区域中的城市在产业发展中发挥了更加重要的作用，甚至成为网络中的重要节点。而在以往的实证研究中，这些城市被认为处于长三角城市网络中的弱势地位（李仙德，2012）。此外，中小城市和大城市之间的联系更加密切。中小城市内部之间的联系也有所加强。这种差异表明，非核心区域的城市突破地理区位的劣势，借助网络信息的优势，获得了更多的发展机会，面临的发展障碍也更小，并利用实体空间和网络空间中的地理邻近性，拉近自身与大城市之间的联系，并与邻近城市合作发展。当然，大城市在产业发展中的作用并未完全被邻近的中小城市取代。

　　区域创新与产业发展两个主题所反映的状况也有所不同。在实体空间中，虽然上海仍为区域创新的首位城市，但城市之间的相对差异在不断缩小，总体呈分散均衡分布（姜戈等，2011）。根据上述分析，区域创新主题中的长三角城市网络与实体空间差异较大，上海已不再一枝独秀。南京等二线城市成为核心节点城市。一些非核心区域的城市也成为重要节点城市。这表明无论在实体空间还是网络空间中，地理区位对区域创新的影响有些弱化。中小城市之间倾向于加强联系以推进区域创新，地理邻近性的作用明显增强。网络信息的传播则为非核心区域城市提供了更多发展契机。

　　虽然各影响因素在产业发展和区域创新中的作用不尽相同，但总体而言，这些因素通过网络空间为非核心区域的城市提供了机会，而有些边缘地区的城市也正在积极地利用网络手段与核心城市建立联系，加快发展。

第六节　小　结

　　通过搜集和处理互联网中的关键词数据，本章测度了在产业发展和区域创新两个方面的长三角城市网络空间体系，并研究了长三角城市之间的网络协作关系。研究结果表明，网络信息空间中的长三角城市网络结构与传统的城市体系之间存在着明显的差异。首先，一些二线城市在原有长三角城市网络中依附于其他大城市，但在网络信息空间中的表现却非常活跃，成为城市网络的核心节点城市。其次，网络信息空间中的长三角城市网络也在一定程度上呈现出平面化的网络特征，原有城市网络中的等级被弱化。第三，城市区位、地理邻近性是影响长三角城市网络的重要因素，而这些因素在实体空间和网络空间中的不同作用机制则造就了两种空间结构的差异。一般来说，区位条件越优越、经济基础和网络基础设施越好，城市就越有可能在网络信息空间中占据重要位置。而地理邻近性和信息传播则为处在非核心区域的中小城市提供了更加平等、丰富的发展机会。

第六章 长三角一体化背景下的城市空间联系与规划——基于风险投资活动的研究

    长江三角洲地区是中国经济最为活跃的地区之一，其快速的经济发展为区域一体化进程奠定了基石。长三角的一体化进程可以追溯到 20 世纪 80 年代的上海经济区的设立。但其快速发展阶段是在中国加入 WTO 之后，制造业的全球化发展使得长三角地区各省市定位更明确。为服务于区域发展，学者们深入研究长三角一体化过程中城市之间的互动关系和发展路径，发现长三角的城市联系呈现明显的梯度格局，其演化遵循了"等级+网络"的趋势（罗震东等，2011；唐子来、李涛，2014），区域中各节点城市与周边城市联系逐渐增强。外围城市也进入长三角经济网络进行协同发展（郑德高等，2017）。随着城市间合作关系的增强，相关战略和政策陆续出台，为城市多领域的融合发展提供了指导。2016 年 6 月，《长三角城市群发展规划》中长三角"一核五圈四带"的网络化空间格局以及创新驱动发展，促进创新一体化，成为规划的重要内容。2018 年进博会期间，长三角区域一体化发展上升为国家战略。2019 年 12 月《长三角区域一体化发展规划纲要》关注中心区发展，聚焦区域创新共建，着力创新一体化发展体制机制。长三角一体化发展受到持续而广泛的关注，促进区域协同创新成为政策的重要着眼点。作为中国创新创业和风险投资活动最为活跃的地区之一，长三角城市之间已经形成良好的分工协作关系和创新网络（张旭亮、宁越敏，2011；赵渺希，2011；王聪等，2014；戚云亭、汪明峰，2016；王承云、孙飞翔，2017）。

    长三角一体化的加深是城市体系向城市网络演进的缩影。近年来，伴随着城市间要素流动增强，空间联系趋向扁平并更加多样，城市网络化发展趋势愈发明显（冷炳荣等，2014）。网络中城市地位由集聚决定，其发展机会与城市间协作紧密相关（汪明峰、高丰，2007）。目前，已有大量城市联系的文献，分别从基础设施、企业组织和社会文化等视角展开了实证研究（马学广、李贵才等，2012；蒋小荣等，2017）。其中，企业网络推动城市网络的发展，从多区位企业的空间组织角度探究城市网络成为主流（Liu and Derudder，2013；吴康等，2015）。然而，这些研究较多从企业内部联系入手，而没有关注到更重要的企业间联系。一些学者已经指出，从跨区域的资本流动或投资的角度来研究城市间的联系，是对现有城市研究的重要补充与推进（汪明峰等，2014；Pan *et al.*，2016）。

区域一体化和城市协同发展相关的理论与实践主要从交通、旅游、人才、创新、生态、资源等方面入手（王凯，2016），通过提高"不对称"参与者的合作意愿，倡导兼顾效率与公平，来提升区域竞争力，最终实现区域科学发展（杜宁等，2018）。其中，创新协同已经成为区域一体化的重要驱动力。风险投资聚焦于高科技产业和新兴产业，是创新城市产生的重要动力。尤其在当前"双创"背景下，它已经成为区域创新体系构建和创新一体化发展的关键要素。风险投资的活跃不仅代表企业间的资金交流更加频繁，也意味着城市间资金交流的增加，必然反映了城市合作和一体化进程的加深。国外学者较早开始探索风险投资的空间特征和作用，涉及风险投资机构和融资公司在空间上的集聚区位、集聚模式以及集聚原因等（Martin，1989；Chen *et al.*，2010；Florida and Smith，2015；Florida and Mellander，2016），风险投资公司与风险投资机构的空间邻近性（Lerner，1995；Sorenson and Stuart，2000；Powell *et al.*，2002；Cumming and Dai，2010；Fritsch and Schilder，2012）以及风险投资对区域经济发展的影响（Florida and Kenney，1986；Fritsch and schilder，2006；Florida and Smith，2015）。近几年，中国学者尝试从国家尺度探究风险投资的空间和网络特征、形成机制（马骥、蒋伏心，2009；汪明峰等，2014；Pan *et al.*，2016）；从区域尺度探讨京津冀城市群内部风险投资的网络化趋势及影响因素（方嘉雯、刘海猛，2017）；从城市尺度研究北京市内风险投资合作网络（徐宜青等，2016）。还有学者专门讨论风险投资的本地投资偏好及其影响因素（张学勇等，2016）。这些研究初步呈现了当前中国风险投资的空间格局和运行机制。但相较于资本流动的高度动态性和复杂性，已有的研究远远不足。尤其在区域层面，需要更细致的分析来理解风险投资的空间运行机制及其对城市发展和区域一体化的启示。

本章以2002~2016年长三角城市之间风险投资事件为基础，利用社会网络分析，结合数据可视化技术，探究了长三角风险投资空间特征以及演变过程。并针对风险投资活动的空间格局，提出长三角区域一体化发展的规划启示。本研究从企业间的资金联系而不是企业内资金流动进行研究，能够更深入地揭示长三角城市间的经济合作关系，对区域一体化发展以及区域规划政策制定具有重要参考价值。

第一节　数据来源和研究方法

一、研究区域

长三角的具体范围界定一直处于变化之中，从包括苏浙沪的部分城市，到苏浙沪二省一市的所有城市，再到将安徽省的城市纳入到长三角的范围内，其区域范围逐渐扩大，影响力也逐步增强。本章涉及的长三角指上海市和浙江、江苏、安徽三省，包括区域内所有的地级及以上城市。涉及的城市区域共 41 个。

二、数据来源

风险投资（Venture Capital，VC），又被称为创业投资。目前学者较多引用全美风险投资协会对风险投资的定义：风险投资是由职业金融家投入到新兴的、迅速发展且具有巨大竞争潜力的企业中的一种权益资本。在国内，风险投资和私募股权投资（Private Equity，PE）的界限并不明显，通常统一使用风险投资进行描述。

本章数据主要来源于万得（Wind）资讯下的中国 PEVC 库。Wind 资讯是中国金融财经数据领域居于垄断地位的服务商。尽管该数据库并没有完整收录所有真实发生的投资事件，但是数据量较大，具有较强的参考性。收集披露时间为 2002 年 1 月 1 日到 2016 年 12 月 31 日的所有风险投资事件。事件信息包括投资事件的融资方、投资方、所属行业、融资方式及融资轮次等。舍弃其中无投资方名称、无法确定投资来源或去向的具体位置等不完全数据，最终筛选出长三角所有城市之间的相互投资数据共 3 663 条。

三、研究方法

采用社会网络分析法对风险投资网络的网络密度、中心度和中心势以及凝聚子群进行分析。其中，使用密度测度风险投资网络中城市联系的紧密程度；使用度数中心势衡量网络的整体集中情况；使用度数中心度测度每个行动者在网络中的影响力和地位；使用凝聚子群得到网络中联系最为紧密的城市（刘军，2009）。这里只研究凝聚子群中行动点的派系，其基本特征是同一个派系中的所有点都必须邻接。

除社会网络分析以外，本研究使用 RStudio 软件制作和弦图，对城市网络关系进行可视化，还可以将城市内和城市间的风险投资联系更清晰、直观地展现出来。

第二节　长三角风险投资活动的空间特征

一、风险投资活动的空间结构

长三角的风险投资网络呈现一个核心（上海），三个次核心（杭州、南京、苏州）结构（图 6-1）。上海占有绝对优势地位，其投资事件数为 2 299 条，融资事件数为 1 816 条，数量位居长三角地区第一。杭州的投资事件 614 条，融资事件 678 条，是第二大投资聚集地。江苏省和浙江省的城市互动较多，而安徽省在整个投资网络中处于边缘地位。长三角部分城市的投资事件数仅有个位数。所有城市都得到了风险投资，而有 17 个城市没有任何向外投资。因此，从投资情况来看，长三角一体化进程可能更多是在核心城市间展开，边缘城市的参与度低。

各城市的投资活动呈现出明显的本地化倾向，本地投资事件占 63.1%。其中上海的本地融资投资倾向最为明显，城市内的联系紧密程度远大于城市间。在杭州、苏州等风险投资发达的城市中，融资的本地倾向也较严重，投资机构也倾向城市内投资。合肥和南京对省内其他城市影响多于省外，表现出作为省会城市对周边城市的带动作用。其他城市的投融资事件本地偏好较弱，更多城市倾向于向外投资或得到外来投资支持。

除去城市内的投资事件，使用社会网络分析进一步研究。可以得到以下结果：

1. 投资网络整体密度较低，联系不紧密。因为城市间的平均联系为 0.8，在计算网络密度时，对城市间有投资事件即设为 1，无投资事件则为 0。计算得到网络密度为 0.096 3，标准差为 0.295 1。因此，网络中存在较多边缘节点，且这些边缘节点之间没有联系。整体来说，长三角内城市间投资的互动仍然不足，这反映出一体化进程仍处于初级阶段。

2. 投资网络比融资网络的集中程度更高，资金投出城市对网络的影响力更大。使用多值矩阵分析得到该区域的点出中心势为 7.200%，点入中心势为 2.802%。因此，投资网络较融资网络的中心化程度更高，风险投资双方的关系具有较大的非对称性。风险投资的去向由极少数城市主导，这些城市也成为区域一体化的关键。

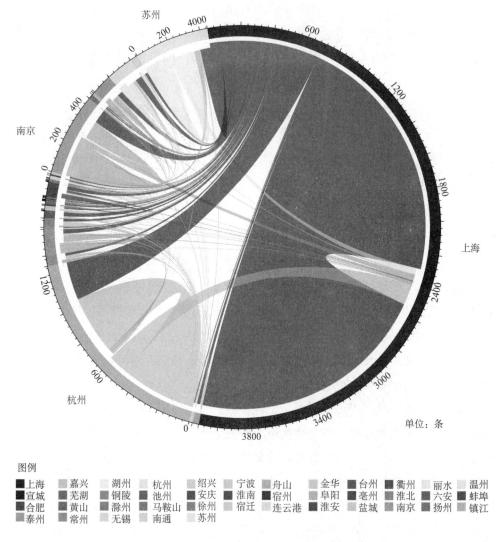

图例

■上海　▨嘉兴　□湖州　▨杭州　▨绍兴　□宁波　▨舟山　□金华　■台州　■衢州　□丽水　□温州
■宣城　▨芜湖　▨铜陵　▨池州　▨安庆　▨淮南　□宿州　□阜阳　▨亳州　■淮北　▨六安　▨蚌埠
▨合肥　▨黄山　▨滁州　▨马鞍山　▨徐州　□宿迁　▨淮安　▨盐城　▨南京　■扬州　□镇江
▨泰州　▨常州　□无锡　▨南通　□苏州　　▨连云港

图 6-1　2002～2016年长三角风险投资网络

注：连线的粗细反映投资事件数目。在每省之中，按照距离上海的高速公路长度进行排序，距离较远的城市在图上也处于距离上海相对较远的位置。即浙江省从右往左与上海距离依次增加；安徽省以阜阳和亳州为界，依次向上或向下与上海的距离递减；江苏省从左向右距离依次递减。

3. 上海对其他城市影响力最大，而杭州受到最多其他城市的影响。研究区域内点出中心度排名前十的城市如表6-1所示。上海在网络中占有最高的地位，对资金流向的决定权最大。杭州、南京和苏州紧随其后。排名较为靠后的点在网络中的影响力较弱，仅对少量的城市有投资行为。点入中心度排名前十的城市如表 6–2 所示。杭州得到其他城市的投资更多，与其他城市的联系最为紧密。上海、苏州和南京与其他城市的联系也较为紧密。安徽省除合肥外其他城市参与度普遍不高，处于网络中的边缘位置。比较点出和点入中心度，发现排名较高的城市差别不大，说明投资网络的核心城市往往也是融资网络的核心城市，投资和融资活动的强度具有高度一致性。

表 6–1　基于点出中心度排序的前十位城市

排名	城市	绝对点出中心度	相对点出中心度
1	上海	727	7.358
2	杭州	239	2.419
3	南京	157	1.589
4	苏州	89	0.901
5	宁波	27	0.273
6	绍兴	17	0.172
7	合肥	15	0.152
8	常州	14	0.142
9	温州	12	0.121
10	金华、无锡	10	0.101

表 6–2　基于点入中心度排序的前十位城市

排名	城市	绝对点入中心度	相对点入中心度
1	杭州	303	3.067
2	上海	244	2.470
3	苏州	115	1.164
4	南京	114	1.154
5	无锡	68	0.688
6	常州	65	0.658
7	宁波	48	0.486
8	金华	43	0.435
9	合肥	39	0.395
10	绍兴	38	0.385

4. 所有城市中上海—杭州、上海—南京间的联系最为紧密。从城市之间的互惠性进行分析，可以得到群体的派系。核心派系更能表现出联系的基本结构。因此，将城市间平均联系加上联系的一个标准差作为临界值，得到长三角内核心城市派系，共7个（表6–3）。上海和杭州、上海和南京的联系强度最大。不管是从两个城市联系的频次还是从它们作为整体与其他城市的联系来看，它们都是核心一级的城市。杭州和南京作为省会城市，对省内有较强辐射作用，且杭州的作用更强。苏州在这一分析中仅出现一次，说明其与核心城市的联系强度不够。核心层级中没有跨省的联系。城市等级和行政区划是建立投资联系的重要影响因素。

表6–3 城市网络中核心派系成员

编号		派系成员	
1	上海	杭州	金华
2	上海	杭州	宁波
3	上海	杭州	绍兴
4	上海	杭州	台州
5	上海	南京	常州
6	上海	南京	苏州
7	上海	南京	无锡

二、风险投资活动的行业差异

长三角参与到风险投资的行业较为广泛，且不同行业吸引投资的差距较大。其中电子信息产业的投资事件有1 679条，是最大的资金流入行业。长三角是中国的金融产业聚集地之一，金融业发展较好，有较强的代表性。重化工业是资金的另一大去向行业。而轻工业则是重工业之外，较具有代表性的传统行业。基于以上考虑，本研究选择了电子信息产业和金融业作为新兴产业代表，使用重化工业和轻工业作为传统产业的代表进行分析（图6–2）。对各产业范围界定如下：信息产业包括信息技术、设备制造业以及信息技术服务业，即雷达工业、通信设备制造、广播电视设备工业、电子计算机工业、软件产业和信息技术服务业等；金融业包括银行、保险、金融服务、信贷和多领域控股等相关产业；轻工业包含食品、纺织、造纸、日用品、文教体育用品等的制造；重化工业包括电力、能源、汽车制造、机械制造、冶金、化工、材料等行业。

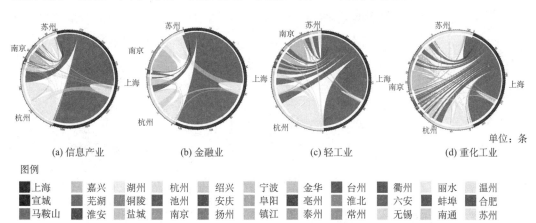

图 6-2　四个行业的风险投资网络

新兴产业的网络图较为相似（图 6-2(a)、图 6-2(b)）。上海的投资事件均超过半数，行业集聚明显。上海、杭州、南京和苏州是网络的四大核心，其投资活动的基本表现为本地化投资和少数向外投资。杭州在浙江省内参与投资事件占比极大，这主要与其发展信息产业的战略和互联网小微企业大量产生有关。江苏省南京和苏州成为省内双核，其他城市较为弱势。信息产业和金融业投资在核心城市内和核心城市间的联系较为明显，非核心城市的网络参与程度弱。信息产业相比于金融业参与投资的城市更多。金融业投资则仅在个别城市产生，更加依赖城市自身的金融环境。在以信息产业和金融业为代表的新兴产业投资网络中，城市等级、自身经济基础和特色更加重要。

传统产业的网络图结构相似度较低（图 6-2(c)、图 6-2(d)）。轻、重工业投资网络仍以上海为核心，但次核心的城市有差别。杭州轻工业投资多，且对省内个别城市有强辐射作用；其重化工业投资也较多，对省内其他城市辐射作用更强。苏州在轻工业网络中失去了次核心城市的地位，不受轻工业投资的青睐。但是苏州具有良好重工业基础，主要依赖本地投资机构的投资。南京在轻、重工业投资中都表现出了较强的外地偏好。投资目的城市多位于江苏省和安徽省。浙江在轻工业更有优势，而江苏省在重化工业领域获得更多投资。这主要是由于浙江省轻工业基础较好，而江苏的重工业发展水平一直位于全国前列。上海在轻、重工业领域均有明显向外投资倾向，而重化工业相比于轻工业更加显著。可以推测这是因为上海将有污染的制造业企业逐渐迁出，转移到周围城市。

新兴行业与传统行业的网络结构有较大差异。这主要是由于传统行业受到城市经济基础的制约较少，融资公司所在城市分布更广。相比于新兴产业，传统产业投资网络中各城市地位差距较小，投资网络化程度更高，跨省的联系广泛存在。传统行业在中国发展时间长，许多城市均有发展基础，因此更多城市有机会参与到风险投资活动中来。相比于新兴行业，安徽省的影响力有提升，而上海影响力有下降。省会城市在省内的投资中仍然占有着较大的影响力。

第三节　长三角风险投资活动的时空演变

一、风险投资活动的整体演变

选取 2002、2006、2011 和 2016 年四个时间断面画出风险投资的网络图（图 6–3）。计算得到这四年的网络密度分别为 0.001 8、0.009 1、0.046 3 和 0.032 9。长三角城市的网络化程度先逐步提升，在 2016 年时有所下降。这与国内整体投资数量的变化趋势相同：2014 年到 2016 年国内投资总数分别为 2 546 件、4 096 件和 3 362 件，投资事件数量快速上升后下降。2015 年末开始的"资本寒冬"使得风险投资机构投资更加谨慎。受到投资大环境的影响，2016 年长三角内投资事件也相应减少。

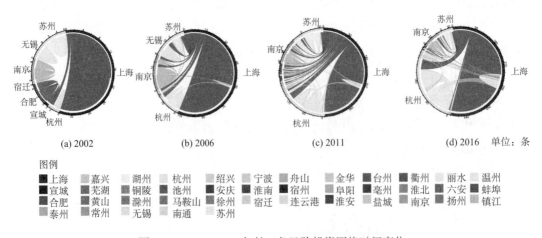

图 6–3　2002～2016 年长三角风险投资网络时间变化

总体上，网络化程度逐渐增强，跨省联系增多，但核心城市的地位稳固。2002 年，仅有个别城市之间存在联系，城市网络尚未形成。长三角内只有较高行政等级的城市向较低行政等级的城市进行投资。在所有参与投资的城市中，只有上海进行了跨省投资。2006 年，随着网络萌芽的出现，上海成为了整个区域唯一的核心和最主要的资金流出地。网络中跨省投资事件变多，省际联系增加。位于江苏省的城市地位比浙江省高。2011 年，城市网络已经形成，城市间的相互投资事件大大增加，跨省投资开始大量出现。上海保持网络的最核心地位，南京、杭州和苏州影响力增强，但是其他城市仍然处于较为弱势地位。2016 年，网络中的参与者增多，但上海和杭州等四大核心城市的风险投资活动数量在区域的占比反而有所上升，非核心城市间的投资事件占比被压缩。整体来说，城市联系增强，一体化趋势愈发明显，核心城市日益突出。

除去本地投资部分，进一步分析城市间投资活动在网络中的分布情况。

如表 6-4 所示，参与投资的城市在空间上的不均衡状态已经大大降低，而投资机构的分布也已经逐渐扩展到更多的城市。而参与融资的城市空间分布趋势并没有大的变动。点入和点出中心势差值减小，表示投资与融资城市的权力趋于平等。

表 6-4　2002～2016 年网络度数中心势变化

年份	2002	2006	2011	2016
点出中心势（%）	2.375	12.313	11.115	4.484
点入中心势（%）	2.375	2.917	2.680	3.531
差值（点出中心势–点入中心势）（%）	0.000	9.396	8.435	0.953

2002 年以来，参与到网络中的城市变多，投资和融资企业在空间上呈现出分散的趋势，但在核心城市仍有明显的集聚。如表 6-5 所示，上海和杭州的点出中心度一直领先于其他城市，在网络中的影响力最大。上海以及杭州、南京等地位较高的城市的相对点出中心度在上升之后有较大幅度下降，因此它们的影响力在增强之后有所减弱。苏州是网络中新兴的影响力增长较快的点。其他原本影响力较低的城市也开始崛起，但仍然难以超过传统强势城市。如表 6-6 所示，杭州、上海的点入中心度持续上升，较多城市近年来持续下降，个别城市有波动。可以推测，原本未参与融资的城市近年来抓住了融资机会，参与到网络中。南京和苏州作为核心城市，对融资企业的吸引力相比于核心城市有所下降，本地创业者流失较多。网络中也存在大量城市的参与度一直很低，在投资向核心城市集聚的趋势下处于弱势地位。总体来说，网络中城市节点逐渐增加，但各城市节点的地位受城市本身的经济基础和城市等级制约。低等级城市提升城市等级和影响力

的机会仍然有限。

表 6–5 2002～2016 年重点城市相对点出中心度变化

城市	2002	2006	2011	2016
上海	2.50	12.50	11.35	4.65
杭州	0.00	3.33	4.06	2.50
南京	2.50	3.33	2.19	0.87
苏州	0.00	0.00	1.56	0.64
金华	0.00	0.00	0.00	0.52
宁波	0.00	0.00	0.31	0.47
绍兴	0.00	0.00	0.31	0.41
嘉兴	0.00	0.00	0.00	0.35
芜湖	0.00	0.00	0.10	0.23
台州	0.00	0.00	0.00	0.17

表 6–6 2002～2016 年重点城市相对点入中心度变化

城市	2002	2006	2011	2016
杭州	2.50	1.67	3.13	3.72
上海	0.00	1.67	1.88	3.55
南京	0.00	1.67	1.35	1.16
苏州	0.00	3.33	1.25	0.81
无锡	0.00	2.50	0.94	0.47
嘉兴	0.00	1.67	0.21	0.35
常州	0.00	1.67	1.15	0.35
宁波	0.00	0.83	0.83	0.23
台州	0.00	0.00	1.46	0.12
合肥	0.00	0.00	1.56	0.12

二、风险投资活动的行业演变

不同行业风险投资网络的变化较为复杂，除轻工业外，网络整体呈现从无到有、从本地投资为主到城市间投资陆续产生的过程（图 6–4）。早期各行业均倾向于本地投资，且数量极少。除轻工业外，到 2016 年，网络空间分布与上文行业的行业累计分布基本类似。信息产业中，苏州、无锡、扬州、南京等江苏城市在投资网络中拔得头筹，但在后续发展过程中，被杭州超越。金融业网络发展较晚，早期投资只发生在城市内部，且发生城市具有随机性，近几年投资网络才逐渐形成。上海始终处于支配地位。轻工业的投资网络经历了从产生到衰退的过程，2011 年左右为网络发展的巅峰时期，近年来投资数量急剧萎缩。重化工业投资网络发展较早，上海的地位逐渐下降，浙江和江苏其他城市的地位有所上升。

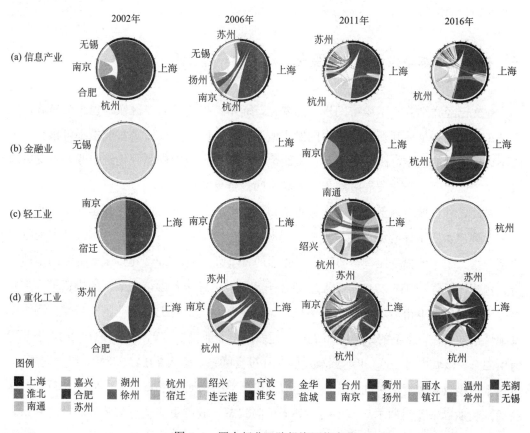

图 6-4　四个行业风险投资网络变化

风险投资行业演变与城市的产业发展状况具有一定相关性。长三角信息产业逐渐在上海和杭州集聚。其中上海作为区域的核心，在信息产业发展中占有绝对优势地位。从现有风投事件数量来看，上海众多知名企业成为投资热点，其中韦尔股份、上海普利生、芯元基半导体、徕木股份等是风投机构关注的热门硬件研发生产企业，而哈罗单车、饿了么、途虎养车网等则是互联网行业中的热点企业。杭州的信息产业虽较上海滞后，但增速迅猛。2017 年其产业增加值对经济增长贡献率超过一半以上，这与杭州鼓励性政策和北京、上海等城市相关人才的流入密切相关。金融业一直以来很少受到风投机构关注，这是出于对金融业风险来源复杂且隐蔽的考量。而近年来投资的增多与上海、杭州等城市较好的经济发展和金融产业基础逐渐完善关系紧密。轻工业在长三角地区具有较好基础，然而相关企业已经走出了风投机构的视线。重化工业投资网络中，上海的地位逐渐下降。众多城市崛起，反映了城市产业分工和产业选择，尤其是上海重化工业向周边城市产业转移的趋势。

三、核心城市本地投资倾向的变化

前文已经详细分析了城市间投资的变化，而本地投资倾向在区域内也十分显著，尤其是在行业发展早期和新兴产业中的发生概率更高。即本地投资是对前景不可预测、风险不可控状况的让步，因其牺牲了投资距离，以获得充分的信息。传统产业的投资风险较新兴产业更低，产业发展时间更长，城市间投资更具可行性。

除此之外，城市内部的投资变化也值得关注，尤其是核心城市的强本地投资倾向。图 6-5 列出了四个核心城市的本地投资情况。上海是城市网络的核心城市，其本地融资比例一直大于本地投资比例，呈现出了强烈的资本吸引力。2002 年以来，上海的本地投资比例整体下降，但在 2011 年之后呈现上升趋势。这意味着近年来上海的投资机构重新将投资目光转向本市。本地融资比例呈现波动下降，这说明上海企业越来越受到网络中其他城市的关注，资金的来源城市更加广泛。杭州本地投资波动下降，但在 2014 年开始有所回升。该城市自 2006 年起逐渐发展对外投资联系，但从 2014 年开始，该倾向降低。苏州本地投资和融资比例的变化曲线相似：均呈现出长期的下降状态，2014 年反弹。这说明，长期以来苏州的本地投资倾向处于下降状态。城市更加注重与其他城市的联系。但近年来苏州更加注重为本市企业提供资金，与此同时，对外来投资的吸引力也有所下降。苏州的本地投资和融资比例低于 50%，所以其对外部联系的关注更为明显。南京与以上三个城市表现不同，它的本地融资和投资曲线处于较低水平，近几年有上升趋势，但在 2016 年快速回落。这意味着南京更加注重与外部的资金连接，其城市内部企业外向程度高。南京通过风险投资网络对其他城市的发展有直接促进作用。核心城市较高的本地倾向使得网络的极化现象更加明显，但核心城市对其他城市也有投资互动，对其他城市的发展存在一定促进作用。

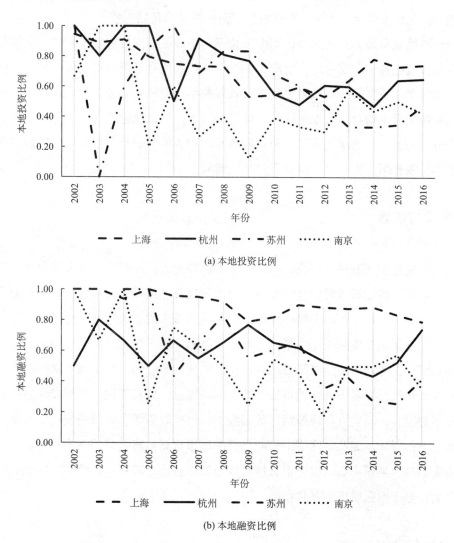

(a) 本地投资比例

(b) 本地融资比例

图 6-5　2002~2016 年上海、杭州、苏州和南京本地投资、融资比例变化

第四节　政策与规划启示

各级政府极力推进长三角一体化发展，而长三角也确实具有较强的一体化潜力。发

达的经济发展水平为一体化提供基础。频繁的区域交流也为一体化创造了条件。区域一体化的核心在于超越行政界限进行互动和结网。而企业的交流对城市在区域间结网，最终促进一体化的发展至关重要。本章的长三角区域范围包括三省一市，但研究结果发现，风险投资网络联系最为紧密的城市均位于长三角中心区范围内沪宁—沪杭—杭甬的轴线也是风险投资事件主要发生地。上海、杭州、苏州和南京是网络最重要的节点。网络格局中主次分明，重要的节点城市也是发展较好的都市圈核心城市，与现阶段区域网络化空间规划情况基本吻合。为推进区域一体化的深入，促进风险投资这一重要区域创新要素的充分自由流动，消除市场壁垒和行政垄断，服务创新驱动发展战略，实现创新对经济发展的引领作用，仍需要平衡以下三对关键词：

一、集聚与扩散

风险投资的空间联系现状表明城市间资金获得能力差距较大，资金的集聚与扩散趋势并存。其中，核心城市对资金的高吸引力能够提升区域凝聚力，也为区域在更高尺度上的竞争力提供一定保证，而核心城市资金向其他城市的扩散则是促进区域一体化的重要要素。当前区域投资网络已经形成了具有竞争力的骨干结构：从上海向西北延伸到南京再到合肥；上海向西南经过嘉兴再到杭州；杭州向东经绍兴到宁波。然而四大节点城市占有权重过高，以至于其他城市处于绝对弱势地位。究其原因，可以发现风险投资资金流动偏好明显。流动方向遵循高行政等级指向低行政等级、高经济发展水平指向低经济发展水平的规律。因此，网络中不同地位的城市规划策略选择应各不相同，但目标应是创造更多资金集聚中心，促进增长极对周边城市的资金转移和扩散，以实现关键节点引领全局，进而增强城市间互联程度。

二、竞争与合作

长三角城市之间仍然存在竞争关系，但合作是区域一体化的大势所趋。一方面，需要减少恶性竞争，促进城市分工。尽管地理上的邻近和产业传统的相似性会带来对资金的竞争，但近年来风险投资热点行业已经呈现分工趋势：上海以新兴产业为优势产业；江苏省轻重工业并重，但重工业融资能力更强；浙江省着重发展轻工业和信息产业；安徽省则重在追赶。同时，江苏省的众多城市参与融资，而浙江省以杭州一家独大，尽管倾向不同，但二者都在资金流动中占有一席之地。这些差异反映了城市的分工，为城市合作提供了有利条件。另一方面，城市可抱团参与区域经济协同发展。如都市圈，它是城市与区域尺度政策之中承上启下的环节，也是小尺度城市合作、打破行政壁垒的重要尝试。在长三角城市群的五大都市圈中，从目前城市联系强度来看，苏锡常都市圈的发育相对完善；南京都市圈以及杭州都市圈内一城独大，仍未脱离城市经济圈形态；宁波都市圈处于杭州都市圈的强辐射之下，内部凝聚力不足；合肥都市圈仍处于雏形阶段。多数都市圈内的同城效应和无缝对接尚未形成。城市行政边界的阻碍作用依旧明显，竞争大于合作。因此仍需加强投资政策对接和规划统筹，同时鼓励跨城市的政府、企业和行业协会合作，促进城市群协调治理模式和多形式城市合作的产生。

三、主次和均衡

城市之间存在分工。为了充分发挥城市的优势，提升创新水平，城市产业选择应当注重主次和均衡。城市产业规划应以优势产业和积极前景已经显现的新兴产业为主。为获得更高利润，城市的优势产业更受资本青睐。例如，杭州立足于传统强势产业以及新兴的信息服务业，成为影响力第二的节点城市。在苏州，苏南模式的传统使其更加注重电子元件等高科技硬件设备制造和重化工业的发展。而尚无突出优势产业的城市，则考虑传统产业的比较优势。城市也可以通过规划的手段，设置产业风向标，扶持新兴产业，确定积极前景的产业，进而获得风投资金。因为尽管新产业和新产品的出现会伴随快速的成长以及潜在的高收益，但其高风险又使得传统投资人望而却步（袁新敏、张海燕，2016），风险投资也更多是对一个已有的处于上升期的新兴产业进行过度投资（Landström，2007）。据此，等待风投资金自行发掘各城市前景积极产业的效率偏低。总之，区域应加强战略统筹，处理好全局与局部的关系，深化区域城市合作和重大政策的协调联动，避免同质竞争。也可将资金补偿和产业转移相配合，促进城市间行业交流。与此同时，城市也应紧跟产业发展脉络，关注不同产业发展所处周期，避免拘泥于单一产业，错过未来其他行业发展的机会窗口。例如当前针对信息产业等新兴产业的投资较为火热，而轻工业的关注度则逐渐减少。

第五节 小 结

　　风险投资活动对新兴产业以及高科技产业的重要促进作用使其对长三角的创新协同具有重要价值。本章从长三角地区风险投资网络的结构和演变过程进行分析，发现了以上海为核心城市，杭州、南京、苏州为次核心城市的较为松散的风险投资网络结构。其演变过程中网络化程度逐渐增强，跨省联系逐渐增加，而核心城市地位稳固。行业方面，传统行业网络化程度比新兴行业更高，其表现与演变和城市产业基础有关。在此基础上，本章提出了规划过程中需要注意的三对关键词，旨在进一步促进风险投资对区域一体化积极意义的实现。然而，本章仅是对长三角内部风险投资活动的初步分析，未来研究中仍需要挖掘网络中深层次的内涵，并针对风险投资发展提出进一步的可行举措。

第七章 城市新兴技术产业的演化路径比较分析
——以长三角物联网产业为例

新的技术、企业、产业的空间过程日益受到各界关注（Feldman and Audretsch，1999；Simmie，2001）。对于不同的国家和地区而言，同一产业的兴起和发展路径往往存在差异（汪明峰、卢姗，2009；Gertler and Vinodrai，2009；Sternberg，2010；黄永春等，2012）。因此，从地理学的视角研究新兴产业问题至关重要。20世纪90年代后期以来，经济地理学出现了演化思潮，一些概念如相关多样性、重组增长、路径依赖等，为分析产业的空间演化提供了有效的理论工具（Klepper，2002；Frenken *et al.*，2007；李二玲、李小建，2009；尹贻梅等，2012； Zhang，2013），可以帮助我们更好地认识经济空间的演化过程和机理。最近几年，国内在对演化经济地理学的理论引介基础上（刘志高、尹贻梅，2006；刘志高等，2011；苗长虹等，2011；王周杨等，2013），开展的相关实证研究也日益增多。

然而，西方演化经济学的理论范式在中国存在适用性的问题。已有学者指出我们要避免将基于西方经验的理论简单直接地应用到中国，而应该更多从中国初始的经验里提炼、抽象出一些基本概念（刘志高等，2011）。梳理国内相关经验研究成果，还可以发现较多文献采用单案例研究，侧重于分析特定产业在特定区位的演化过程。事实上，同一产业在不同区位上往往存在复杂的、差异化的演化路径（汪明峰、卢姗，2009；孟召宜等，2011；马海涛等，2012）。开展不同案例地区的比较研究，有助于理论建构和政策建议的普遍性（刘志高等，2011）。此外，目前的研究大多集中在传统制造业领域（樊新生、李小建，2009；李二玲、李小建，2009；马海涛、刘志高，2012），对于新兴技术产业的关注相对较少。而发展新兴产业是地区增强竞争力、抢占未来经济制高点的重要战略选择。近几年，在国家和地方各级政府的推动下，战略性新兴产业在各地已纷纷兴起和发展。这一广受关注的现象及其背后发生的众多故事为演化经济地理学研究提供了丰富的素材和案例，值得我们深入挖掘和理论总结。

基于演化经济地理学中的路径依赖理论，本章以长三角地区的物联网产业为例，探讨新兴产业兴起和演化过程的地方差异。据相关统计，2012 年中国物联网产业规模已达3 651.1 亿元，并初步形成了长三角、珠三角和京津冀（环渤海）三大地区集群发展的产业空间格局（中国电子信息产业发展研究院、赛迪顾问股份有限公司，2013）。其中，长三角地区的物联网产业是最先兴起且发展最为成熟的（汪明峰、郗厚雪，2015）。在此过程中，有不少问题和现象值得深入研究和解释，如：物联网这一新兴产业是如何最先出现在长三角地区的；长三角吸引物联网企业集聚的机制是什么；长三角各个城市物联网的兴起发展模式是否一致，如果不同，其不同背后的影响机制又是什么等。

第一节　城市新兴产业的形成与发展：路径依赖理论的视角

经济活动的空间集聚现象一直以来都是经济学与地理学较为关注的一个问题。胡佛（Hoover，1948）曾在马歇尔的基础上把外部经济效益分为地方化经济和城市化经济两个层面。亨德森（Henderson，1995）等认为地方化经济对成熟产业发展起重要作用，而城市化经济对高新技术产业起主要作用。博希玛和温定（Boschma and Wenting，2007）则发现城市化经济在产业兴起阶段起重要作用，而地方化经济可能在后期阶段起一定作用。可见，产业发展的空间机制与其发展阶段有关，需要动态地认识和解释。最近，演化理论被越来越多的应用于产业空间的动态分析（汪明峰，2010）。路径依赖理论常被经济地理学者以历史的角度来看待区域发展，且被认为是经济演化的一条基本定律（Boschma and Martin，2010）。戴维（David，1994，2001）把路径依赖定义为历史偶然性的选择，并有可能锁定在具有多重稳定的均衡之中。一旦锁定，它就需要一种外在类似刺激物来驱除或打破这种均衡状态。赛多等（Sydow et al.，2005）则认为戴维的路径依赖模型存在两点不足：一是强调历史性事件和偶然事件的重要性，忽视了新技术和新产品等的产生是有目的的行为；二是未解释路径锁定是怎么解除、打破和消除的。在他看来，应该有形成前、路径创造、路径锁定和路径消除四个阶段。

事实上，一般对路径依赖的认识存在三种观点（Martin and Sunley，2006）：技术锁定、动态收益递增，以及制度滞后。从区域的视角来看，各种地方资源要素都有可能导致区域路径依赖（Martin and Sunley，2006）。对经济地理学来讲，利用路径依赖模型来解释特定产业、技术或制度的演化有两种主要的途径（Martin and Sunley，2010）。一是针对特定区位的演化，集中于确定导致一个区域产业、技术和制度（路径创造）出现的基本和必要要素，自我强化机制的类型，以及协同演化过程，并解释未来路径依赖的发展。二是针对跨区位的演化，不太关注特定地区、特定产业的路径依赖演化，但较多关注于一个产业在不同地区和不同位置下是如何空间演化的。就如在戴维（David，2001）路径依赖基础演化模型中，其前提假设是新技术或新产业最初位置具有不确定性，可能几个位置都同等适合，但最终确定的位置往往由机会或偶然事件决定。

马丁和森利（Martin and Sunley，2006）曾指出路径创造存在三种途径：①路径创造是随机的，即历史偶然性的结果；②路径创造是限制性条件和机会事件的综合结果，即所谓的区位机会窗口；③路径创造是成功（区域）路径之间的依赖，如硅谷互联网产业的浮现是由于这个区域已有风险资本产业（Zook，2005）。其中，对于政府政策（包括国家层面的、区域的、有明确区域的或者没有的）在路径创造中的作用存在争议。一些研究认为政府政策对区域技术发展的支持效果并不明显（Bresnahan and Gambardella，2004）。兰布与博希玛（Lambooy and Boschma，2001）曾梳理了两种不同演化机制下的区域政策作用：一是认为机会的区位不确定性表明新的发展路径是不可能规划甚至预测的；二是认为如果政策目标强烈地根植于周遭环境，区域政策的潜在影响是非常大的。

目前对于产业空间演化机制的研究在原有理论探讨的基础上，也出现了越来越多的经验研究，尤其是对于新兴产业的兴起和发展（Brachert et al.，2013）。一项对发达国家知识密集型产业集群的研究，比较了十个区域案例，发现高技术集群的涌现很少是决策者有目的推进的结果，同时也不是靠机会就能发生（Sternberg，2010）。但也有研究表明在各个空间尺度上，政策对区域新兴产业的发展均具有显著的影响作用（Gertler and Vinodrai，2009）。对中国的案例研究则普遍强调产业发展过程中政府的作用。北京和上海互联网产业的比较分析表明，相关多样性在构建新兴产业地方活力中发挥着主导作用，其背后也受到政治制度的区域根植性的显著影响（Zhang，2013）。上海软件企业的案例研究也显示，政府规划引导和优惠政策在软件产业集聚区的形成过程（特别是早期阶段）中起到重要的作用，但市场的力量似乎更加显著（汪明峰、毕秀晶，2013）。

综上所述，区域产业的形成和发展存在路径依赖，但在一定状态下，也可以创造新的路径。路径依赖和路径创造过程受到外部环境和自身条件等多方面的影响。我们认为在当前中国，政府及其制定的政策在战略性新兴产业形成的初始阶段将会起到关键性的作用。以下针对物联网产业展开研究，由此来验证和理解新兴产业的空间演化机制。

第二节　中国物联网的产业组织与空间集聚

中共十八大提出，要"坚持走中国特色新型工业化、信息化、城镇化、农业现代化道路"。而四化不是各自发展的四化，只有实现四化的融合，才能带动整个社会经济的发展。对于信息化和工业化而言，智能化是实现两化融合的必然途径，但实现两者融合的技术核心无疑是物联网。由此，国家大力提出发展物联网的总体部署，尤其是在 2009 年 8 月 7 日，时任总理温家宝视察无锡时提出"感知中国"，更是引起了物联网发展在国内的重视。物联网也正成为继计算机、互联网和移动通信之后引发新一轮信息产业浪潮的核心领域。

事实上，早在 1990 年代，中国虽然没有明确提出要发展物联网，但是很早就开始了相关研究和应用试点。1993 年，国家启动了金卡工程；1999 年，中科院启动了传感网研究。基于射频识别技术（Radio Frequency Identification，RFID）的非接触式智能卡已广泛应用于移动信息终端、路桥管理以及电子证照身份识别等方面。2006 年，国家发布了《国家中长期科学和技术发展规划纲要（2006～2020 年）》，其中明确了将传感器网络及智能信息处理列入信息产业及现代服务业领域的优先发展之列，传感器产业才迅速发展起来。据相关统计，中国物联网 2010 年产业规模达 2 018.4 亿元，2011 年达到 2 627.4 亿元，到 2012 年已增长到 3 651.1 亿元（中国电子信息产业发展研究院、赛迪顾问股份有限公司，2013）。

物联网，即物物相连的互联网。近年来，中国物联网产业链条也正逐步形成并日趋完备。物联网产业链一般分为五个层次，分别为支撑层、感知层、传输层、平台层和应用层（中国电子信息产业发展研究院、赛迪顾问股份有限公司，2013）。其中，物联网支撑层是基础，承担的是技术支持角色；感知层是基础性物理网络，主要是获取现实世界的信息；传输层是将传感器获取的信息通过通信等手段进行传输；平台层主要是用来成果转化的，该层在物联网产业规模较大，所占比重接近 40%；应用层是最终目的，它涉及社会的方方面面，比如智能工业、智能交通等，这些也是物联网出现的社会需求。2011

年，中国在超过 2 600 亿元的物联网产业规模中，支撑层、感知层、传输层、平台层以及应用层分别占 2.7%、22%、33.1%、37.5% 和 4.7%。而感知层和传输层参与厂商最多，成为产业中竞争最为激烈的领域（车春鹏、高汝熹，2013）。

　　图 7-1 展示了物联网各个层次重点企业的分布格局。从区域层面来看，物联网企业主要集中于长三角、珠三角、环渤海三个地区及中西部个别省市。各个集聚地区的物联网产业链的发展侧重点有所不同。长三角地区在产业链五个层次都比较完备，尤其在支撑层、感知层、平台层和应用层上都比较突出；环渤海地区则在感知层、平台层和应用层方面较为突出；珠三角地区则突出表现在感知层、传输层和应用层；中西部城市也主要集中在感知层方面。综合对比三个重点集聚地区的产业发展状况，三个地区在感知层和应用层环节发展都较好。而从产业链的角度来看，感知层是物联网产业的基础；应用层则是产业链的最高环节，也是物联网发展的目的。从城市层面来看，布局最完整的当

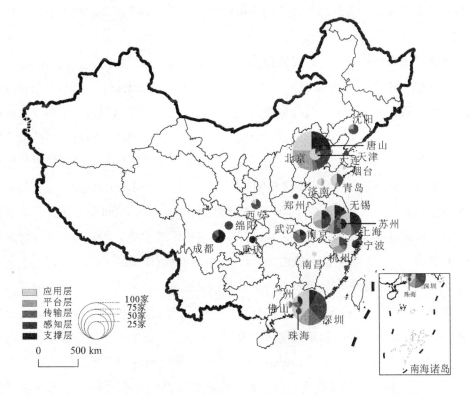

图 7-1　物联网重点企业的城市分布

资料来源：根据中国电子信息产业发展研究院和赛迪顾问股份有限公司（2013）的数据整理绘制。

属北京、上海和深圳三个城市，布局相对完整主要集中在无锡、杭州、南京、广州等地。因此，从重点城市所处的区域来看，长三角地区是目前国内物联网产业发展最为成熟和完备的区域。所以，下文将以长三角地区的重点城市为例，研究物联网产业的发展路径。

第三节　长三角城市物联网产业兴起的路径比较

一、研究设计与方法

案例研究是建立和改进理论的重要研究方法之一，能够帮助人们全面了解复杂的社会现象和动态过程（Yin，2009）。相比较于单案例研究设计，从多个案例中推导出来的结论往往更具说服力，更有助于理论的建构，符合本研究对于产业演化机制差异性的研究要求。

在案例的选择过程中，一般需选择典型的甚至极端的案例以便于比较（Eisenhardt，1989）。根据全国物联网产业分布格局的分析结果，本章选取无锡、上海、南京和杭州四个城市作为比较研究的案例。其典型性体现在：四个城市均具有较为完整的产业链，说明物联网产业已在当地基本成形，符合研究产业兴起过程的要求；同时，这些城市均位于同一经济地理区域（长三角地区）内，具有较为相似的地理环境，便于突出其他机制因素的差异性。此外，多案例应遵循复制法则，而非抽样法则，即通过多个案例的比较，产生相同的结果（逐项复制）或不同的结果（差别复制）（Yin，2009）。因此，本章既选取了产业兴起路径差异明显的城市，也选择了发展过程基本类似的案例，通过相关信息的收集和整理，进行跨案例的对比归类，以提高案例分析结果的可信度。

本章所采用的案例资料尽可能来源于多个信息渠道，以求相互佐证。案例资料的主要来源包括：实地考察调研、政府文件与政策文本、产业研究报告，以及媒体资料等。基于最初设定的研究问题，本章采用深度内容分析法，即在对案例信息进行分析之前，不设定具体的理论偏好或假设（Eisenhardt，1989）。而是通过对每个案例的资料进行梳理，完成汇总性的概念和模式的建构。然后，在跨案例的对比过程中，总结和辨别不同案例的异同点。最后，结合已有文献中提及的理论概念和模型进行修正，最终形成结论。

二、单案例描述与分析

（一）无锡案例

探究无锡物联网产业兴起，必须了解无锡在改革开放后的发展历程。从 1978 年底到 1991 年，无锡用 13 年的时间走出了一条苏南模式，主要表现为乡镇企业的异军突起，农村经济飞速发展小城镇快速兴起。但是，不少学者也指出，传统的苏南模式造成路径依赖和自我强化，与环境的变化不相适应，最终反过来制约了无锡的发展（邱成利、冯杰，2000）。1992～2005 年，无锡对传统苏南模式进行反思与扬弃，通过利用外资和企业改革积极融入国际产业分工体系（吴敬琏、黄少卿，2010）。而 2005 年以后，无锡进入了创新经济发展阶段。之所以 2005 年决定走改革创新的路子，是因为传统经济发展对环境造成的破坏，以至于 2007 年无锡爆发蓝藻危机，这使无锡更坚定了要调整已有产业发展思路的决心。经过一番调整，无锡市决定致力于新兴产业的发展，尤其是在 2006 年就颁布了《无锡市"十一五"功能性产业培育五年行动计划》，重点发展微电子、光伏、IC、创意设计等产业。然而，无锡并不满足于此，政府部门希望能够寻找一个更能支撑下一轮经济发展的战略性新兴产业。无锡对物联网的了解源于无锡太湖科技园工作人员在中科院网站上看到的一则会议通知，该会议通知里提到了传感网，继而电话询问关于传感网的这个项目，由此引发了无锡与物联网之间的联系（邱积敏，2010）。随后，相关政府部门抓住机会，迅速围绕传感网项目的负责人建立起无锡物联网产业研究院，自此无锡物联网也正式拉开了帷幕。

纵观无锡物联网产业的兴起，除了其具备一定的产业基础优势外，没有其他特别的优势。但是无锡还是抢先其他地方发展了物联网产业，其背后有多种机制的共同作用，尤其是政府和中介组织。无锡物联网兴起源于一则会议通知，虽然看似偶然的一个事件，但也存在着一定的必然性，那就是政府"有所为"。在此之前，当地政府就已经在积极寻求引领新一轮经济发展的战略性新兴产业。特别是 2006 年以来，无锡市政府积极推行产业升级和人才战略，推动创新型经济跨越。到 2009 年，全市高新技术产业增加值约 1 048.78 亿元，是 2005 年的 1.7 倍。高新技术工业增加值占全市规模以上工业比重达到 43.9% 左右，比 2005 年提高了 10.4 个百分点（吴敬琏、黄少卿，2010）。但是，无锡仍未满足于此。在具备了高新技术发展的条件下，无锡市逐步打造了无锡工业设计园和太湖国际科技园等一批高质量的"三创"载体，这也为物联网的布局创造了有利的条件（吴立群，2007）。总的来看，无锡市政府在物联网兴起的过程中起着关键性的作用，若不是政府的有所作为，物联网发展的先机或许就不在无锡。当然，也不能忽视另外一个机制，即中介组织的作用。在无锡物联网产业发展中起关键作用的中介组织，即无锡物联网产业研究院。它是在中科院、江苏省的合作框架下，由中科院上海微系统与信息技术研究所、无锡高新区合作成立的独立法人事业单位，位于无锡高新区太科园境内，于 2009年1月7日登记成立，主要从事物联网的研发、设计以及中试、生产。正是依赖于该研究院所建立起来的物联网产业链，为在无锡建成"感知中国"中心奠定了核心技术与产业化的良好基础。

从路径依赖理论来分析，在无锡物联网产业的发展过程中，偶然性事件起到了关键性的作用（图7–2）。当原有发展路径被锁定时，一个城市需要打破这种锁定，寻求新的发展契机，存在众多的可能性。最终的路径认知和选择，往往由偶然性的事件所激发，并随之被强化，从而重新建立起新的产业发展路径。

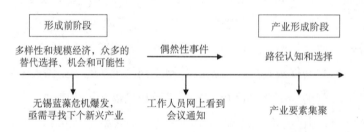

图 7–2　无锡物联网产业的兴起路径

（二）上海案例

尽管物联网发展的先机被无锡抢占，但其物联网技术和产业的主要基础却源于上海，即中科院微系统与信息技术研究所。作为中国主要的传感网研究机构，该所布局在上海嘉定区，使嘉定成为上海物联网中心和传感器基地。拥有技术创新基础使得上海能够继无锡之后迅速布局和建设物联网。事实上，上海是国内物联网技术和应用的主要发源地之一，在技术研发和产业化应用方面具有良好的基础。从"十五"起，上海市科委就着手开始布局。上海市政府在物联网相关技术（主要是 RFID 技术）研发方面已累计投入6 000 多万元；"十一五"期间，上海承担了 10 多项与物联网相关的国家科技重大专项（上海市经济和信息化委员会，2010）。到 2005 年，上海电子标签与物联网产学研联盟成立，整合了上海在 RFID 领域的技术资源，并加强了与国内外优势的合作。这些组织和基地等的成立推动着上海物联网技术的不断创新，为该地物联网产业的发展和布局提供了有力的技术支持。

上海除了在关键技术有积累外，对物联网来说极为关键的是上中游的产业配套。上海已形成了以集成电路、计算机、通信设备、信息家电等为主的信息产品制造业产业群。其中，上海中芯国际和上海贝岭等主导企业在 RFID、芯片代工和设计上有自己的产业链。就产业基础环境来看，早在 2006 年上海就在浦东新区的张江高科技园区建立了国家射频识别产业化（上海）基地。射频识别技术在上海也得到广泛应用，尤其是上海世博会的举办，使得这一技术得到全面推广。不仅如此，上海也具备应用层的产业基础，在浦东康桥建立了物联网的应用服务基地。这些为上海物联网产业基地的建设提供了良好的基础。

从物联网的研究和布局来看，上海是国内最先开始的地区，但最终却没有成为"感知中国"中心的建设地。但是，上海所具备的坚实的技术基础和创新环境，使得其能够迅速响应新兴产业的发展动态，完成物联网产业的布局和建设，仍然处于产业发展的优势地位。从路径依赖的角度来看，上海物联网产业的发展是建立在已有相关产业基础之上。其发展道路属于比较典型的路径依赖模式（图 7-3）。

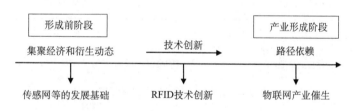

图 7-3　上海物联网产业的兴起路径

（三）南京案例

作为长三角地区中的省会城市，南京在物联网产业兴起的开端，也没有抓住发展的先机。在物联网还没成形之前，南京物联网发展的相关要素较为分散，技术和人才并没有得到整合，相关产业基础规模不大，同时政府也未对物联网产业的发展提供政策支持。与其他城市类似，在 2009 年之后，南京才逐渐将物联网产业作为重点发展的产业。而后江苏省制定了《2009～2012 年物联网产业发展规划纲要》，其中规划布局了江苏省物联网产业发展的区域格局是一个产业核心区（无锡）和两个产业支撑区（南京和苏州）。

在定位为江苏省物联网产业的支撑区之后，南京顺势采取了一系列的政策措施来推进物联网的发展。首先，南京政府积极制定物联网的发展规划，希望通过制定专项措施等推动产业的发展。其次，成立物联网产业联盟，组织技术先进的研发机构、高校和专家团队以及重要企业，着力研发物联网的关键技术和创建示范工程。同时，也成立物联网产业发展研究所，选取南京一批物联网核心企业以入股形式参与，通过整合物联网企业技术和项目，组织实施承接南京及国内重点物联网发展项目。在一系列的政策措施实施后，南京物联网产业的发展迅速崛起，已逐步形成两个产业集聚区（即模范马路和麒麟园）。

通过对南京物联网产业的兴起过程进行梳理，可以发现：在初始阶段，南京具备一定的产业基础，但产业并未成形；而在国家提出将物联网作为战略性新兴产业之后，其凭借相关基础，能够很快地组织技术和人才，快速地促进物联网产业的发展。从路径依赖的角度来看，国家产业政策出台作为一个临界点，激发了南京的产业兴起成形，走的是路径追随的道路（图7-4）。

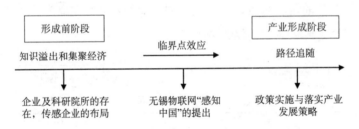

图 7-4 南京物联网产业的兴起路径

（四）杭州案例

在物联网未提出之前，杭州比南京的物联网产业基础稍好，除具备较好的产业基础外，还拥有众多的科研院所、机构和企业。在2009年，作为物联网基础的感知层产业，杭州已集聚了近80家相关企业。物联网整体也形成了具有210亿元的产值规模。产业链体系已有所完善。杭州物联网企业已拥有160多项专利，其中发明专利占到56项（杭州市人民政府）。同时，杭州是国家电子信息产业基地、电子商务之都，也是国家软件产业基地和国家集成电路设计产业化基地。这些基地的建设很大程度上为物联网的出现和发展提供了良好的基础资源。与南京类似，在无锡提出发展"感知中国"后，杭州也加快了物联网产业的建设和布局。2010 年 11 月起，相继出台了关于物联网产业的发展规划和三年行动计划等政策文件，并积极布局和建设物联网产业园区，形成"一网三区"的产业空间格局。由此，杭州物联网产业的发展逐渐铺展开来。从整个过程来看，杭州的发展模式与南京类似，也是在政府与政策引导下的路径追随（图 7-4）。

三、跨案例比较与总结

通过对长三角几个重点城市的比较，可以发现物联网产业的发展路径模式存在地方差异性（表 7-1）。不管是哪种路径模式，政府、科研机构、产业联盟等组织均起着举足轻重的作用，但这些组织及城市已有资源要素在产业兴起过程中发挥的具体作用却不同。以无锡来讲，物联网产业整个兴起的过程依赖于偶然性事件的激发，但其中政府起着决定性的作用；而对上海来说，具备较好的技术和产业基础，是其物联网发展的关键；至于南京和杭州，则是具备一定产业基础并在政府政策推动下发展起来的。尽管技术、产业、政策等要素综合在一起发挥作用，但在激发条件上存在不同的机制，从而导致发展路径上的差异。以下进一步从三个关键性的激发机制讨论案例城市的产业兴起。

表 7-1　长三角重点城市物联网产业兴起路径的比较

城市	产业形成前阶段		中间机制激发	产业形成阶段
	产业基础	政策力度		兴起路径
无锡	具备一定的相关产业基础	扶持力度大	偶然性事件	路径创造
上海	产业基础最为雄厚	政策力度一般	技术创新	路径依赖
南京、杭州	产业基础一般	政策力度一般	临界点效应	路径追随

（一）知识溢出与技术创新的地方化

新兴产业的发展依赖于技术创新的空间过程，而知识溢出存在明显的地方化特征，如专利引用的地方化效应在大都市区层面最为显著（Jaffe *et al.*，1993）。因此，在产业兴起阶段，技术源所在的区位非常重要，会影响技术扩散的路径和产业布局格局（汪明峰、宁越敏，2004）。前文的案例分析显示，物联网产业源于传感网，而在传感网的技术创新研究方面，上海在国内一直领先。早在 2001 年，中科院就依托上海微系统所成立微系统研究与发展中心，进行无线传感网的研究工作。2004 年启动 RFID 的关键技术研究，并取得了较大的技术进步，这些使得上海具备了物联网产业发展的技术基础。在《上海推进物联网产业发展行动方案（2010～2012 年）》中，上海将浦东和嘉定两区作为物联网基地，也是基于两地明显的技术基础和优势。就嘉定而言，它是中科院上海微系统所的所在地；对浦东来说，在张江高科技园区同样具备技术研发基础。

在无锡案例中，尽管其主要的技术来源也是中科院上海微系统所，但通过组建无锡物联网产业研究院，拉近了知识溢出的空间距离，从而使相关技术创新便于在无锡当地产业化。而且，无锡继而又与清华大学、复旦大学、上海交通大学等高校签订合作框架，通过分别设立无锡研究院，为当地企业提供技术平台和人才培养（邱积敏，2010）。不少文献已表明，一个地区之所以会出现产业集聚的现象，是由于在本地出现了关键性的企业，而本地通过模仿等途径建立其他企业，随之出现了产业集群的雏形（马海涛，2011）。无锡最先开始成立了中国物联网研发中心，通过此来集聚各类相关科研机构、研发中心，集聚各类传感网企业和人才，从而打造出"感知中国"中心。

（二）历史偶然性与历史基础

历史偶然性往往造就"先动优势"，但是对于一些新兴技术产业而言，偶然中或许存在必然。正如赛多（Sydow *et al.*，2005）指出的，不少新技术和新产品的产生是有目的的行为结果，只是其触发条件是一些偶然性的事件。尤其在中国，地方发展新路径的创造与地方政府的作为紧密相关（苗长虹、魏也华，2009；刘云刚、叶清露，2013）。无锡物联网在未发展之前，一直寻找能够带动下一轮社会经济发展的新兴产业，而最终选择了物联网，却源于政府工作人员在网络上看到的一则消息通知。这一偶然因素促使无锡抢占了物联网的发展先机。无可否认，无锡也具备信息制造业的基础。它是中国乡镇企业的发起地，也是中国半导体和微电子的发起地。目前在微电子领域，无锡在集成电路制造、设计、测试和产业链方面，在国内一直名列前茅。可见，新兴产业兴起的相关产业基础也是重要的发展条件。一个新产业的重组增长依赖于当地相关已有产业的集聚。它们为新的企业提供各种人才、知识及资金（Boschma and Wenting，2007）。对于新产业来说，拥有更多的早期市场进入者的城市或区域，将面临更多的增长机遇，在后续发展中可能拥有重要的先动优势（Zhang，2013）。

（三）政府政策的推动

尽管国外较多文献并未表明规划或政策在新兴产业兴起过程中的重要性，但在中国，政府政策在产业发展初期的重要性是显而易见的（张永凯、徐伟，2014）。长三角地区在发展物联网产业方面确实具备一定的产业基础和技术创新的优势，但仅靠这些，还不足以能够造就产业的快速集聚和发展。而且物联网产业涉及面广，单靠企业自身很难完成，必须要有政府的大力扶持与推动。就中央层面讲，国家早在2006年就将传感器网络及智能信息处理列入信息产业及现代服务业领域的优先发展主题，在2008年发布的《信息产业科技发展"十一五"规划和2020年中长期规划（纲要）》中对物联网发展做了整体布局，更提出要打造完整产业链，形成产业群体。这些都极大地推动了一个新兴产业在全国各地的布局和发展。尤其是原总理温家宝在无锡调研并将"感知中国"设在无锡之后，更是推动了物联网产业的快速发展。之后江苏省、上海市和浙江省都积极响应物联网产业的发展号召，推出了各自的物联网产业发展规划，并积极建设物联网产业基地。这种自上而下的政策扶持对于战略性新兴产业的迅速布局是不可缺少的。

第四节 小 结

基于路径依赖理论，本章探讨了长三角地区物联网产业的兴起和演化过程，得到两方面的主要结论。一方面，新兴产业兴起存在明显的空间集聚效应。从全国层面来看，物联网产业目前主要集中于长三角、珠三角、京津冀（环渤海）三大地区和中西部个别城市。就三个主要集聚地区而言，长三角是物联网产业的兴起之地，同时也是发展最为成熟的地区。通过几个重点集聚区产业链分工来看，长三角在物联网关键技术和应用方面占据领先地位。另一方面，新兴产业的兴起和发展在不同区域存在路径差异。之所以各个地区有着不同的路径模式，源于地区各种资源要素综合作用的差异。就无锡来讲，偶然因素和政府作用起着决定性的作用；上海则具备较好的产业基础和创新制度环境；南京和杭州是具备一定产业基础和政策刺激的共同作用。

在研究方法上，本章从城市个体的角度进行了演化案例分析，采用重点城市的经验数据和资料展开了多案例的比较研究，总结出了城市发展新兴产业路径的相似性和差异性。同时在研究内容上，本章关注的是产业兴起的初始阶段。不少研究已表明，地方产业发展的不同阶段，对资金、技术、知识等要素的需求不同（李二玲等，2012；马海涛、刘志高，2012）。新技术产业的兴起更依赖于城市化经济和企业衍生机制的作用（汪明峰，2010）。技术基础、产业相关性造成新兴企业的集聚，而其中偶然性的因素也至关重要（李小建等，2000）。这些案例研究在产业的历史条件和集聚状况的基础上，更强调了政府的作用，认为技术创新、偶然性事件和政策推动三者的结合是当前中国新兴技术产业在特定区位兴起成形的主要动因。

　　本章的研究表明演化理论在产业空间组织研究中具有较好的应用前景。我们的案例研究属于探索性的分析，内容集中于特定的新兴技术产业，因此未来需要在更广泛的产业领域进行多样本的分析和修正完善。此外，对于演化经济地理学来说，企业是演化研究的起点。产业和区域的空间演化更多地取决于企业的空间行为，比如它们的衍生机制和集聚经济的变化进程，需要更多的细致分析。

下 篇

新经济背景下的长三角城市发展

第八章 全球城市的经济转型与软件产业 空间重构：上海案例

生产者服务业在世界城市和全球城市及其网络发展中发挥着十分重要的作用（Sassen，2001；Taylor *et al.*，2002；Derudder，2003），它已成为发达国家城市经济增长最为重要的驱动力之一，同时在发展中国家也逐渐受到关注。鉴于其在经济增长、就业和权力关系中的重要作用，许多城市都积极发展生产者服务业来促进城市发展并吸引全球的资本，尤其是诸如上海等发展中国家的新兴全球城市。但是，对于那些正在成为全球城市、正在经历快速全球化和处于经济结构调整期的城市而言，生产者服务业的区位选择、背后的动力机制，及其对城市空间结构的影响，目前还尚未知晓。

自 1978 年改革开放以来，中国经历了从国家社会主义到权力下放、市场化和全球化的三重过程的转变。尽管中国以成为"世界制造工厂"而闻名，但近些年，中国的服务业尤其是生产者服务业，也经历着快速的发展，尤其在一些大都市区，如上海，北京和广州，这一现象更加明显。根据国家统计局人口普查资料（www.stats.gov.cn），从 2000年到 2010 年，上海的生产者服务业、服务业和制造业的就业年均增长率分别为 2.7%、1.9%和 1.4%。在所有的生产者服务业中，银行业和软件产业吸引了最多的就业人口，是增长速度最快的生产者服务业部门。

中国城市中的生产者服务业发展迅速，但是并没有受到广泛的关注。林初升（Lin，2004）认为，第二第三产业相伴发展是中国发展模式的典型特征之一。既有研究也表明：中国的生产者服务业高度集中在中央商务区（Central Business District，CBD），并且该行业的发展十分强调政府和市场的共同作用（Han and Qin，2009；Yi and Yang，2011）。但是，对于企业的时空分布和演变特征却鲜有研究。而且，尽管在一些西方城市以及像班加罗尔这样的发展中国家城市，已经知晓软件产业拥有独特、分散的区位模式（Shearmur and Alvergne，2002；Boiteux-Orain and Guillain，2004；ÓhUallacháin，2007；Aranya，

2008)，但目前对生产者服务业中的特定产业部门进行的研究仍较少。

本章探究上海软件企业的区位变化轨迹及其背后的动力机制，分析软件产业的时空发展模式和分散特征，以及基于发展中国家的大背景，采用定量方法对区位因素进行了评估。本章采用的数据来源于上海市经济和信息化委员会提供的企业层面的点状数据，利用区位选择模型用来量化企业区位选择的决定因素，并评估政府政策和规划的潜在影响。同时，本章结论的获得还依赖于问卷调查和对当地公司和政府机构的访谈。

第一节 全球化、经济重构与企业的区位变动

20 世纪 80 年代后期，随着全球化的快速发展，生产者服务业成为城市发展的新引擎。它的空间格局和对城市转型的影响日益引起人们的关注。快速发展的生产者服务业强烈地改变了城市的空间格局。一方面，与其他类型的服务业和制造业不同，生产者服务业更加集中于城市的核心区域（Moyart，2005）。因此，快速发展的生产者服务业，导致了城市 CBD 所在区域的快速增长和空间上的快速扩张。另一方面，生产者服务业在空间上的分散化分布在许多西方城市中也得到证实。一些特定的生产性服务部门，移出了 CBD 地区，向郊区进行集聚，从而明显改变了城市的空间格局（Gong and Wheeler，2002；Leslie，2007）。

在生产者服务业的发展过程中，空间上的集中与扩散同时发生，并且不同行业的集中程度与扩散程度也各不相同。生产者服务业通常被认为是各种办公行业的集合体，如商业服务、金融、保险及地产行业等（Coffey，2000）。在生产者服务业中，不同部门对面对面交流的依赖程度不同，因此，不同部门有不同的区位偏好，产生了差异化的空间模式。其中，行政管理类部门与后勤功能类部门的区位模式存在明显的差异（Stanback，1991；Coffey and Shearmur，2002；Shearmur and Alvergne，2002；Aranya，2008）。然而许多研究仅仅关注于金融、保险及地产行业（Finance，Insurance，and Real Estate，FIRE）、法律行业和其他行政管理类部门等典型生产者服务业的空间分布模式，对于后勤功能类部门的空间扩散以及它们对城市空间重组做出的更大贡献则关注甚少（Agnes，2000；Sassen，2001；Taylor *et al.*，2002；Leyshon，2004）。据此，正在经历郊区化的生产者服务业（尤其是计算机服务业和软件产业）的区位动态是一个有待进一步研究的课题。

软件企业所涉及的工作基本上都是在办公室完成的，因此，软件产业被包含在商业

服务部门中，它是生产者服务业的重要组成部分。软件企业与 ICT 制造企业之间的紧密联系以及二者对电信技术的依赖，可以作为区分软件企业与其他生产者服务业，如 FIRE 产业和咨询业的独特特征。这些特征强有力地造就了城市内部软件产业独特的空间分布格局。在生产者服务业的各个部门中，软件产业被公认为是最分散的部门之一（Boiteux-Orain and Guillain，2004；Leslie，2007）。例如莫里塞特（Moriset，2003）指出，软件设计公司主要位于风景优美的地区，甚至有的在农村地区；阿兰若（Aranya，2008）甚至通过对印度班加罗尔 ICT 公司的调查，提出了反区位的分布模式。

影响软件产业空间分布的各种决定因素已被确定。沙克森（Saksen，2004）通过对软件企业的访谈，探究了奥斯陆软件产业集群的构建机制，发现能经常与客户接触是软件企业空间分布的主要影响因子。新井和中村（Arai and Nakamura，2004）则发现，上下游供应链之间的可达性、当地劳动力市场、交通便捷程度、居住环境及亲切度，对软件企业十分重要。莫里塞特（Moriset，2003）的报告表明，在法国里昂被调查的 ICT 公司中，88%的公司区位选址与当地的市场位置、办公空间的可获取性、交通便捷程度关系不大，反而是生活质量和离家距离是决定区位的主要因素。软件设计类公司则不在其列，因为它们的区位选择更加随意，并十分注重租金价格。除此之外，环境因素、集聚经济因素等相关因素仍需进一步检验。

此外，企业的特性和社会根植性逐渐被认为是影响企业区位选择的重要因素。不同于传统的区位理论将区位选择构建为地区属性的函数，突出某区位利润的影响，波特（Porter，1990）的钻石模型强调了企业的特性（公司规模和策略）对企业行为与竞争力的影响。迪肯（Dicken，2001）探讨了公司与地方之间的关系，回答为什么公司会深深嵌入某个特定地区以及公司发生空间迁移的原因。这种关系是通过企业和地方之间的相互影响而形成的。除了区位特征之外，公司特性也是区位选择的重要决定因素。不同企业有不同的区位偏好，侧重不同的区位要素（Hong，2009；Liefner *et al.*，2013）。例如，本土企业和出口导向型企业会有不同的区位选择（Aranya，2008）。在不同所有权公司的区位选择模式中，外资企业与本土企业之间存在空间错配（Wei *et al.*，2013）。这些研究可以表明，制度环境和企业特性在区位选择中的重要作用。然而，企业的特性和社会根植性是否会影响软件业的区位模式仍然不得其解。

本章以上海软件业为研究对象，将回答以下问题：①上海的软件公司是否也在经历郊区化过程？②上海软件产业的空间动态变化与西方城市和其他发展中国家城市的软件产业是否有所不同？③企业的特性和社会根植性是否会影响软件产业的区位模式？④上海软件产业的区位选择是否有特殊的决定因素？

第二节　研究数据和方法

本章以上海软件业发展为研究对象，是因为上海市软件业产值的增加深深地影响了上海市经济的快速增长和转型。2011 年的软件业产值占到地区生产总值的 3% 以上。在软件业的产出方面，上海在中国城市中处于领先地位，仅次于北京。在软件产品和服务的出口方面，2011 年上海市占中国出口总量的 1/4 以上。与仅仅关注城市中心区域的现有文献不同，本章研究的范围涵盖了上海大都市区超过 6 000 平方千米的地区（但不包括崇明，因该地区软件公司数量很少）（Han and Qin，2009；Yi and Yang，2011）。

根据 2009 年的行政区划分和城市历史发展及土地利用情况，本研究的区域及其分区为：①城市传统区域（Traditional City proper Area，TCPA），包括黄浦、卢湾、静安等区；②城市中心扩展区（Expanded Central City Area，ECCA），包括徐汇、长宁、普陀、闸北、虹口、杨浦等区；③近郊区（Inner-Suburban Area，ISA），包括浦东、闵行、宝山等区；④远郊区（outer-Suburban Area，OSA），包括松江、嘉定、青浦、金山、奉贤、南汇等区。

自改革开放以来，城市中心扩展区和近郊区都经历了快速发展和空间上的变化。为了更加准确地量化软件企业区位模式中的决定因素，在模型中用邮政区作为基本的空间单元。上海 17 个行政区中共有 206 个邮政区。为了识别每个邮政区的相对位置和运输条件，也考虑了高速环线的位置。

软件产业可分为计算机应用业和服务业，范围通常包括系统软件（基础软件）、应用软件、嵌入式软件和软件服务。软件公司的业务通常是承担应用程序的生产或服务。为了揭示出口对企业区位选择的影响，出口导向型软件企业被划分为一个独立的研究范畴。

本项研究基于三方面数据来源：企业数据、位置数据和实地调查数据。用于分析时空格局的企业数据主要来自上海软件企业名录和上海市经济和信息化委员会网站（www.sheitc.gov.cn）的企业目录。所有注册的软件企业都必须向该网站提交基本信息，包括名称、电话号码、所有权、雇员人数、邮政编码、地址和主要产品。基于该目录，构建了不同年份的软件公司数据库，从而把握软件企业不断变化的空间分布格局。该数据库中，1999、2002、2005、2008 和 2011 年在研究区域内分别有 115、242、1 143、1 502 和 1 854 家软件企业。我们在上海数字地图上对这些公司进行了地理匹配并用于空间分析。

为了验证企业的区位选择是由企业自身特性和地区属性共同决定的这一假设，我们需要企业所处位置属性的数据。本章选择邮政区作为基本的空间单元，主要通过地理信息系统和空间分析来获取邮政区级数据，包括距离变量和其他属性，如到市中心的距离、到交通终点站的距离、运输条件、环境条件、已有软件企业的存量及 ICT 制造企业的存量、政府政策等。第三种数据来自于在浦东软件园（国家级高科技园区）对软件企业进行的问卷调查和个人访谈。我们对 120 家软件公司进行了随机调查，并在 2009 年秋季收到 62 份有效问卷。此外，我们还采访了一些公司的管理人员和高科技园区的官员。他们提供了相关的补充信息，使我们能够更好地了解吸引软件企业进入高科技园区的主要因素。

企业的区位选择是一个受地区属性和企业特性共同影响的利润最大化的选择过程。在研究模型的使用上，与传统回归模型相比，区位选择模型如条件评定（Logit）模型或嵌套 Logit 模型能更好地识别企业区位的决定因素，因为这些模型均基于"公司选择能够产生最高利润的地点"的假设。城市内部的企业区位选择十分多样：可以选择 J 区或 K 区、M 邮政区或 N 邮政区。条件 Logit 模型假设企业 i 的利润函数由地区 j（城市内的区域或邮政区）的确定项（地区属性：X_{1j}, X_{2j}, $\cdots$, X_{nj}）和一个随机项组成，可以表示为：

$$\prod_j^i = \prod \left(X_{1j}, X_{2j}, \cdots, X_{nj} \right) + \varepsilon_j^i \qquad \text{式 8-1}$$

当 $\prod_j^i > \prod_k^i$（$k \neq j$）时，i 企业的区位选择是 j 地区。

条件 Logit 模型中的因变量是一个虚拟变量，有软件企业选择的地区赋值为 1，没有则赋值为 0。该模型通过替代选择的最大可能性来估计确定区位选择的概率参数。我们用条件 Logit 模型来研究软件企业区位选择的决定因素，选择至少有一个软件企业的邮政区作为分析样本（包括 112 个邮政区）。为了处理区位替代的独立性，我们还根据以往研究考虑了已有软件公司存量的作用（He *et al.*，2011；Wei *et al.*，2013）。

第三节　上海软件产业的空间结构及其影响因素

一、软件企业区位模式的变动

上海经历了从中国的工业中心向服务业、高新技术制造业蓬勃发展的新兴全球城市的巨大转变（Wu，2000；Wei *et al.*，2006）。生产者服务业快速发展，尤其是在金融、保险及地产业、软件行业和计算机服务业部门。软件企业从 1990 年的 7 家发展到 2011 年的 1 854 家（表 8-1）。在早期阶段，软件公司主要是法国和日本的跨国公司分支机构。它们坐落于城市中心区，如黄浦区和静安区，其次是徐汇区（城市中心扩展区中的次级 CBD 所在区）。随着上海软件业的快速扩张，软件企业开始从城市传统区域和城市中心扩展区向范围更加广泛的空间扩散。1990 年，7 家软件公司集中在城市中心区里的 3 个行政区；而 1999 年，17 个行政区中有 11 个区拥有软件公司；2011 年，所有行政区都有 5 家以上的软件公司。

表 8-1　上海软件企业的空间分布

	1990		1999		2005		2011	
	数量	百分比	数量	百分比	数量	百分比	数量	百分比
总量	7	100	115	100.0	1243	100.0	1854	100
城市传统区域总量	5	71.4	34	29.5	192	15.4	239	12.7
黄浦区	3	42.9	8	7.0	70	5.6	91	4.9
卢湾区	0	0.0	12	10.4	44	3.5	55	2.8
静安区	2	28.6	14	12.1	78	6.3	93	5
城市中心扩展区总量	2	28.6	70	61.0	664	53.6	869	46.7
徐汇区	2	28.6	32	28.0	286	23.1	367	19.8
长宁区	0	0.0	17	14.8	124	10.0	155	8.4
普陀区	0	0.0	5	4.3	72	5.8	95	5
闸北区	0	0.0	4	3.5	58	4.7	83	4.5
虹口区	0	0.0	5	4.3	54	4.4	66	3.5
杨浦区	0	0.0	7	6.1	70	5.6	103	5.5
近郊区总量	0	0.0	11	9.5	364	29.3	666	36.3
浦东新区	0	0.0	9	7.8	319	25.7	568	31
闵行区	0	0.0	2	1.7	37	3.0	78	4.2
宝山区	0	0.0	0	0.0	8	0.6	20	1.1
远郊区总量	0	0.0	0	0.0	23	1.8	80	4.3
嘉定区	0	0.0	0	0.0	3	0.2	28	1.5
青浦区	0	0.0	0	0.0	3	0.2	12	0.6
松江区	0	0.0	0	0.0	6	0.5	20	1.1
金山区	0	0.0	0	0.0	2	0.2	7	0.4
奉贤区	0	0.0	0	0.0	4	0.3	8	0.4
南汇区	0	0.0	0	0.0	5	0.4	5	0.3

　　在邮政区中，软件企业的空间扩散趋势更为明显。拥有软件企业的邮政区数量从 1990 年的 5 个增加到 2011 年的 112 个（图 8-1、图 8-2、图 8-3）。

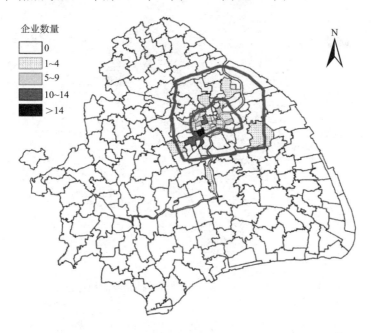

图 8-1　1999 年上海部分邮政区软件企业的地理分布

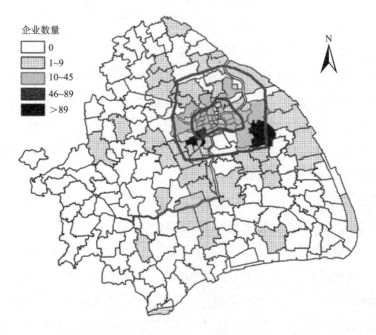

图 8-2　2005 年上海部分邮政区软件企业的地理分布

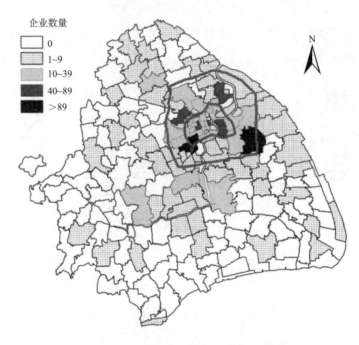

图 8-3   2011 年上海部分邮政区软件企业的地理分布

随着软件产业向更广阔的空间进行扩散，城市中心的主导地位在下降。如表 8-1 所示，虽然城市传统区域和城市中心扩展区在 2011 年保留了近 60% 的软件公司，但从 1999 年到 2011 年，这两个区域的比例下降了 30%。

浦东新区取代城市传统区域中黄浦区的主导地位，这表明 CBD 对软件企业的吸引力呈现相对下降。随着浦东新区的发展和浦东软件园的建设，该地区的软件企业急剧增加，在 1999 年超过黄浦区。2005 年，徐汇区软件企业数量最多。2011 年，浦东新区吸引了 568 家软件公司（占总数的 31%），其次是徐汇区，有 367 家公司（占总数的 19.8%）。超过半数的软件企业集中在浦东和徐汇两区，表明上海软件企业的空间分布很不均衡。

软件公司在邮政区中的分布格局更加不均衡。1999 年，在徐汇区徐家汇地区的邮政区 200030 汇聚了最多的软件公司。这里属于上海的次级 CBD。其次是位于内环和外环之间的邮政区 200233，其中包括漕河泾高科技园区。除了外环线外的几个开发区，所有软件公司所在的邮政区都在传统城市区域。郊区大量的邮政区没有软件公司。

2005 年，位于浦东新区的邮政区 201203 拥有最多的软件公司，其中包括了浦东软件园；还有邮政区 200233 也有大量的公司，其中包括了漕河泾高科技园区。这两个邮政区位于内环线和外环线之间。拥有十家以上软件公司的邮政区仍然集中在外环线以内。

到 2011 年，邮政区 201203 中拥有 312 家软件公司，是位列第二的邮政区 200233 所拥有企业数量的两倍。此外，尽管中心城市仍保持着主导地位，但在外环线以外已经出现了拥有十家以上软件公司的邮政区，其中还有一些位于郊区，如嘉定区和松江区。比较各邮政区软件公司的时空变化，可以总结出如下变化特征：1. 软件企业分布较广；2. 软件企业的空间分布不均匀，集中在少数邮政区，主导区域已从城市传统区域的 CBD 和次级 CBD 转移到近郊区和城市中心扩展区的国家高科技开发区；3. 城市传统区域和中心城市扩展区均保持绝对增长趋势，但份额相对下降。在已有对中国的研究中，开发区在企业区位中的优势已被广泛证实（Huang and Wei，2014；Wu，2000；Yuan et al.，2014）。

与上海市总体生产者服务业的分布模式形成对比，软件企业扩散到了更大的区域，远至外环线以外（Han and Qin，2009）。不同于大多数生产者服务业偏好位于 CBD 外滩的邮政区 200001，软件企业更集中分布在中心城市边缘。它们偏好坐落于市中心附近的次级 CBD 或高科技开发区。这些特征与其他城市（如凤凰城和巴黎）的研究结果相似，与其他生产者服务业相比，软件和计算机服务业相对分散（Leslie，2007；Shearmur and Alvergne，2002）。

为了了解软件企业的集中和分散的动态变化过程，根据每一个邮政区的公司数量，计算了其集中程度和莫兰指数。这里还使用 Nx 指数，代表在邮政区排名前 x 的公司数量的累积百分比。例如，$N3$ 意味着软件公司在前三个邮政区的比例。表 8–2 展示了 1999～2011 年 Nx 指数和软件公司数量最多的十个邮政区。

表 8–2　1999～2011 年基于邮政区的上海软件企业集中与分散程度

等级	1999				2011			
	邮政编码	企业总量	外资企业数量	内资企业数量	邮政编码	企业总量	外资企业数量	内资企业数量
N1	200030	13.9	18.2	12.2	201203	16.8	22.7	15.3
N3	200023	34.8	45.5	34.1	200233	31.1	32.3	30.5
	200040				200030			
N6	200021	47.8	63.6	50.0	200433	40.2	432	40.4
	200050				200127			
	200080				200235			
N10	200021	62.6	78.8	57.1	200120	50.8	56.4	50.6
	200001				200040			
	200020				200333			
	200023				200122			

$N1$ 指数的快速增长，表明在邮政区 201203 浦东软件园的主导地位已经形成，而 $N3$、$N6$ 和 $N10$ 指数下降，尤其是 $N10$ 指数下降明显。$N3$ 和 $N10$ 指标的下降表明软件企业的集中度在降低。对于不同所有制的企业而言，外资企业 N 指数较大，表明其集中程度高于内资同类企业，但二者分散趋势相似。莫兰指数也常用于测量集聚和空间的自相关。如表 8–3 所示，邮政区软件企业的莫兰指数已超过 0.100，2002 年更是最高达到了 0.292，显示出了软件企业较强的空间自相关和集中性。在不同的年份，莫兰指数呈倒 U 型。然而，在 2011 的莫兰指数低于其他任何一年，类似于 N 指数的变化模式。这也表明软件企业空间集中度的降低。

表 8–3　基于邮政区的上海软件企业空间分布的莫兰指数

年份	1999	2002	2005	2008	2011
所有的公司	0.146*	0.292*	0.196*	0.190*	0.110*
	(3.65)	(7.04)	(4.82)	(4.67)	(3.07)
外资公司	0.085*	0.287*	0.180*	0.187*	0.107*
	(2.19)	(6.61)	(4.71)	(4.95)	(3.39)
内资公司	0.115*	0.280*	0.127*	0.172*	0.102*
	(2.74)	(6.73)	(3.08)	(3.99)	(2.76)

注：*代表在 5% 的水平上显著。

二、企业重新区位与新企业的形成

为了理解软件企业的空间变动，进一步分析新软件公司的区位和旧软件公司主要迁移的地区。图 8–4 显示 1999～2005 年间新软件公司倾向于选择邮政区 201203 中的浦东软件园、邮政区 200030 中的徐家汇商务区（次级 CBD）和邮政区 200233 中的漕河泾高科技园区。所有含 30～60 家新公司的邮政区都在外环线以内，包括浦东陆家嘴新 CBD 的两个邮政区和位于国家开发区或大学附近的四个邮政区。城市传统区域的吸引力弱于近郊区和中心城市扩展区。2005～2011 年间，浦东软件园吸引了近一半的新软件公司。含有新公司数量较多的邮政区在城市中心区域分散开来，其中大部分位于内环线之外，有些甚至位于外环线之外（图 8–5）。这一变化进一步表明了城市中心区域吸引力的下降趋势。在城郊区，新建立的公司更加倾向于在乡镇政府所在地的邮政区、新的城镇和开发区进行布局。

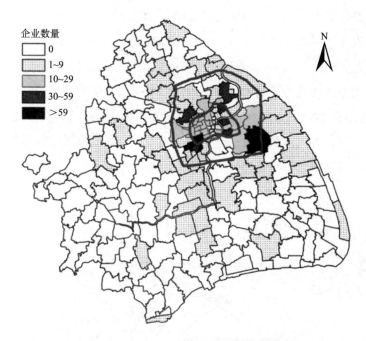

图 8-4 1999～2005 年上海部分邮政区新建软件企业的地理分布

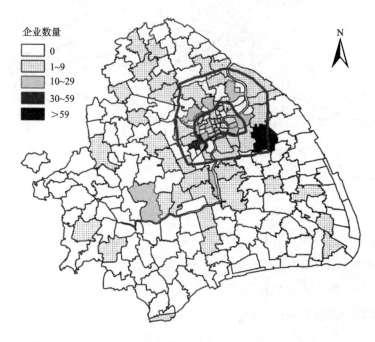

图 8-5 2005～2011 年上海部分邮政区新建软件企业的地理分布

　　原有公司的迁移是导致软件企业空间格局变化的另一个原因。图 8-6 通过跟踪重新区位的公司，展示了上海软件公司的迁移过程。2002～2011 年间，190 家企业中有 140 家的注册地址发生了变化，占总数的 70%以上，有 62 家公司在不同区域间进行了迁移。城市传统区域是一个净迁出区域，表明 3 个中心区在吸引软件公司中的主导地位在下降。这一现象与广州生产性服务公司的迁移模式截然不同。广州的公司倾向于向市中心进行迁移（Yi and Yang, 2011）。相比之下，上海城市近郊中的浦东新区、闵行区以及中心城市扩展区的徐汇区和普陀区是主要的迁移地。此外，上海远郊区中的嘉定和松江区，也吸引了一些公司迁入，这与新建立的软件公司选址类似。

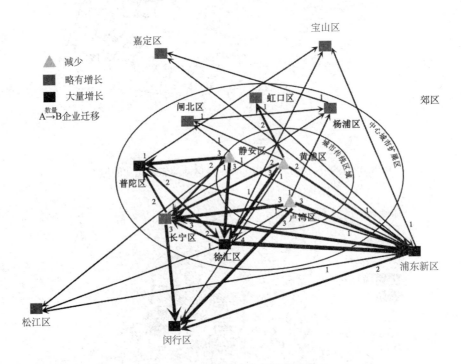

图 8-6　上海软件企业的重新区位

　　观察新建公司所在地和原有公司的迁入地，可以发现了二者的共同特征，即主要选择在新兴 CBD 和高科技园区进行落户。图 8-7 显示了国家和市级软件开发区、工业园区、CBD 和次级 CBD 的位置。大量新软件公司出现的邮政区和大量原有软件公司迁入的区域与图 8-7 中标记的位置高度相关。

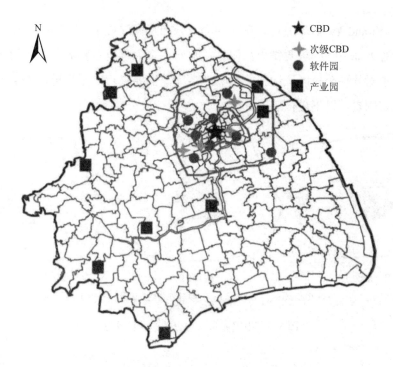

图 8-7　上海部分 CBD、次级 CBD 和开发区的区位

　　例如，2011 年建立了八个软件园，分别位于浦东（2 个）、徐汇（2 个）、黄浦（1 个）、长宁（1 个）、普陀（1 个）和杨浦（1 个）。除黄浦区科技京城软件园外，其余七个软件园都是新、老公司落户的重要目的地，这使得 201203 和 200233 两个邮政区的软件公司增长率最高。此外，在新 CBD 或次级 CBD 等内部的邮政区，如陆家嘴金融区和虹桥经济技术开发区，也是吸引企业落户的热点地区。这两个地区是政府在 20 世纪 90 年代规划的两个新 CBD。自 2002 年以来，陆家嘴所在的邮政区 200122 在软件企业的数量和增长率上均位居浦东新区前三位。韩笋生和秦波（Han and Qin，2009）提到，由政府规划的新陆家嘴中心为办公产业的集中创造了机会。尽管虹桥经济技术开发区还在建设中，但新兴软件公司对邮政区 200336 的偏好逐渐显现。除了新 CBD 和开发区，政府还努力在远郊区建设卫星城镇和开发区，以分散就业和工业，如嘉定新城和嘉定安亭国际汽车城。这些地区可以吸引软件公司和生产性服务公司的迁入。政府规划的 CBD、开发区和新市镇对软件产业的空间分布有重要影响。

　　综上所述，上海软件企业的空间分布演变特点是：在大都市区广泛分布以及集聚空间从中心城区向外围地区转移（图 8-8）。这与生产者服务业的动态分布截然不同（Han and

Qin，2009；Yi and Yang，2011）。在新的动态分布形成过程中，中国政府在城市规划、投资、建设等方面发挥了重要作用。但是，政府在多大程度上影响了企业的区位选择，以及其他因素对软件公司区位选择的影响有多大，需要进行定量分析。为了更深入地了解潜在的决定因素，以下进行统计分析。

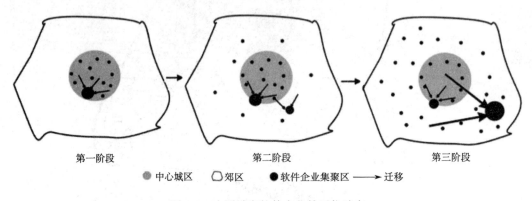

第一阶段　　　　　　　　　　第二阶段　　　　　　　　　　第三阶段

● 中心城区　　○ 郊区　　● 软件企业集聚区　——→ 迁移

图 8-8　中国城市软件企业的区位动态

三、软件企业区位选择的决定因素

　　根据前人对城市内部生产者服务业区位决定因素的研究，集聚、可达性、环境状况和居住因素被认为是影响公司选址的决定因素（Arai and Nakamura，2004；Yi and Yang，2011），而区域层面的一些区位因素，如市场规模和劳动力成本可能在城市内部的企业区位选择中不适用（Hong，2009；Wei et al.，2013）。因此，本章选取了 12 个自变量来表示聚集、可达性和环境状况（表 8-4）。此外，引入开发区变量（Development Zone，DZ）来反映政府政策的影响。

表 8-4　自变量的界定

变量	代号	说明	预期
	SSF	2002 年软件公司数量	积极
	SFSF	2002 年外资软件公司数量	积极
企业集聚	SDSF	2002 年内资软件公司数量	积极
	SICTF	2008 年外资 ICT 制造业企业数量	积极

续表

变量	代号	说明	预期
可达性	Road_D	每个邮政区的路网密度	积极
	Dis_C	邮政区中心到市中心（人民广场）的距离（取自然对数）	消极
	Dis_A	邮政区中心到机场（浦东 PD 和虹桥 HQ 机场）的距离（取自然对数）	消极
	Dis_R	邮政区中心到火车站（北站 N 和虹桥火车站 H）的距离（取自然对数）	消极
环境相关因素	Highway	如果邮政区被公路穿过，虚拟变量为 1	积极
	CBD	如果邮政区包含中央商务区（CBD）或次级 CBD，虚拟变量为 1	消极
	Park	如果邮政区包含或靠近公园，虚拟变量为 1	积极
	College	如果邮政区包含至少一所大学，虚拟变量为 1	不确定
政府政策	Policy or DZ	如果邮政区包含至少一个软件开发区，虚拟变量为 1	积极
交互项	SIDI	公司规模×Dis_C（根据就业规模，公司规模赋值为 0，1，2，3，4）	不确定
	SIDZ	公司规模×DZ	不确定
	TYDI	产品类型×Dis_C	不确定
	TYDZ	产品类型×DZ	不确定

注：公司可根据员工人数分为五类：小于 10、1～50、51～200、201～500 和 500 人以上。不到 10 名员工的公司，企业规模的虚拟变量为 0。生产应用软件的公司，生产类型的虚拟变量为 0。

　　由于共享劳动力市场、信息和知识的溢出，以及临近专业供应商，集聚经济可以加速相同或类似行业的企业在一个地方聚集（He，2002；Henderson，1997）。集群企业通过自发形成的竞争环境来促进创新和产品差异化生产，增加彼此之间的学习（Bathelt and Taylor，2002；Porter，1998）。我们使用每个邮政区软件公司数量（SSF）来测度集聚经济的效果。考虑到软件业与 ICT 制造业之间的关联性，ICT 公司的集群可能导致生产者服务业的集中（Wei et al.，2013），因此每个邮政区内 ICT 制造业公司的数量（SICTF）也被用来表示软件产业的集聚。

　　生产者服务业是严重依赖面对面信息交流的行业（Mills and Lubuele，1997）。虽然技术的使用可以部分替代面对面的交流，但区位的可达性对于生产者服务业仍然是十分重要的。可达性包括员工的通勤条件和商业的需要（Isaksen，2004）。因此，路网密度（Road_D）、到市中心的距离（Dis_C）、到机场的距离（Dis_A）和到火车站的距离（Dis_R）被用来表示邮政区可达性的关键因素。这些区位条件可以很方便地将企业与客户及供应商相互连接起来。

环境和休闲设施正成为吸引和留住人才的关键。无论是在 CBD 还是次级 CBD，作为管理和行政中心，它们不仅意味着是最容易到达的地区，而且还代表了自身的声望和所拥有的休闲设施（Duranton and Puga，2005；Shearmur and Alvergne，2002）。由于邮政区内不确定是否包含 CBD 或次级 CBD 所拥有的环境和休闲设施，所以引进了另外两个虚拟变量，即公园和大学，以表征自然和文化环境。

在中国，政府政策在企业区位选择中起着重要的作用，如税收优惠和减租（Wei *et al.*，2010，2013）。开发区和自由贸易区通常具备良好的基础设施，而且政府还提供了一系列优惠政策。这些政策会影响企业的利润率，从而影响企业的区位选择（Hong，2009）。邮政区是否含有软件相关的开发区被设为虚拟变量，用于评估政府政策带来的影响。

此外，我们还认为地区的属性和企业的特性也会影响企业的空间分布。基于企业特征和地区属性之间的一些交互项（*SIDI，SIDZ，TYDI，TYDZ*），如企业规模与到市中心距离之间的交互作用，其系数可以表示不同规模企业的偏好。

根据相关性分析结果，我们区分了条件 Logit 模型中所有的解释变量，以避免多重共线性问题。模型的估计结果列于表 8-5 中。所有模型的似然比检验都在 0.000 水平上显著，调整的 R^2 值在 0.150 6～0.169 9 之间，表明模型拟合效果较好。大多数系数得到了预期结果并显著。软件产业开发区 *DZ* 虚拟变量代表了政府政策，是区位选择最显著的变量之一。*DZ* 的显著系数在 0.963 到 2.270 之间，表明政府的优惠政策对城市内部软件企业的集聚起到了积极的作用。这与假设和已有研究发现一致（Wu，2000；Wei *et al.*，2013）。与预期相同，已有软件公司数量（*SSF*）和 ICT 制造业公司数量（*SICTF*）与所选区位之间存在显著正相关关系。特别对于外资企业来说，受到现有外资企业数量（*SFSF*）的显著影响。这些都说明了集聚经济在软件企业区位选择中的重要作用。

表 8-5　上海软件企业区位决定因素的估计结果

独立变量	外资软件公司区位选择			内资软件公司区位选择		
	模型 1	模型 2	模型 3	模型 1	模型 2	模型 3
SSF	0.069***			0.032**		
SFSF		0.213***	0.192***			0.103*
SDSF					0.031*	
SICTF	0.019***	0.026***	0.024***	0.089**	0.030	0.010*
Road_D	−0.108**		−0.960***	−3.260***	−1.800*	−3.270**

续表

独立变量	外资软件公司区位选择			内资软件公司区位选择		
	模型1	模型2	模型3	模型1	模型2	模型3
Dis_C	−0.653***		−0.755***	−0.680***		−1.150***
Dis_A_PD	−1.048***		−0.980***	−0.320***	−0.480***	−0.290***
Dis_A_HQ		0.514***				
Dis_R_N		−0.207**				
Dis_R_H					−0.220	
Highway	0.133	0.250*	0.167	−0.142	−0.130	−0.090
CBD	0.702***	0.740***	0.702***	−0.240	−0.220	−0.200
Park	0.941***	1.090***	1.020***	−0.730***	0.790***	0.74
College	−0.370**	−0.436***	−0.335***	−0.110*	−0.040	0.100*
Policy	0.963***	0.938***	1.094***	2.08***	2.270***	2.210***
SIDI			0.116**			0.330***
SIDZ			0.303**			0.600*
TYDI			0.006			1.070***
TYDZ			−0.063			0.250
观察样本数量	50 949	50 949	50 949	156 352	156 352	156 352
选择样本数量	112	112	112	112	112	112
对数似然函数值	−2 189	−2 211	−2 179	−6 582	−6 465	−6 256
调整的 R^2	0.159 9	0.151 3	0.163 5	0.165 2	0.150 6	0.169 9

注：*在10%的水平上显著；**在5%的水平上显著；***在1%的水平上显著。

我们还使用三个变量来说明与环境相关的设施影响，结果表明软件企业的区位受公园变量（*Park*）的影响，在所有模型中该变量的系数是显著正相关的。CBD或次级CBD附近的地区可以提高对外国公司的吸引力，但不能提高对内资企业的吸引力。相比之下，大学变量对内资企业的影响是显著的，但对外国公司有负面影响。这一结果可能是由于内资企业与高校之间的紧密关系造成的。一些内资软件公司本身就是由附近高校的研究人员建立。

可达性也是一个重要的决定因素，到市中心的距离（*Dis_C*）和到机场的距离（*Dis_A*）系数显著为负。然而，与内资公司相比，外资软件公司对机场距离更关注，对离市中心的距离敏感性较低，这与早期国外ICT公司的区位选择偏好相一致（Wei *et al.*，2013）。外资软件公司以出口为导向，较少依赖CBD的功能。然而，出口导向型IT企业在班加罗尔地区的反向分布在上海并未发现。软件公司的区位选择与道路密度呈显著负相关关系。高速公路变量在模型中不显著，这表明上海软件公司倾向于远离路网密集的住宅区。

在交互项作用上，当考虑企业的独特性如企业规模、所有权和生产类型时，到市中心的可达性和政府政策的重要性有所不同。在企业的区位选择偏好上，对于所有权性质不同的外资企业和内资企业，系数具有明显不同。内资软件公司更加关注政府政策和高校距离，而外资软件公司更加看重于已有外资企业数量、到公园和机场的可达性。此外，企业规模、到市中心距离与政府政策的交互项系数显著。这表明大型软件公司更喜欢远离市中心，尤其喜欢郊区规划好的开发区。例如，微软公司将自己的研发和生产部门，放置于上海闵行区的紫竹高科技园区。但是，模型的结果并没有发现公司产品类型的显著影响。

第四节　企业区位选择中的政府作用：浦东软件园案例

为进一步考察软件园对企业区位选择的引导作用，选取了具有代表性的上海浦东软件园展开案例研究，通过问卷调查和访谈等方法对园区内企业的区位决策机制进行分析。浦东软件园成立于1992年，是浦东新区首家与软件相关的国家级开发区，它属于张江高科技园区，是中国和上海的主要技术导向型开发区之一（Zeng et al.，2011）。作为张江高科技园区最重要的软件园和专业信息服务提供地（例如提供程序测试和软件技术服务），浦东软件园吸引了众多国内外知名软件企业，包括来自德国的思爱普、美国的花旗软件、印度的印孚瑟斯、塔塔、群硕等，这些都为软件产业集群的形成做出了重大贡献。2012年，浦东软件园有560多家软件公司，软件企业在城市中的集中度最高。

一、园区服务的供给

与上海其他软件园区相比，浦东软件园的产业发展环境十分优越，在政策环境、交通通信设施、技术支撑体系等方面具有明显的竞争优势。但在开发早期，商务环境相对于处于劣势（宁越敏等，2003）。如上海市软件企业集中的另一重点区域邻近徐家汇。它是上海的次级CBD，商业发达、生活消费便利，而浦东软件园周边商务配套设施较差。因此，众多软件企业选择注册在浦东，但去其他临近成熟商圈的地点办公。而近几年，随着陆家嘴、花木等商务中心的崛起以及一些重点中学等教育机构搬迁至浦东。浦东新区的商务环境、居住环境、教育环境等竞争力提升。浦东对软件企业的吸引力增强，选址浦东办公的企业不断增多。

上海浦东软件园是国家软件产业基地、国家软件出口基地。软件园坐落在上海浦东张江高科技园区之内，在享受国家、上海市以及浦东新区关于软件产业的政策外，在财税政策、人才引进政策、科技基金申报等方面还具有进一步的优惠政策。上海市"聚焦张江"政策和"一手抓好软件园的建设，一手抓好浦东软件产业的总体发展"的思路，为软件基地建设和软件产业的发展创造了良好的政策氛围。在财税政策方面，入园企业在享受国家、市、区政策的同时，对于符合《张江高科技园区财政扶持经济发展的暂行办法》《张江高科技园区"十一五"期间扶持软件产业发展的实施办法》规定的企业进行税收、科研以及规模扩大等方面的补贴。在人才引进方面，早在"十一五"期间，园区对软件类企业中年收入 20 万元人民币以上（含）的高级管理人员和技术骨干，个人所得中的工资薪金和劳务所得形成功能区域地方财力部分给予 100%补贴；对上述人员个人所得中来源于其所在企业的股权、期权、知识产权成果所得形成功能区域地方财力部分的每年给予 50%补贴。此外，在科技基金、知识产权保护、企业设立等各方面都具有张江高科技园区的专项基金及补贴办法，为企业的发展营造了更为优惠的政策环境。按照《张江园区人才公寓管理暂行办法》（2006 年），对符合规定条件的软件人才两年内给予每人每月 200 元补贴。

园区的建设与管理委托上海浦东软件园股份有限公司经营运作。浦东软件园有限公司秉承市场化运作模式，为园区企业及员工提供全方位、多层次的配套服务。浦东软件园区的公共服务涉及技术支持与网络通信、人才培养与人才交流、营运咨询与商务推广、企业孵化与投融资、生活配套与基础保障等五大板块。服务体系和支撑体系功能逐步完善，显示了政府在产业发展中的主导作用。浦东园的软件技术平台服务是园区的特色专业服务，尤其是软件测评服务，拥有中国软件测评中心上海分中心。此外，通信信息中心、开放实验中心和技术增值服务平台等技术服务也在园区得到广泛应用。浦东软件园的人力资源服务也是园区的特色服务之一。服务于浦东软件园的人才培训体系已逐步完善。浦东软件园一方面可以从上海市三个层次的软件人才培训体系中获取人力资源服务。另一方面，浦东软件园还建有自己的培训中心，围绕服务入园企业这一中心任务，开展入园企业所需的一系列培训工作。此外，同济大学软件学院已在 2002 年落户浦东的陆家嘴软件分园，开设软件工程专业硕士研究生班，为浦东软件园培养园区企业技术人员，同时还开展非学历教育。复旦大学软件学院和微电子研究院也落户浦东张江，进一步完善了浦东的软件人才培训体系。

二、园区服务的需求

为了揭示浦东软件园对软件企业吸引的实际机制，我们分析了来自浦东软件园公司层面的问卷。发放的 101 份调查问卷共有 62 份有效问卷，问卷有效率约为 62%。根据问卷调查结果（表 8-6），园区对企业的吸引力主要体现在园区的基础生活配套服务和政府优惠政策的咨询及代理服务。其余服务的重要性评价由高到低依次为市场推广服务、财务与法律咨询服务、人才招聘与培训服务，以及软件测评服务。

表 8-6　软件企业对软件园提供不同服务的重要性评价

	类型	样本企业数（家）	基础生活配套服务	政府优惠政策的咨询及代理服务	市场推广服务	财务、法律咨询服务	人才招聘、培训服务	软件评测服务
	所有企业	62	3.5	3.4	2.9	2.4	2.2	2.1
企业规模	200 人以上	4	3.5	4.0	2.3	2.3	2.3	1.8
	51～200 人	9	4.0	3.6	3.1	2.8	2.9	2.8
	11～50 人	34	3.5	3.2	2.9	2.4	2.2	2.1
	10 人及以下	15	3.3	3.3	3.0	2.0	1.9	1.7
企业性质	外商独资	22	3.6	3.5	2.3	2.3	2.0	1.7
	中外合资	5	3.6	4.0	2.8	2.8	2.2	2.0
	民营	16	3.6	3.5	3.4	2.4	2.7	2.6
	国有	3	4.0	3.3	4.0	2.7	2.7	3.3
企业产品类型	软件咨询、服务	6	3.5	3.3	3.5	2.7	2.5	2.0
	软件开发	35	3.5	3.3	2.8	2.4	2.3	2.3
	系统集成	3	4.0	4.0	3.0	4.0	3.3	2.0
	信息技术外包	15	3.8	3.5	2.9	2.5	2.3	1.7

资料来源：汪明峰和毕秀晶，2013。

注：在本调查中，软件园提供的服务重要性被分为四个等级：非常重要、重要、一般、不重要，并分别赋予 4 分、3 分、2 分、1 分。表中数值为企业对该项服务重要性的平均值。

　　进一步，调查还从三个方面比较了不同类型企业的评价结果差异。首先，从企业规模来看，较小的企业对于园区提供的市场推广服务比较感兴趣，而大型企业对此评价不高，但对政策服务和生活配套设施的评分较高。对大型企业来说，一方面降低与政府之间的交易成本显得比较重要，另一方面希望园区能够提供优越的生活环境及配套服务使企业能够吸引人才、留住人才。其次，不同性质的企业评价结果也存在一定的差异。外资背景的企业重视生活配套服务和政策服务，而对其他市场性较强的服务评价明显较低。对外商独资企业来说，这一特点更加明显。而内资企业对于园区提供的服务评价均较高，尤其是国有企业认为市场推广和软件测评等服务都很重要，体现了国有企业发展对园区具有更强的依赖性。第三，对不同产品和服务类型的企业来说，服务外包类企业更加强调的是园区环境及基础配套设施以及园区的政策服务和软件测评服务。软件咨询服务类企业，很大一部分是受产业集群的吸引而落后浦东软件园区，因而对于的市场推广服务得分最高。而一般的应用软件开发、嵌入式软件开发及系统集成类型的企业对各项因子的评分相差不多，主要集中在政策服务、基础设施配套、软件测评等。

　　调查还统计了企业对园区配套政策的需求愿望（图8–9）。结果显示大部分企业更看重降低企业的经济成本，希望从园区直接获得经济上的优惠和补助。最明显的是，近90%的企业选择了"办公用房租金优惠"，借此降低企业的经营成本。在开发区的运行过程中，园区行使和充当了政府的角色。此外，根据访谈结果发现，对企业而言，浦东软件园的名气比由产业集聚带来的集聚经济影响更重要。这与对苏州ICT公司的调查结果相似（Wei et al.，2013）。此外，在采访中进一步发现园区内软件公司之间联系较为薄弱。

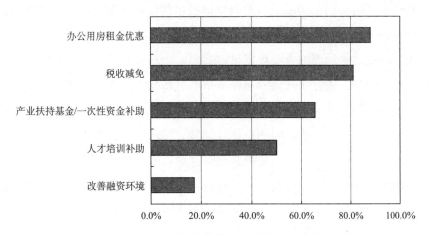

图8–9　软件企业对优惠政策需求的排序

资料来源：汪明峰和毕秀晶，2013。

综上所述，基于对浦东软件园调查和访谈的案例研究表明，政府政策和投资以及开发区的设立是软件企业在规划区进行集中的主要原因。这说明了政府在中国城市产业空间重构过程中发挥的重要作用。同时，也可以看出中国开发区在社会根植性和创新性等方面所面临的挑战。正如王琛和林初升（Wang and Lin，2010）所说，企业集中在同一个开发区，不是自发行为或者为了增进企业之间知识的交流，而是基于地方政府提供的税收等优惠政策的考虑。

第五节　小　结

生产者服务业是全球城市的重要组成部分。它已成为表现城市在全球城市网络中所处地位的重要标志（Sassen，2001；Taylor *et al.*，2002）。在大都市区中，由于生产者服务业的区位模式与制造业不同，其快速扩张对城市空间结构产生了深刻的影响。20世纪80年代后期以来，大都市区的生产者服务业区位分布和空间格局成为研究重点。随着中国大都市区生产者服务业的快速发展，中国背景下的生产者服务业空间分布逐渐受到人们关注（Han and Qin，2009；Yi and Yang，2011）。然而，多数文献集中于对整个生产者服务业的研究，却很少关注特定行业。对特定部门生产者服务业的研究，有助于我们更好地理解产业发展与城市空间结构之间的相互关系。作为生产者服务业中分布最为分散的部门之一，我们研究了城市内部软件产业的空间分布和区位选择的决定因素。软件公司和ICT制造公司之间的密切联系以及对电信技术的依赖是区分软件产业和其他生产者服务业（如金融、保险及地产）的标志。

从行政区和邮政区层面的企业数据可以看出，上海市软件企业的空间动态呈现出集中与扩散并存的态势。软件企业逐渐从城市核心区域向郊区进行迁移。一方面，虽然在1990~2011年间空间分布格局发生明显的变动，但是部分区域或邮政区持续集中了较多的企业数量。另一方面，随着时间的推移，软件公司已进行大范围扩散，这一点可以从拥有软件公司的邮政区数量急剧增加得到充分证明。本章还通过分析新建软件企业的选址和原有软件企业的搬迁地，探究了软件企业区位的空间动态变化。得出的结论是浦东尤其是浦东软件园在上海郊区具有主导优势，不断吸引新公司和老公司迁入。研究还发现，上海中心城区的软件企业在数量上呈绝对增长但相对下降趋势。这表明随着原有的软件企业外向扩散，中心城区的吸引力已经下降。

基于条件 Logit 模型，本章还研究了软件公司区位选择的决定因素，包括地区属性和公司特征。集聚经济、政府政策、可达性、环境因素和企业特性都会对企业区位选择产生了显著的影响。与整个生产者服务业相比，软件企业更加偏好于选择在开发区和软件园区落户。它们代表了政府的政策和环境条件（Han and Qin，2009）。关于企业特性的影响，大型软件企业更倾向于远离城市中心，而外国公司更加关注外资的投资基础。

通过对浦东软件园的调查和访谈，我们更深入地了解了开发区对上海软件公司的吸引力。政府制定的优惠政策和园区内部完善的基础设施具有显著的空间效应。政府在促进软件企业向郊区集中过程中发挥了重要作用，也在很大程度上促成了上海软件企业新的空间分布格局。然而，开发区中软件公司的集聚是依赖优惠政策的结果，开发区内部的公司之间缺乏紧密的联系，这将不利于开发区未来的发展。

第九章 明星的空间效应：名企名校与杭州互联网创业的区位选择

　　创新创业活动显示了一个地区的经济活力和竞争力。伴随着产业转型升级以及传统经济要素对地区经济贡献逐渐放缓的客观现实，以"互联网+"企业为代表的新经济要素日益受到政府的重视，并希望借助新经济要素为城市发展提供新的机会窗口（周巍、汪明峰，2018）。目前，双创活动在中国已掀起热潮，2015 年平均每天新登记注册的企业达到 1.16 万户。中小互联网企业数量在不断攀升（冯蕾，2015）。

　　创新创业型企业的发展与地方创新资源紧密相关。大学、大企业等创新主体受到研究者的重点关注（Lin，2015；段吕晗等，2018）。已有研究发现，高校和大企业对创业具有衍生效应（Broström，2013；Fritsch and Aamoucke，2017），对地方创业集群的形成作用关键（符文颖，2018；李小康、胡蓓，2013；郑健壮等，2018）。这一点尤其体现在高水平的研究型大学和具有重要社会影响力的大企业周边（符文颖，2018；侯纯光等，2019）。一方面，高校专业知识的传递以及大企业内部的工作经历，对潜在创业者起到孵化培育作用。另一方面，校企之间及大小企业间的空间邻近有利于业务开展和信息获取，帮助企业降低成本。例如，斯坦福大学基于产学研企业的衍生和仙童公司基于产业链关联的企业衍生共同推动了硅谷地区高科技企业的聚集（郑健壮等，2018）。同济大学四平路校区周边大量建筑设计类企业的集聚，形成了典型的"同济现象"（潘海啸、卢源，2005）。

　　目前，对双创型企业的研究亟待深入推进。此类企业产生时间较短，其空间演化和区位选择的实证研究较少，空间规律和作用机制总结不足。以往研究多从城市、邮编区等空间尺度开展研究，而对于更小空间尺度下企业活动的影响机制探究较为缺乏（曹前等，2018；黄筱彧等，2018；段吕晗等，2019），且大多缺乏对研究区规模差异的考虑（袁丰等，2010）。对上海、北京一线城市（段吕晗等，2019；刘鑫，2019）的研究较多，而对中国其他城市的研究较少。非一线城市数量庞大且发展新经济面临的困难更多，但不乏有城市突破路径依赖而抓住了新的发展机会（周巍、汪明峰，2018）。双创型企业对这些城市实现"变道超车"尤为重要。

杭州是国内新经济发展的典型城市，深受互联网产业影响（周巍、汪明峰，2018）。以浙大系、阿里系、浙商系、海归系为代表的杭州互联网创业模式引起了多学科研究者和城市政策制定者的关注（郑健壮等，2018）。本章通过空间分析方法剖析杭州互联网企业的空间格局和演化特征，并使用计量模型重点探究浙大、阿里等当地创新主体及其他区位要素的影响机制，以期理解当地互联网经济发展背后的规律，并为城市产业政策和空间规划提供有益参考。

第一节　研究概况

一、城市创新创业空间格局

已有的研究文献主要采用核密度分析、热点分析、标准差椭圆等方法刻画所在地双创型企业的空间分布格局。对于研究区域的选择，多从省域尺度、城市尺度、邮编区尺度等空间尺度开展研究，而对于更小空间尺度下企业活动的影响机制探究不足，且大多缺乏对研究区规模差异的考虑。研究发现，互联网企业、物联网企业、软件企业、文化创意企业等的空间分布均具有很强的集聚性，并随着时间的推移会出现郊区化趋势（毕秀晶等，2011；林娟等，2017；谢敏等，2017；符文颖，2018）。例如，弗里奇等（Fritsch et al.，2018）采用核密度分析方法，对巴西圣保罗地区的知识密集型企业的空间分布格局进行了相关的研究，发现主城区附近的 114 个地区存在明显的空间集聚。王丹等（2017）和谢敏等（2017）分别对扬州的互联网企业与宁波的软件企业的空间分布格局进行了相关的探究，根据企业分布热力判断，发现两者同时具有主城区集聚及郊区扩散的趋势。王宇凡等（2019）采用核密度分析与标准差椭圆的分析方法，对北京市外卖企业的空间格局进行了相应的刻画，发现其主要分布在传统商业中心、同时逐渐向高校和次级商业中心区进行扩散。

二、双创型企业的区位选择

进入信息时代，随着企业生产方式的变革，以技术、创意等为导向的创新创业型企业区位选择与传统工业企业相比有明显差别。这对古典区位理论提出了挑战（宋周莺、刘卫东，2012；庄晋财、敖晓红，2016）。相对于基础设施、物质资源等传统区位要素，创新要素、文化要素、政策要素等区位"软因子"对双创型企业的区位选择产生更加重要的影响（Graham，1998）。

大学和研究院所作为创新的重要部门，是专业知识和人才的重要来源地。创新因子与企业区位选择的关系被研究者重点关注（Fleischmann *et al.*，2017；Fischer *et al.*，2018；段吕晗等，2019）。同时，一些研究着重强调高水平的研究型大学所具有的更重要的吸引作用（Fischer *et al.*，2018）。在美国，当地知名大学与双创型企业的分布形成显著的空间匹配关系（侯纯光等，2019）。

大企业作为双创型企业的区位因子作用也日益凸显。段吕晗等（2019）对上海市新创互联网企业的空间分布与区位影响机制进行了相关的分析，发现互联网大企业影响区域对于互联网企业的区位选择产生了重要的影响力。邻近大企业对于创业具有衍生效应，对地方创业集群的形成作用关键（王缉慈，2016；符文颖、邓金玲，2017；符文颖，2018）。大企业周边对潜在创业者起到孵化培育作用。大企业内部的工作经历对于潜在创业者行业经验积累、人脉搭建、思维方式的转变具有重要的影响（李小康、胡蓓，2013）。邻近大企业周边进行创业，也有利于降低初创企业家人才的搜索成本，相关领域业务的合作以及信息的搜集（Cooper，1971；Fryges and Wright，2013）。同时，从规划实践的角度看，各地方政府都在极力地培养和发挥大企业所在地的区位优势。这些举措在国内外屡见不鲜。例如，日本的爱知县围绕丰田汽车产业链建立了当地汽车产业集群，带动了无数汽车零部件企业的发展。上海嘉定区因大众汽车公司总部的入驻，带动了当地汽车产业集群的发展（Nakamura and Odagiri，2005；张云逸、曾刚，2010）。

此外，新经济因素的成长离不开国家政策的支持。产业园、众创空间为其内部企业提供了来自国家和地方的相关优惠政策，降低企业成本，对双创型企业成长起到关键作用（吴晓隽等，2018；Hasan *et al.*，2018）。例如，邻近高校拥有的人才优势、相关创意园内部拥有的政策制度优势、地方完善的社会基础设施对于杭州文化创意企业的区位选择起到重要的作用（吴丹丹等，2018）。

三、区位因子的作用差异性

然而，也有部分研究发现，相关区位软因子的影响力并不显著。例如，罗梅恩和阿尔布（Romijn and Albu，2002）通过对英格兰东南部电子和软件公司的实证研究发现，当地的科研基地对高科技企业的区位选择产生了关键作用，但科学园区并未产生显著的影响。谢敏等（2017）发现在街道尺度中，高校影响区对于宁波软件企业的区位分布作用不显著，但是以软件园为代表的政策空间对于该类企业的区位选择具有重要的影响。王丹等（2018）对扬州市不同类别的互联网企业区位影响机制进行了相应的探究，发现邻近高校和科研院所对于工业互联网企业的区位选择具有重要的影响，但是对于互联技术研发类与电子商务类企业影响不显著。以专业产业园为代表的政策高地对所有类型的互联网企业区位选择均具有重要影响。林娟等（2017）对上海大都市区的物联网企业区位影响机制进行了探究，发现地区拥有的制度环境和产业集聚环境对于物联网企业的区位选择具有重要的影响，但是上海市物联网企业在郊区呈现单中心集聚格局，远离创新资源密集的市中心区域，导致高校影响区对于上海物联网企业的区位选择影响较小。毕秀晶等（2011）同样发现大学所在地拥有的人才优势对于软件企业的区位选择影响较弱，但是以软件园为代表的政策高地对于区位选择起到了重要的作用。可见，相关的区位软要素对于企业的区位选择在不同地区具有差异性，需要对更多区域展开探讨，并总结相关区位因子的作用规律。

第二节　数据来源与研究方法

一、数据来源和研究区域

本章首先建立了企业样本和区位影响因素指标数据库。其中，企业样本数据源自于在互联网科技、媒体与通信产业（Technology，Media，Telecom，TMT）领域内拥有较完整数据库的 IT 桔子（www.itjuzi.com）网站（黄筱彧等，2018；段吕晗，2019）。去除少量地址不明确、重复的企业，确定 4 255 家企业样本，涉及名称、成立时间、办公地址、业务方向等属性数据。企业成立的时间跨度为 1992～2017 年。总样本包含了时间段内注销和转行的互联网企业。借鉴已有研究成果，根据主营业务方向和服务对象的差异，将企业划分为互联网技术研发类、电子商务类和工业互联网服务类企业，以探究不同类型企业的发展差异（Serrano-Cinca *et al.*，2005；王丹等，2018）。

在区位影响因素数据中，高校数据来源于《杭州统计年鉴》。大企业数据来源于工信部网站发布的 2013～2017 年"中国互联网企业百强"名单，并以《中国电子信息产业统计年鉴（软件篇）》（2009～2012）收录的"中国软件业务收入百强企业名单"作为大企业数据的补充。政策环境因素指标来源于中国科技部火炬中心、杭州市科学技术委员会等网站发布的杭州市级以上的创新空间载体名单，包括众创空间、孵化器、小微企业双创示范基地、软件科技园。最后，通过百度地图开放平台查找经纬度坐标信息，并使用 ArcGIS 软件将坐标与杭州市电子地图进行匹配。

本章涉及两个空间尺度：①企业空间格局的研究以街道乡镇作为研究单位。由于主城区附近的八个市辖区（上城区、下城区、西湖区、滨江区、江干区、拱墅区、萧山区、余杭区）内部企业数量占据样本总量的 98.43%，因此排除大部分不含企业的研究区域，将八个市辖区内部的 98 个街道乡镇作为空间格局研究的基本单位。②区位影响机制的研究以地理网格作为研究单位。由于所考查的区位影响因素较少涉及行政边界的影响，同时考虑到高校和大企业自身的占地面积以及周边产业集群作用空间范围较小（潘海啸、卢源，2005），因此借鉴地理网格法，将八个市辖区划分为 911 个 2 千米×2 千米的地理网格单元用于企业区位选择的分析（范一大等，2004；袁丰等，2010）。

二、研究方法

（一）标准差椭圆法与核密度分析

使用标准差椭圆法（Standard deviational ellipse，SDE）对企业总体空间分布形态进行判断。标准差椭圆的长短半轴方向可以反映企业的总体分布趋势。椭圆面积可以衡量企业的空间集聚程度（王宇凡等，2019）。此外，使用核密度分析方法测度互联网企业集聚核心区的分布特征。

（二）赫克曼两阶段模型

泊松回归和负二项回归模型常用来探究企业区位选择的影响因素（黄筱彧等，2018；王丹等，2018；段吕晗，2019；刘鑫，2019）。仅通过对企业进入研究单元的概率来分析区位影响机制，有可能导致回归结果出现偏误。例如，为降低通勤时间成本，一些创业者偏爱在居住地周边创业（刘希宇、赵亮，2019），这有可能导致不含互联网企业的居住区域对企业区位选择也产生了重要的影响。为尽可能规避上述问题，研究样本的选取将排除不含互联网企业的区域，探究企业分布密度差异的影响因素。考虑到样本选取方式可能存在的选择性偏差问题，将使用赫克曼（Heckman）两阶段模型进行探究（Heckman，1979；Sanguinetti and Martincus，2009；Fischer *et al.*，2018），具体操作过程如下：

第一阶段：以区域内"是否出现互联网企业"为解释变量，使用概率单位（Probit）模型探究区域内互联网企业出现概率的影响机制，概率方程为：

$$Emergence(p) = \beta_0 + \sum_{i=1}^{n} \beta_i X_i + \varepsilon_1 \qquad \text{式 9-1}$$

第二阶段：利用选择后的研究样本探究企业的分布密度差异影响机制，回归方程如下：

$$Density = \beta_0 + \sum_{i=1}^{n} \beta_i X_i + \beta_j \lambda + \varepsilon_2 \qquad \text{式 9-2}$$

上式中：p 表示研究单元中出现互联网企业的概率。若 $p>0$，则 $Emergence=1$，表示研究单元中含有互联网企业；若 $p=0$，则 $Emergence=0$ 表示研究单元中不含互联网企业。$Density$ 表示区域内互联网企业的密度（$Density>0$），β_i 表示系数估计值，X_i 用于判断影响企业出现概率和分布密度差异的一系列可观测因素，ε_1 与 ε_2 代表随机误差项，λ 代表该模型中用于误差修正的逆米尔斯（Mills）比例系数，表达式如下：

$$\lambda = \varphi(\hat{\beta} X_i)/\phi(\hat{\beta} X_i) \qquad \text{式 9-3}$$

其中，$\varphi(\hat{\beta} X_i)$ 代表标准正态分布密度函数，$\phi(\hat{\beta} X_i)$ 为标准正态分布概率函数。λ 通过概率方程式 9-1 得出，然后作为新变量带入到回归方程式 9-2 中进行误差修正，以解决样本选择偏差带来的内生性问题。如果计算得到的 λ 系数显著，则证明存在样本选择偏差问题，此时直接使用 OLS 模型探究企业分布密度差异影响机制会得到有偏估计，而经过该模型的处理可以规避这一问题。

第三节　互联网企业的空间集聚与演化特征

一、发展阶段与总体空间集聚格局

杭州市互联网产业发展可分为三个阶段（图9–1）：1.初始阶段：1992～2008年。在长达16年的时间中，互联网企业成立数量较少，每年新增企业均不过百家。2.快速增长阶段：2009～2015年。此时期新增企业数量逐年加快，后两年呈现爆发式增长。这与《杭州市打造"中国电子商务之都"三年行动计划》和"开发区创新载体促进大学生创业就业"（杭州日报，2009）等一系列双创政策的实施相关。3.调整发展阶段：2016～2017年。与上一阶段相比，此阶段每年新增企业数量明显下降，表现为互联网创业热潮消退后的调整发展时期。

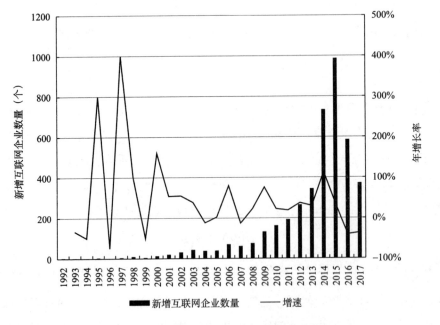

图9–1　杭州市新增互联网企业数量变化情况

互联网企业倾向于在特定区域集聚。在98个区域中，企业累积总数排在前十位的街道乡镇占据样本总量的59.4%，主要位于西湖、滨江、余杭、拱墅区内部（图9–2）。使用包含 68%要素的聚类方法得出的标准差椭圆如图 9–3 所示，根据椭圆长短半轴偏转角度和椭圆面积判断：三类互联网企业主要沿东西向分布，电子商务类企业空间集聚程度最高（302.41 平方千米），其次为互联网技术研发类企业（309.51 平方千米）和工业互联网服务类企业（403.41 平方千米）。

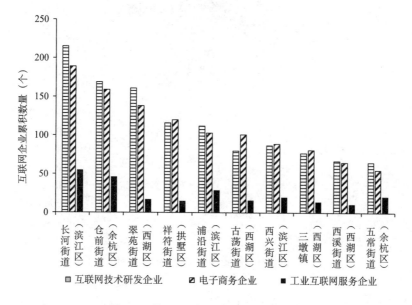

图 9–2　杭州互联网企业区域分布情况

二、空间演化特征与集聚区分析

以主城中心区、中心外围区、主要核心集聚区、次要核心集聚区四个维度对各类互联网企业在不同发展阶段的集聚核心区所属区域和数量进行整理，总结其时空演化过程（图 9–4）。①借助 ArcGIS 软件核密度分析功能判断企业分布的集聚核心区。核密度带宽的选择以突出各类企业集聚特点为主。通过估算，合理的带宽区间为 0.96～1.56 千米，多次调试后以 1.0 千米为核密度带宽。②共计六个核密度区间段位，将最高区间段位划分为主要核心集聚区，二、三区间段位划分为次要核心集聚区。③随着西湖城西地区、钱塘江沿线等地区的开发，杭州原有主城中心区逐渐向外扩张至"北起文一路—德胜路，南至钱塘江沿线；西起西溪湿地，东至西兴大桥与汽车东站连线"的圆弧状区域（杨建

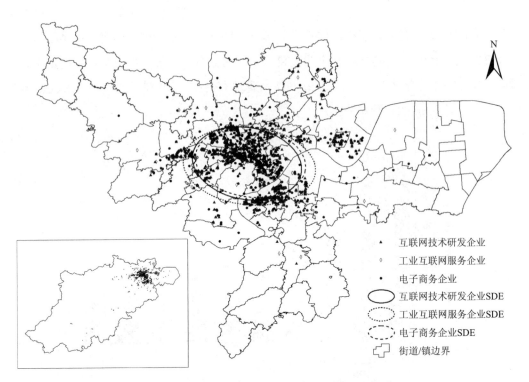

图9-3　杭州互联网企业的空间分布及标准差椭圆

军、陈锋义，2008）。将上述区域划为主城中心区，其他区域划分为中心区外围区。④长方形区域范围代表初始发展阶段，长方形与圆形之间的区域代表快速增长阶段，圆形与正方形之间的过渡区域代表调整发展阶段，括号内代表核心区数量。

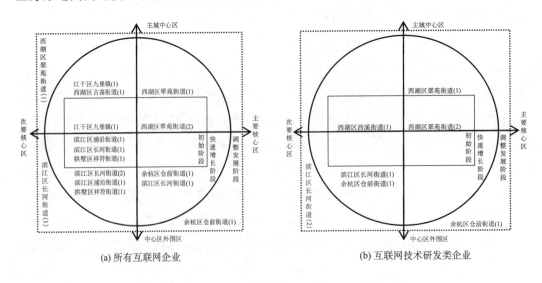

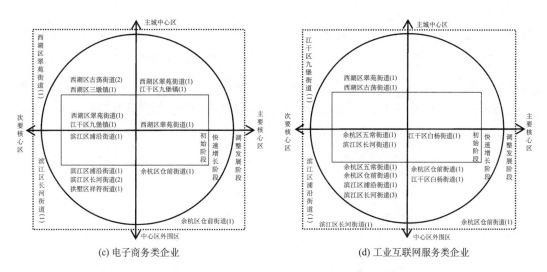

图 9-4 企业核心集聚区的时空演变

注：图内数值为区域拥有的核心区数量。

杭州互联网企业的空间演化呈现以下特征：

1. 郊区化趋势。基于对所有互联网企业的集聚核心时空演变特征判断：初始发展阶段以市中心集聚为主，主要核心集聚区分布在主城中心区，中心区外围地区分布少量次要核心集聚区，布局在滨江区和拱墅区部分街道；快速增长阶段表现为随机向外扩散，集聚核心区数量明显增多，空间分布范围也明显增大，中心区外围区首次出现主要核心集聚区；调整发展阶段的郊区化特征明显，主要核心集聚区、次要核心集聚区在远离市中心区域均有布局，翠苑街道所在区域等级下降变为次要核心集聚区。

2. 路径依赖。在所有互联网企业的集聚核心时空演变中，部分街道内部持续出现集聚核心区。互联网企业表现为向特定区域布局的路径依赖效应，例如主城区范围内相邻的翠苑街道和古荡街道，郊区相邻的浦沿和长河街道、仓前街道。

3. 企业异质性。互联网技术研发类与电子商务类企业的市中心布局特征明显，而工业互联网企业则倾向在郊区进行布局。在调整发展阶段中，三类企业空间布局趋同，共同向余杭区的仓前街道内部集聚。

翠苑和古荡街道所属区域是主城高校集聚区。内部企业的集聚可以表明高校这一创新主体对于互联网企业的空间分布起到重要作用。但其他大学集聚区，如下沙大学城并未形成明显的企业集聚核心，这可能与内部高校的层次有关，在接下来的区位影响因素分析中会做进一步讨论。滨江区的浦沿和长河街道附近聚集了较多的大型互联网企业，如阿里巴巴、华为杭州研发中心、网易（杭州）网络有限公司等。这些大企业所在地对于新创企业的区位选择起到了极大的吸引作用。在调整发展阶段郊区化的动因主要是各类互联网企业向余杭区仓前街道的梦想小镇附近集聚。该区域创新资源丰富，临近阿里巴巴西溪园区，在 2015 年正式投入使用以来，以"智资融合"的发展路径持续吸引着互联网企业家的进驻（王松等，2016）。

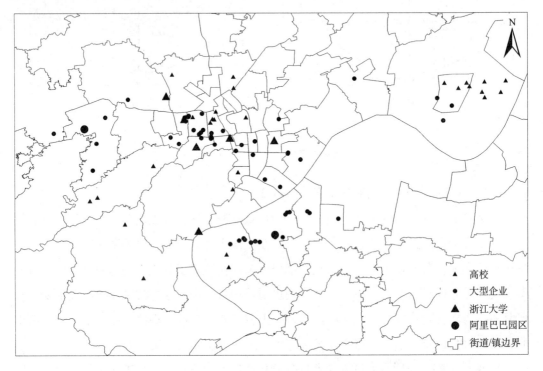

图 9-5　研究区创新主体的空间分布

第四节　互联网企业区位选择的影响因素

本章以网格单元中 2009~2017 年间企业的累积情况为考察对象，探究不同类别互联网企业的区位选择。此时期杭州陆续出现了一系列具有代表性的区位影响因素，如 2009 年阿里巴巴园区的建成使用、网易（杭州）研发中心投入使用、互联网创业孵化园区大规模建设等推动着杭州互联网创业的快速发展。区位影响因素将重点探究以高校和大企业为代表的创新主体对当地互联网企业区位选择的影响，尤其讨论浙江大学与阿里巴巴两大明星创新主体的影响力。此外，一些传统区位要素对双创型企业的区位选择依旧关键。例如，一些研究者基于交通条件、临近城市 CBD、租金成本等指标验证了城市化经济的区位影响（谢敏等，2017；王丹等，2018）；同类企业的地区集聚有利于信息共享、技术合作、降低人才的搜寻成本。集聚经济对于双创企业的区位选择作用明显（谢敏等，2017；王丹等，2018）。各种产业园、众创空间为内部企业提供了来自国家和地方的相关优惠政策，降低企业成本，帮助初创型企业更好的成长（王晶、甄峰，2016）。作为一种验证，也将探究集聚因素、交通因素、政府政策的区位影响力。

表 9-1　区位影响因素的选取

要素分类	解释变量	变量释义	预期
创新要素	University	网格内及邻接网格是否含有浙江大学以外的高校（是=1，否=0）	+
	ZJU	网格中心与最近的浙江大学校区的欧式距离并取对数值（km）	−
	Company	网格内及邻接网格是否含有阿里巴巴以外的大型企业总部或分部（是=1，否=0）	+
	Alibaba	网格中心与最近的阿里巴巴园区的欧式距离并取对数值（km）	−
集聚要素	Number	初始阶段网格内部及邻接网格是否含有相关样本企业（是=1，否=0）	+
	CBD	网格中心与武林广场的欧式距离并取对数值（km）	−
交通要素	Road	网格中的快速路、国道、省道、地铁四类道路的路网密度（km/km²）	+
政府政策	Policy	网格内是否含有众创空间、孵化器、小微企业双创示范基地、软件科技园（是=1，否=0）	+

　　分析前首先对研究变量和所用模型的适用性进行检验。方差膨胀因子（Variance Inflation Factor，VIF）显示，除 CBD 指标外，其他指标 VIF 值均远小于临界值 10（最大为 4.27）。为避免多重共线性问题，本章将该指标剔除。逆 Mills 比例系数 λ 在工业互联网服务类企业回归模型中不显著，表明该类企业的样本选择偏差问题较弱，对其分布密度影响因素的研究可直接使用 OLS 模型进行测度。其他类型企业回归模型中逆 Mills 比例系数显著，表明存在样本选择偏差问题。本模型的应用具有一定的合理性。
　　回归结果（表 9-2）显示以下几个方面：
　　1. 创新要素。（1）高校类指标（University 和 ZJU）。从整体看，高校所在区域对于互联网企业的出现概率产生了积极的影响，但明星高校的影响作用更为凸显。所有互联网企业回归模型（模型 1）结果显示，普通高校对企业分布密度差异没有显著影响，但是邻近浙江大学这一指标影响却十分显著。浙大所在地区拥有的知识、人才资源对企业家的区位选择影响明显；从企业类别来看，电子商务类企业对于高校的依赖作用最强（模型3）。两个高校指标均对该类企业的出现概率产生显著正向影响。互联网技术研发类企业的区位选择对高校实力要求较高（模型2），倾向于布局在浙江大学周边。普通高校对其出现概率和分布密度的影响均不显著。工业互联网服务类企业对高校的依赖作用最弱（模型4）。两个高校类指标对其出现概率和分布密度的影响均不显著。（2）大企业类指标（Alibaba 和 Company）对于互联网企业的出现概率作用不明显，仅对工业互联网服务类企业的出现概率产生正向影响（模型4）。但各类企业分布密度差异影响机制的回归结果表明：大企业影响区域，尤其是邻近阿里巴巴对互联网企业分布密度产生重要影响。邻近阿里巴巴在所有模型中均具有显著性。明星企业所在地对初创企业的区位选择产生了很强的吸引力。

表9–2　互联网企业区位选择的 Heckman 两阶段模型回归结果

	所有互联网企业（模型1）		互联网技术研发企业（模型2）		电子商务企业（模型3）		工业互联网服务企业（模型4）	
	出现概率	密度差异	出现概率	密度差异	出现概率	密度差异	出现概率	密度差异
University	0.501*	5.238	0.312	5.718	0.521**	4.001	0.175	−0.269
ZJU	−0.975***	−17.567***	−0.744***	−10.018***	−0.989***	−13.121***	−0.067	−0.825
Company	−0.305	14.381**	0.298	7.426*	0.244	5.176	0.447*	1.722
Alibaba	−0.068	−9.513**	−0.142	−7.282***	0.041	−4.193*	−0.419***	−1.697***
Number	0.988***	16.298*	0.876***	15.940***	0.510**	13.086***	0.521**	0.372
Road	0.135***	−1.289**	0.055*	−0.871**	0.059**	−0.556	0.013	−0.213**
Policy	1.531***	29.909***	1.138***	22.645***	1.300***	21.627***	1.298***	1.900*
λ		21.915**		20.180***		20.111***		
常数	−3.410***	−87.576***	−3.328***	−71.682***	−3.219***	−67.035***	−2.948***	−3.927***
Wald chi2（7）	58.02		31.89		33.57			
Prob>chi2	0.000 0		0.000 0		0.000 0			

注：①*、**、***分别代表了在 10%、5%、1%水平上的显著；②对工业互联网服务类企业分布密度差异的探究不存在样本选择偏差问题，在此直接使用 OLS 模型进行估计，无需加入逆 Mills 比例系数进行误差修正。

2. 集聚要素。历史集聚因素仅对工业互联网服务类企业分布密度差异影响不显著（模型4）。可以看出区域内企业的集聚所形成的地方化经济将对互联网企业区位选择产生重要影响。互联网企业倾向于在某些区域持续集聚。工业互联网服务类企业的空间分布随机性较强，空间分布范围较广，模型的回归结果也验证了之前对该类企业空间格局特征的判断。

3. 交通要素。优越的交通条件对于互联网企业的出现起到正向影响，路网密度指标仅对工业互联网服务类企业的出现概率影响不显著（模型4），再一次验证了该类企业郊区布局的偏好。但该指标对企业分布密度具有负向效应，可能的原因在于：主城区范围内的路网条件大体都能满足企业正常的交通需求，但路网密度越大的区域，往往也是城市化水平高，人口密度高的区域。复杂的交通环境容易引起拥堵等问题，增加通勤时间成本，反而对其发展具有阻碍作用（段吕晗等，2019）。

4. 政府政策。政策高地对任一互联网企业的出现和分布密度均表现出显著正向影响。优质的创新基地内部往往享受国家政策优惠，包括房租补贴、专业培训等，其拥有的专业孵化培育体系有利于互联网企业在成长过程中的资源对接与信息获取。这对于互联网企业家产生很大的吸引作用。

第五节　小　结

作为中国互联网创业的典型城市，杭州互联网企业的空间分布和区位选择表现出明显的规律性。本章通过使用1992～2017年杭州市每年新增互联网企业数据的分析表明以下几点：

1. 互联网企业的空间分布极不均衡，倾向于在主城区及部分街道乡镇内部集聚。企业的时空演化特征表现为初始阶段的市中心集聚，快速增长阶段随机向外扩散，调整发展阶段的郊区集聚。各类企业的空间演化也具有差异性。工业互联网服务类企业依据工业区和生产基地布局，以郊区分布为主。互联网技术研发类与电子商务类企业的市中心布局特征明显。

2. 高校和大企业为新创互联网企业的区位选择提供了导向性作用。这些影响来源于产业链、知识人才等因素降低了新创企业获得行业经验、获取服务和降低成本的难度，极大提升了所在地区的创新环境实力，进而吸引初创企业在周边集聚。企业所处的政策环境和相关企业的历史集聚为互联网企业的产生提供重要的机遇，吸引企业在特定区域内持续集聚。而互联网企业对城市化经济最为发达、内部交通条件最为完善区域的敏感程度较弱。

3. 作为国内一流大学与杭州本土成长起来的明星互联网企业，浙江大学与阿里巴巴比其他高校和大型企业更具区位优势。浙大系、阿里系不仅体现了名企名校对当地互联网企业家的培育作用。本章基于空间视角也证明了名企名校周边对于互联网创业产生了更强的空间集聚效应。二者孕育了周边更具竞争力的企业发展环境。

信息时代，双创型企业的区位选择愈加复杂，在今后的研究中要力求从更多的视角去发现互联网企业区位选择背后的规律。此外，可以采用深度访谈的方法，从企业家背景、业务联系等角度进一步挖掘名企名校与周边初创企业的互动关系，探究空间效应背后的具体运行机制，为城市政策的制定者提供经验参考，更好地服务于新经济要素的成长。

第十章 基于电子商务的后发地区发展路径突破
——以浙江丽水为例

在互联网技术带来的电子商务变革浪潮中，地方发展面临着"数字红利"与"数字鸿沟"的两种可能。如果能够把握这轮浪潮的机会窗口，将会加速地方发展进程，原有的发展劣势区域也会转为优势区域，借此来打破原有的区域尺度固定，实现路径突破（周巍、汪明峰，2018）。反之将会扩大与其他区域间的数字鸿沟，面临着区域发展路径锁定和自我边缘化的风险（Malecki，2003）。

电子商务通过广泛的影响力能够塑造区域全新的产业环境，进行更大范围的资源整合，进而打破区域原有的路径依赖，影响区域的发展路径。因此，探讨电子商务与区域发展的互动应在区域发展路径的视角下进行。在中国，地方政府在区域发展路径形成中起到关键性的作用（金璐璐等，2017）。相关研究已经表明，地方政府主导的尺度政治策略能够成为区域打破路径依赖，实现路径创造的重要途径（刘云刚、叶清露，2013）。通过制定发展战略、制度创新、引入大型跨国公司等尺度政治手段推动区域和相关产业的发展，寻求在全球化和地方化情境下新的空间治理策略。同时，电子商务通过对区域内资源的有效整合，也为区域尺度重构奠定了基础。所以，无论是从电子商务带动区域发展还是从地方政府推动电子商务发展的视角，都有着深厚的尺度政治意涵。尺度政治的框架可以为电子商务与区域发展的互动研究提供新的视角。

本章选取浙江丽水为例，研究电子商务与长三角全球城市区域的边缘地区发展的互动关系。近些年，在丽水电子商务集聚区快速涌现的背后，电子商务如火如荼的发展正激发着丽水的发展潜力，以独特的电子商务发展模式打破原有的尺度固定，形成了新的发展路径。本章基于尺度政治的理论框架，分析这一发展进程和机制。

第一节　电子商务、尺度政治与地方发展路径：理论基础

一、地方发展中的路径依赖与突破

路径依赖是理解地方发展模式动态演变的重要理论（贺灿飞，2018）。格拉伯赫（Grabher，1993）通过对德国鲁尔工业区的研究，较早地将路径依赖引入经济地理学的研究当中，指出了区域发展陷入锁定的原因。从演化经济地理学的视角来看，路径依赖是技术、制度和经济结构发展的基本特征（Martin and Sunley，2006；刘志高等，2011）。因而，随着经济地理学的研究领域朝着演化、制度、关系的方向发展。路径依赖被认为是区域经济发展的一个基本特征（曹瑄玮、马骏，2007）。

大量研究基于路径依赖的视角来看待区域经济发展的机制和过程。苗长虹等（2002）提出区域技术、市场、制度的发展具有历史轨迹和路径依赖。马丁和森利（Martin and Sunley，2006）认为，路径依赖的显著特征就是地方依赖。区域发展过程中存在着多元相关路径依赖及路径相互依赖。当然，路径依赖也会使区域丧失对环境变化的适应能力，带来锁定导致区域停下创新的脚步，成为区域发展的最大障碍和造成衰退的主要原因（苗长虹等，2002；曹瑄玮、马骏，2007）。相反，也可以通过打破原有的组织路径和制度僵化，从路径依赖走向路径创造，进而创造出新的发展路径（汪明峰、郗厚雪，2015）。因此，从演化视角来看，区域发展正是在路径依赖和路径创造的矛盾统一中实现螺旋上升与梯进创新的（孟召宜等，2011）。

尽管对于地方政府在区域路径依赖中的作用存在争论，但从已有研究来看，政府在产业发展中可以应对市场失灵、实现经济赶超和满足战略需要（俞晓晶，2012）。波特（Porter，1990）的竞争优势理论中就肯定了政府在地方发展中的作用，提出地方政府通过强化本地区的竞争优势，促进区域经济的繁荣。从西方国家经验来看，政府制定的产业政策被认为是成熟经济体在实现赶超过程中的重要变量（俞晓晶，2012）。对于从计划经济转轨为市场经济的中国而言，政府对区域发展的作用就显得更为重要。许多制度上的改革和创新是由政府主导和推动的。尤其在新兴产业发展进程中，政府功能的存在和作用是新兴产业得以持续、快速发展的一个重要条件。陈洪涛等（2008）认为政府通过科技管理制度、激励政策和市场环境建设来激励和引导新兴产业发展，进而对经济环境、

经济结构和市场效应产生促进作用。汪明峰和郗厚雪（2015）研究了长三角物联网产业兴起的进程，发现新兴产业的早期发展离不开政府的大力扶持与推动，而且地方政府的积极行动还能够促成上级政府的产业导向，使本地区的产业发展获得先发优势，从而实现路径突破。

二、尺度重构、尺度政治与地方发展

尺度是地理学的核心概念之一，但直到 20 世纪 80 年代，尺度的内涵才得到地理学的重视。伴随着经济全球化的推进，区域化趋势开始加强，区域尺度重构和国家地区重构加剧。一些学者开始把尺度政治应用于理解全球化的区域重组、消费与生产再生产过程的尺度过程（Bernner，1989；Marston，2002；Flint and Taylor，2007）。

布伦纳（Brenner，1998；2008）在全球化背景下，提出了再地域化的概念，即各类地域的组织重整和尺度重构。该概念弥补了当时学界在全球化背景下研究区域时忽视相对固定地域组织的不足，并对城市和国家的尺度重构进行了深入阐释。研究认为城市化、国家权力等的尺度重构导致了世界地理组织的重大转型，同时把欧盟城市管制理解为尺度的政治。魏成等（2011）在新区域主义制度转向和尺度转向的视角下，关注了全球化冲击下的区域角色互换和地方治理回应。他们认为在全球化的冲击下，区域生产空间进行了重组分配。区域的尺度重构成为全球化和再地方化的产物。其核心是利用尺度和治理调整的空间生产策略。

刘云刚和王丰龙（2011）对国际学界中尺度概念的演化进行了详细梳理，并把尺度概念框架体系分为三个层面，即现实尺度、分析尺度和实践尺度。其中，分析尺度和实践尺度是地理学研究关注的重点。分析尺度是尺度内涵的主体。尺度政治是尺度实践论的核心体现。尺度政治的表现形式包括对移动性工具的利用、对表达手段的利用和管制政策的利用等方面。王丰龙和刘云刚（2017）进一步提出了尺度政治理论的一般框架，指出尺度重构是尺度政治的核心机制。权力关系重构是尺度政治的目的和结果。刘云刚和叶清露（2013）以广东惠州为例，对区域发展中的路径创造和尺度政治进行了研究。在改革开放后，惠州为突破原有的路径依赖锁入，分别通过大项目战略和国有企业招商改制实现了两次路径突破。在实现路径创造的背后，地方政府主导的尺度战略是其发展的主要策略，并通过尺度上推实现了地方向全球的尺度转化。张京祥等（2014）引入尺度对中国城市空间开发进行了探讨，通过关注地方政府的再尺度化行动，发现地方政府城市治理的尺度创新策略。

三、电子商务与地方发展的新路径

伴随着互联网的迅速发展，电子商务等新经济逐渐成为中国地理学研究的热点。在内容尺度方面，该研究领域已经从地理学最基础的空间分布和区域差异研究逐渐深化到空间组织和内在机制等多方面（汪明峰，2015）。已有研究表明，在全国尺度方面，电子商务的发展存在区域差异，且呈现不同区域间梯度发展的特点（朱邦耀等，2016；赵军阳等，2017；Lin et al.，2017）；在地方尺度方面，电子商务等互联网经济活动已由最初的集聚趋于分散，且已形成新的空间组织（汪明峰，2010）。然而，对于这种空间形态是如何演化形成，电子商务是如何集聚，现有的研究还没有很好的解答。同时，电子商务对传统零售业、服务业和商业的影响愈加深刻，对企业区位选择和空间组织都已经产生深远影响（汪明峰、卢姗，2011）。已有的研究较多集中于农村电子商务特别是淘宝村的形成机制解析，认为是区位条件、产业基础、社会网络及政府引导等多重影响因素共同作用的结果（李育林、张玉强，2015；曾亿武等，2015；千庆兰等，2017）。进一步，新的信息技术的影响不仅仅局限在产业领域，而对地方发展也产生了全方面的影响。由于不少农村电子商务集聚区分布在相对欠发达的偏远地区，这种地方经济模式为后发地区发展提供了一种新的路径（AliResearch，2017）。因此，电子商务与地方发展之间的互动过程，将会越来越受到学界的关注。

基于上述文献梳理，本章试图把研究主题聚焦在电子商务集聚区和地方经济发展的互动关系上，借助于尺度政治的视角，剖析各行动者在新的地方发展路径创造过程中的作用和机制，以期为其他后发地区的创新发展提供经验启示。

第二节　研究区域与方法

一、研究区域概况

本章以浙江丽水为案例区域。丽水地处浙江省西南部，东南接温州，北接金华和台州。全市以中山、丘陵地貌为主，属于典型的"九山半水半分田"地区，同时受困于交通、通信等基础设施限制，其发展呈现典型的山区经济特点。丽水的生态环境质量一直位居浙江前列，2005 年被原国家环境保护总局命名为第三批国家级生态示范区。丽水境内现下辖 1 区、1 县级市和 7 县。根据 2015 年丽水市的统计公报，全市户籍人口 266.38 万人，其中乡村人口占 68.33%；全市实现生产总值 1 102.34 亿元，按可比价计算，比上年增长 6.4%；三次产业结构由上年的 8.4：48.1：43.5 调整为 8.3：45.6：46.1，首次实现 "二三一" 向 "三二一" 产业结构的转变。

二、研究方法与资料来源

为保证案例信息的完整性和真实性，作者通过多个渠道获取信息和资料，并在汇总后进行必要的验证。①实地调研和深入访谈。自 2014 年 12 月到 2016 年 7 月，对丽水进行多次实地调研，走访相关政府部门、行业协会、电子商务集聚区，对电商从业人员、管理人员等进行深度访谈。②会议资料。2014 年 12 月参加在丽水召开的第二届中国淘宝村高峰论坛。会议期间获取了较为翔实的丽水电子商务发展方面的资料，并对山东、湖北、广东等地的与会代表进行了深入访谈。③媒体资料。近几年，报纸、电视、网络等对丽水电子商务进行了广泛的跟踪报道。对这部分资料进行了深入的收集整理，作为资料的补充。④专业研究报告。收集已有相关研究报告进行了归纳总结，也进一步验证相关媒体资料的准确性。

第三节　地方发展中的路径依赖和路径突破

一、路径依赖的形成

从浙江来看，全省内部地域发展差异明显，不同区域间发展水平存在很大差异。按照现有的各种发展指标来看，丽水处于浙江低梯度发展区域和后发区域。丽水被周边发展较好的温州、金华和台州等地市包围，区域发展的洼地效应明显。

追溯发展历程，在改革开放前国家实行的计划经济发展模式下，浙江的发展水平低于全国水平，只有农业发展高于全国平均水平。当时省内区域发展差异存在，但是不至于像现在如此悬殊。从 1978 年统计指标来看，丽水与周边在区域经济总量上存在差距（表10–1）。但由于丽水人口远少于周边城市，所以从人均指标来看，丽水和周边的温州、台州、金华基本处于同一水平。据此可以判定，丽水发展的洼地主要是在改革开放以后渐渐形成的。那么，是什么原因打破了在改革开放初期的均衡发展状态导致丽水的发展渐渐落后？在全省大多数区域都在改革开放后步入了发展的快车道，为什么丽水成为区域发展的洼地？其发展路径有何不同？

表 10–1　1978 年丽水与周边地市的发展水平比较

项目	温州	金华	台州	丽水	浙江
GDP/亿元	13.2	9.9	10.1	4.8	124
人均 GDP/元	237.41	263.30	224.44	227.49	331.73

资料来源：根据潘强敏（2007）整理。

改革开放初期，以温州为主的浙南地区大力发展非公有制经济。势头迅猛的个体私人经济取得了蓬勃的发展。温州模式在短期内获得了成功。各地以其为范本，发展私营经济，建立各类专业市场。而温州模式并没有被邻近的丽水所效仿。当时丽水走的是集体经济，而非公有制经济作为"地下经济"，反而被地方政府束缚，被打压主动性和创造性（张晓，2005）。例如，温溪的纽扣、壶镇和茶丰的小五金，在当时已相当有名。但不久就被迫外迁。纽扣市场迁移到了温州永嘉的桥头，现在是亚洲最大的纽扣集散地；小五金转移到了金华的永康，现在是全国知名的五金生产基地（庄育平等，2004）。温州模式的探索，在当时虽未得到地方政府的认可，但是也未受到打压，政府的"无为而治"恰恰助力了地方发展模式的创新（张敏杰，1996）。

同时就内部而言，丽水主推的集体经济也因财力、人力和政策上不敢突破。集体经济未能够像苏南模式那样取得很大的突破。大多集体企业流于破产或濒临转型的困境。到了 20 世纪 80 年代末期，在浙江省大多地区都已经完成原始积累时，丽水发展基本还处在起步阶段。据统计，1991 年丽水 GDP 为 31.72 亿元，同期台州 GDP 已经超过 100亿元；温州 GDP 是丽水 GDP 的 2.93 倍；金华 GDP 是丽水 GDP 的 2.75 倍。周边区域县域经济发展旺盛，台州温岭、台州玉环、温州乐清、温州瑞安等在 1993 年上榜全国综合经济百强县，而丽水却无一县域上榜。

如此，丽水被认为错失了改革开放后的黄金十年，与周边区域的发展差距开始显现，成为发达省份中的欠发达地区。随后这种差距持续拉大，路径依赖和锁定效应明显。至2013 年，全市 GDP 尚未突破 1 000 亿元，而周边城市 GDP 都在 3 000 亿元左右，最高的温州已经超过 4 000 亿元。

二、路径突破的探索

在落入欠发达区域和周边发达区域的包围之后，丽水计划进行追赶，突破原有的发展路径。

（一）第一次尝试：曲折中前进

1992 年，邓小平的南方谈话将改革开放和现代化建设推向了一个新的阶段。在进一步推进改革的浪潮中，丽水提出了"两沿一镇"（即沿江搞开发，沿路办市场，集镇办工业）的发展战略。这是糅合了义乌模式和温州模式的发展路径，希望通过沿江开发，依托交通要道建专业市场，集镇发展块状经济来实现。同时，丽水还出台了鼓励外商投资优惠政策。次年，又出台促进个体私营经济发展的若干意见和推行股份合作制意见来支持这一发展战略。

但是，不能忽视的是这一发展战略涵盖了沿江开发、专业市场和块状经济，对于本来就不发达的丽水而言，很难面面俱到。客观来说，当时丽水并不具备沿江开发的条件，与外界交通不便，基础设施建设薄弱。尽管出台了外商鼓励投资政策，但当时外商投资还是更多地集中在杭州、宁波和温州等城市。所以，丽水的区位、交通设施和经济基础等条件，都决定了当时办市场和工业的困难。而且在宏观层面，口号刚提出不久，就遇上了国家银根紧缩、经济下行等不利因素。1995 年，当地政府出台扶贫攻坚的实施意见，号召脱贫致富。以"在山上再造一个丽水"的口号，发展农业经济。这意味着"两沿一镇"发展战略的终结，从 1992 年提出发展工业的战略，急速转向发展农业生产。

尽管第一次尝试取得失败，但是建市场和办工业的战略也取得了一定成绩，为丽水发展奠定了基础。丽水建立了庆元香菇市场、丽水金笔市场等，工业方面出现了云和玩具、壶镇机械制造、温溪鞋革等块状经济。至今，云和玩具、壶镇机械制造仍有相当的影响力，尤其是云和中国木制玩具城已成为丽水的一张名片。就当时情况来看，发展农业经济是放弃了工业化发展的机遇，再一次错失制度创新带来的发展红利。但同时，脱贫致富的号召也进一步扎实了农业基础，保护了生态环境和生态资源，为后续实现生态跨越式发展提供了基础。

（二）二次尝试：生态立市的探索

第一次尝试的失败后，丽水继续在危机中寻找新的出路。2000 年，丽水地区建制撤销，成立了丽水市。新政府需要新的发展战略引导区域的进一步发展。此时，丽水的生态优势已经显现。生态建设成效得到国家层面的关注。1999 年，丽水被国家环境保护总局批准为全国生态示范区建设试点地区。在此形势下，政府提出了以"生态立市、工业强市、绿色兴市"为发展战略，高度重视生态建设，把生态立市的理念融入经济社会发展的全过程，探索新的发展路径。

与第一次尝试不同的是，丽水没有再次模仿其他地方发展的路径，而是提出了一条切合自身实际，发挥区域绝对优势的发展思路。伴随着丽水对内对外交通条件改善、基础设施等各项条件大为提升，制约区域发展的瓶颈因素得到破解。外部市场环境变化、要素成本上升及节能减排压力等因素，都预示着丽水地方发展再模仿工业化的老路已不再是明智之举。

围绕生态立市，丽水启动了生态农业、生态林业、生态工业、生态旅游和生态城市五大工程，培育生态经济。而真正撬动生态杠杆，引领生态保护和经济发展的是电子商务的介入，特别是农村电子商务的发展，极大地加速了地方发展进程。电子商务通过搭建网络化的平台，使丽水当地产品实现了和全国甚至全球市场的有效对接，在提升产品附加值的同时，促进了生态旅游的发展，也拉动了一大批相关产业。依托农村电子商务的发展，"绿水青山就是金山银山"的科学论断开始变成现实。经过几年的探索，丽水下辖的 9 个县市中有 7 个在 2013 年成为全国电子商务百强县。2015 年 2 月，浙江省委、省政府正式摘掉了丽水 9 个县（市、区）"欠发达"的帽子。这也意味着丽水区域的追赶实践成效明显，实现了欠发达地区脱贫致富的路径突破。

第四节　地方电子商务发展的丽水经验

一、主要特征

丽水电子商务的发展最先起源于 2005 年，当地农民在网络上尝试销售当地农特产品，并在短时间内取得效益之后开始扩大规模。究其本源，其内因是长期被限制的物质利益追求。一直以来，由于交通等基础设施的影响，丽水大量优质农产品难以走出去，当地农民守着"金山银山"，处于缺少市场的困境。农产品线上销售为这些农副产品突破了线下销售能力的限制，突破了地域限制，极大地拓宽了销售渠道。一直以来受困于销路的农户通过网络销售更加自主地参与到了市场竞争，获得了更可观的收益。因此，从启动上是内生的或者是源于农户自发启动。

早在2010年，这种自下而上的探索被地方政府发现和重视。丽水市政府开始通过团委等渠道进行电子商务创业培训，营造电子商务创业氛围。随后，政府成立了电子商务领导小组，组建市级电子商务公共服务中心。从全国来看，丽水市政府率先关注农村电子商务发展，较早建立了市级电子商务公共服务中心。所以，地方政府在电子商务丽水模式中也起到了关键作用。整体上，政府在不同层面发挥作用，有效地促进了电子商务和地方发展的有机融合（图10-1）。一方面，政府通过规划引导和制度创新，进行政策和资金扶持，营造发展氛围；另一方面，引进电商平台和扶持企业自建平台，构建电子商务发展的支撑平台。在运营层面，发挥市场主导，通过市场化和社会化运营，而政府不再参与。政府在这个框架下，是服务者和中介者的角色，营造产业发展环境，提供发展平台。因此，政府有限干预，以市场为主导的内生发展是其主要特征。

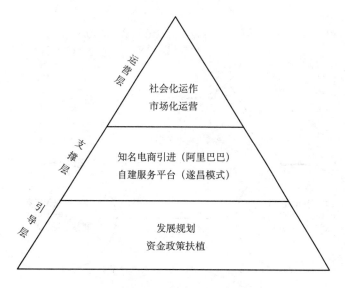

图 10-1　电子商务丽水模式组织框架

资料来源：根据调研资料整理绘制。

二、典型案例：遂昌模式

丽水的县域电子商务发展以遂昌最为典型。面对众多个体网商，遂昌当地企业家通过为网商提供专业化服务，实践走出了"本地化电子商务综合服务运营商"的遂昌农村电子商务公共服务平台模式（简称遂昌模式）（图10-2）。从2005年开始，遂昌的一些农民在网上推广和销售当地的竹炭、烤薯、山茶油、高山蔬菜等农特产品，在很短时间内就扩大了规模，取得了良好的经济效益。2010年3月，遂昌网店协会成立，电子商务进入快速发展期。2012年，遂昌县荣获阿里巴巴第九届全球网商大会"最佳网商城镇奖"。2013年1月8日，淘宝网全国首个县级馆"特色中国—遂昌馆"开馆，初步形成了以农特产品为特色，多品类协同发展的县域电子商务中的遂昌现象。截至2013年6月底，遂昌网店协会共有会员1 473家，其中网商会员1 268家，供应商会员164家，服务商会员（包括物流、快递、银行、运营商，以及摄影、网页设计等服务商）41家（阿里研究中心，2018）。其核心就是在综合服务平台的驱动和支撑下，实现农产品进城、工业品下乡、电商创业服务。这一创新模式有效打通了商品双向流通，带动了多个产业领域的发展。

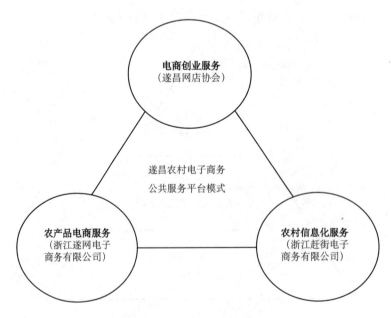

图10-2 遂昌模式的三大模块

资料来源：遂昌网店协会。

遂昌模式得到中央、省、市各级政府的高度重视。国家部委和浙江省的多位领导莅临考察。2014 年，马云专程实地考察遂昌，并在阿里巴巴美国上市时介绍了遂昌模式。2014 年 12 月，世界互联网大会上浙江省省长再次向世界推介遂昌模式。根植于农村电子商务实践形成的遂昌模式，很好地实现了电子商务和县域经济的对接，并已经实现模式输出。

政府的需求是希望农村电子商务在推动经济发展的同时，融合带动更多产业，在城乡统筹、青年就业、农村增收等方面取得成效。在浙江省政府提出的"电商换市"政策背景下，基于本地蓬勃发展的农村电子商务条件，当地政府顺势而为，进行了及时有效的制度创新。

综上，可以说企业和政府的内生性发展需求是电商丽水模式的强大内核。通过企业导向的模式创新和政府导向的制度创新构成了这种模式的可持续发展动力。

三、影响效应

电商丽水模式对当地发展生态经济，构建和谐社会产生了明显的推动作用。在经济方面，为生态农业拓宽了产品渠道，提高了产品附加值；促进了生态工业的产品和产业升级，实现了绿色和可持续发展；电子商务与生态旅游的融合，进一步释放了生态价值。在社会方面，最直接的效应是增加了收入，促进了就业，形成了电子商务创业氛围。特别是在政府方面的引导，依托共青团组织进行各类创业培训、创业技能比赛、技术讲座等，营造创业氛围，支持鼓励了更多青年创业。在第二届中国淘宝村高峰论坛上，丽水市领导在演讲中用数据展现了这一成效。2013 年丽水城乡统筹综合评价得分从 2011 年的 67.91 分提升到 73.68 分，并指出全市经济发展、公共服务、人们生活和生态环境四方面都超过全省平均水平，而这一切变化要归功于电子商务的带动。

第五节　电子商务与地方发展的路径突破：尺度政治的视角

从丽水的发展过程来看，尺度策略贯穿于其发展的全过程，特别是近几年的电子商务发展引领路径突破的过程中尺度策略愈加明显。从本质上看，丽水的发展路径突破是在全球化、新技术革新背景下，抓住机会窗口的成功尝试，进而融入区域分工体系中，实现从地方到省域甚至全国及更大尺度的转换。其中，当地政府是扩大地方尺度的主要组织者，通过一系列的尺度策略，使得地方融入到更高尺度的分工体系，参与到全球生产网络。丽水的发展始终是在浙江尺度范围内，而省级政府是尺度的控制者和强势方。丽水当地政府作为弱势方通过一系列有效的尺度上推来减弱强势方尺度控制的局面，同时谋求更高尺度的关注。因此，丽水的路径突破可以看作是尺度政治的作用过程。

一、尺度固定与不稳定的尺度战略

改革开放以来，浙江绝大多数地区复制温州模式，通过市场化改革促进了地方发展，进而参与到全球产业分工中，实现了向全球尺度的转换，并迅速成为浙江乃至长三角地区发展的核心区。而同时，丽水等地区则成为欠发达地区，或者说是长三角区域的边缘区。核心区通过连接到全球生产网络，参与跨区域的经济活动；而边缘区则在区域发展中陷入洼地，经济活动往往局限于地方尺度，处于被支配的弱势地位。

丽水第一次路径突破尝试发生在1992年邓小平的南方讲话之后。在这之前，浙江的"核心—边缘"结构已形成。而且在中央政府和省级政府发展战略、政策、资源配置和空间规划等手段的"再尺度化"作用下，尺度固定不断强化。在省级层面，20世纪80年代中期，浙江提出外向型发展战略，把资源小省建成经济大省，其主要策略就是通过贸易加工参与国际交换。当然，这些战略指向是市场经济发展较好的区域。从浙江省"七五"计划空间发展战略可以看到，包括杭州、宁波、温州、金华和衢州五个中心城市的发展较好区域成为重点建设区域。在国家层面，1984年，宁波和温州被列入全国14个沿海开放城市，给予特殊的发展政策和资源倾斜。国家和省级政府的"再尺度化"重组了地方尺度结构，带动先发区域在短时间内激发和释放活力。如此，在先发优势和政府尺度策略的带动下，核心区竞争力不断提升；而边缘区在尺度固定的作用下，原有发展路径很难突破。

在随后新一轮的改革浪潮中，丽水模仿义乌和温州提出了"两沿一镇"的战略进行尺度上推，但以失败而告终。这一战略通过当地政府颁布优惠政策来推进，但在当时区位、交通等基础条件没有改善的状况下，直接效仿先发地区的发展模式缺少相应的支撑。而且，随即转向农业经济发展战略，造成尺度战略的不稳定，进一步弱化了尺度上推效果。省级层面上，全省空间发展战略也作了调整，进一步强化核心区域的要素集聚。根据浙江省"九五"计划，先前提出的五大中心城市缩减为杭州、宁波和温州三大中心城市，从而加剧了区域空间组织的极化。而从中央政府层面来看，当时适度从紧的金融货币政策也在一定程度上弱化了尺度上推的效果。因此，在地方尺度上推不稳定和省级尺度下推及尺度固定多重效果的作用下，第一次路径突破归于失败（图 10–3）。

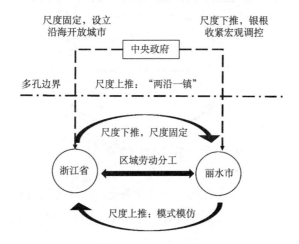

图 10–3　丽水第一次路径突破的尺度重构

二、尺度重构和地方路径的突破

第二次路径突破尝试是围绕着生态立市战略展开的，而不再是模仿复制其他区域的模式。这一战略基于地方比较优势提出，在尺度上推中也更切合当地实际。正如前文所分析的，实现丽水尺度上推的是发展电子商务而进行的尺度重构（图 10–4）。

这一次的路径尝试围绕新技术应用展开，政府通过民间自发的电子商务探索而顺势推行经济转型发展。通过电子商务带动了一系列产业，拓展了区域发展的弹性，从本地尺度的经济活动跳脱出来，融入到更高尺度的劳动分工。一方面，借助电子商务将本地农产品外销到长三角甚至全国；另一方面，通过外地产品本地分销模式占据了更高的价值链。在尺度上推过程中，引进了专业电商平台对本地资源进行有效整合，更重要的是联合专业电商平台成功嵌入其全球尺度的网络。丽水电商模式的探索得到了新闻媒体的广泛关注，在国内外媒体频频亮相。同时本地政府也在积极营造媒体的舆论效应，如自

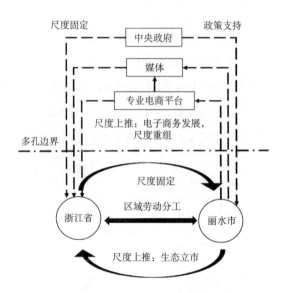

图 10-4　丽水第二次路径突破的尺度重构

2013 年以来连续三届联合阿里研究院举办中国淘宝村高峰论坛而获得极大关注，丽水模式频见报道（表 10-2）。成功的电商实践模式吸引了全国各地来人参观学习，遂昌模式开始被其他地区复制实践，从而实现了跨区域尺度的发展。

表 10-2　2013～2015 年丽水电子商务发展的重要事件

时间	重要事件
2013 年 1 月 8 日	2013 年，淘宝网全国首个县级馆"特色中国—遂昌馆"开馆
2013 年 7 月	遂昌成为全国首批一事一议财政奖补促进美丽乡村建设试点县，主要特色是以农村电子商务推进美丽乡村建设
2013 年 8 月 28 日	由 15 家中央媒体组成的采访团到丽水参加"2013 年中央媒体丽水行"活动
2013 年 9 月 28 日	"阿里巴巴·丽水产业带"开通
2013 年 10 月 30 日	遂昌被中国社会科学院信息化研究中心授予"中国农村电子商务调研基地"称号
2013 年 12 月 27 日	中国淘宝村高峰论坛暨淘宝网"特色中国·丽水馆"开馆
2014 年 6 月 12 日	浙江省农村电子商务工作现场会在遂昌召开
2014 年 9 月 15 日	浙江省农产品电子商务经验交流会在遂昌举行
2014 年 12 月 23 日	第二届中国淘宝村高峰论坛在丽水召开
2015 年 4 月 29 日	阿里巴巴与龙泉市政府合作大会举行，"特色中国·龙泉馆"开馆
2015 年 5 月 13 日	全国农村电子商务现场会在遂昌举行
2015 年 9 月 24 日	中国（丽水）旅游电子商务大会召开
2015 年 12 月 24 日	第三届中国淘宝村高峰论坛在丽水召开
2015 年 12 月	商务部发函认定遂昌为农村电商强县创建先行县

资料来源：根据调研及网络资料整理。

与此同时，在浙江省和国家尺度上，各地也在大力促进电子商务的发展。良好的发展政策环境和创新创业氛围正在成形。这也使得丽水此次尺度上推的障碍大大减少。整体上，此次尺度上推过程迎合了更高尺度的发展导向，也很好地结合了本地优势，因此更易取得成功，从而突破了原有的发展路径。

第六节　小　结

本章通过梳理丽水改革开放以来的发展历程，重点阐释了该地为打破区域落后发展状况的路径突破探索，并从尺度政治的角度进行了解读。研究发现，电子商务的发展实现了丽水区域发展的路径突破，而且这种作用体现在区域发展的尺度政治方面。丽水把握新技术变革下的机会窗口，成功破除了原有的发展路径锁定，融入到更高尺度的经济活动中，其中背后的发展策略就是尺度重构机制。通过发展电子商务引领的尺度重构、模式创新、引进有影响力的跨国企业等实现尺度上推，成功实现了跨区域发展和地方发展的路径创造。

通过丽水的案例研究，对新技术背景下的后发地区发展和区域治理有如下几点启示。

首先，新技术变革在一定程度上弱化了传统交通、区位等因素对地方发展的限制，为区域发展带来了新的机遇，也会在一定程度上重塑区域经济发展格局。在区域发展的过程中，尺度固定会加剧非均衡发展，进一步拉大区域内部差异。因此，后发区域要精确捕捉技术革新带来的区域发展机会窗口，通过有效的尺度上推策略来打破这种非均衡格局，形成新的发展路径。

其次，地方政府是突破原有发展路径和尺度政治的组织者与主导者。在尺度上推中，地方政府一方面要通过政策等手段实现，另一方面也要实行更加开阔的治理框架，适应新的生产组织调整。地方政策要以充分调动企业和地方活力为导向，促进技术流动和知识创新，对企业进行政策和资金扶持，营造利于区域发展的外部环境。在治理策略上，要形成适应全球化生产的组织框架，构建政府、企业、组织等广泛参与的治理框架。特别是大型跨国公司在资源配置方面拥有着更大的主动权，案例中通过引入大型企业对尺度上推起到了明显的效果。通过和大型跨国企业平台的连接，能够有效地利用其成熟的全球网络，直接融入到更高尺度的分工体系。发展战略是实现区域发展尺度上推最直接、最有效的策略，因此要切实有效才能够引导区域可持续发展的实现。地方发展战略要深入挖掘本地优势，积极发挥后发优势，同时也要和上级发展战略有相应的承接。从操作而言，直接复制其他区域业已成功的模式较为便利。但是实践已经表明，由于发展基础和发展背景的不同，直接复制比较难以落地取得成功。只有立足本地实际的发展战略，才更容易激发区域发展活力，促进本地各类要素的整合，带动区域经济社会的全面发展。

最后，在尺度政治中，第三方媒体的尺度上推作用不可忽视。通过媒体的舆论效应，可以得到更高尺度的关注，塑造更好的区域形象，进而打造区域发展品牌。这对于区域招商引资、引进人才、改善投资环境等会起到积极的推动作用。国内外发展经验也表明，区域发展和区域形象密切相关。对于丽水案例而言，媒体的舆论扩散也带来了丽水发展模式的示范效应。发展模式开始向外复制，实现了跨区域发展。随着媒体在区域发展中作用的凸显，也在渐渐变成区域发展的重要资源。

综上，对后发地区而言，要密切结合本地实际，发挥地方政府作为尺度上推组织者的主导作用，有效借助第三方媒体、大型企业等资源，形成尺度上推合力，通过制定并实施切实可行的尺度政治策略，破除原有的地方发展路径依赖，实现区域跨越式发展的实践。

参 考 文 献

Agnes, P. 2000. The "end of geography" in financial services? Local embeddedness and territorialisation in the interest rate swaps industry. *Economic Geography*, 76(4).

AliResearch. 2017. *Inclusive Growth and E-commerce: China's Experience*. April 2017, http://i.aliresearch.com/img/20170630/20170630151728.pdf.

Antonelli, C. 2000. Collective knowledge communication and innovation: the evidence of technological districts. *Regional Studies*, 34(6).

Aoyama, Y. 2001a. Structural foundations for e-commerce adoption: a comparative organization of retail trade between Japan and the United States. *Urban Geography*, 22(2).

Aoyama, Y. 2001b. The information society, Japanese style: corner stores as hubs for ecommerce access. In: Leinbach, T. and Brunn, S. (eds), *Worlds of E-Commerce*. Chichester, Sussex: John Wiley.

Aoyama, Y. and G. Schwarz. 2004. From mail order to e-commerce: competition, regulation, and politics of non-store retailing in Germany. *Urban Geography*, 25(6).

Arai, Y., H. Nakamura, H. Sato, *et al.* 2004. Multimedia and Internet business clusters in central Tokyo. *Urban Geography*, 25(5).

Aranya, R. 2008. Location theory in reverse? Location for global production in the IT industry of Bangalore. *Environment and Planning A*, 40(2).

Arthur, W. B. 1989. Competing technologies, increasing returns, and lock-in by historical events. *Economic Journal*, 99(394).

Arthur, W. B. 1994. *Increasing Returns and Path Dependence in the Economy*. Ann Arbor, MI: University of Michigan Press.

Bathelt, H. and M. Taylor. 2002. Clusters, power and place: Inequality and local growth in time-space. *Geografiska Annaler, Series B: Human Geography*, 84(2).

Batten, D. F. 1995. Network cities: Creative urban agglomerations for the 21st century. *Urban Studies*, 32(2).

Berger, T. and C. B. Frey. 2017. Industrial renewal in the 21st century: Evidence from US cities. *Regional Studies*, 51(3).

Bhat, C. R., A. Sivakumar and K. W. Axhausen. 2003. An analysis of the impact of information and communication technologies on non-maintenance shopping activities. *Transportation Research Part B*, 37(10).

Binz, C., B. Truffer and L. Coenen. 2016. Path creation as a process of resource alignment and anchoring:

Industry formation for on-site water recycling in Beijing. *Economic Geography*, 92(2).

Boiteux-Orain, C. and R. Guillain. 2004. Changes in the intrametropolitan of producer services in Ile-de-France (1978-1997): Do information technologies promote a more dispersed spatial pattern?. *Urban Geography*, 25(6).

Boschma, R, L. Coenen and K. Frenken, *et al.* 2017. Towards a theory of regional diversification: Combining insights from Evolutionary Economic Geography and Transition Studies. *Regional Studies*, 51(1).

Boschma, R. and R. Martin. 2010. *The Handbook of Evolutionary Economic Geography*. Cheltenham, UK: Edward Elgar.

Boschma, R., V. Martin. and A. Minondo. 2017. Neighbour regions as the source of new industries. *Papers in Regional Science*, 96(2).

Boschma, R. A., A. Minondo and M. Navarro. 2013. The emergence of new industries at the regional level in Spain: A proximity approach based on product relatedness. *Economic Geography*, 89(1).

Boschma, R. A. and F. Ledder. 2010. The evolution of the banking cluster of Amsterdam 1850-1993: A survival analysis. In: Fornahl, D., S. Henn and M.P. Menzel. *Emerging Clusters: Theoretical, Empirical and Political Perspectives on the Initial Stage of Cluster Evolution*. Cheltenham, UK: Edward Elgar.

Boschma, R. A. and G. A. Van der Knaap. 1997. New technology and windows of locational opportunity: Indeterminacy, creativity and chance. In: Reijnders, J. *Economics and Evolution*. Cheltenham, UK: Edward Elgar.

Boschma, R. A. and J. G. Lambooy. 1999. Evolutionary economics and economic geography. *Journal of Evolutionary Economics*, 9(4).

Boschma, R. A. and J. W. J. Weltevreden. 2008. An evolutionary perspective on Internet adoption by retailers in the Netherlands. *Environment and Planning A*, 40(9).

Boschma, R. A. and K. Frenken. 2011. Technological relatedness and regional branching. In: Bathelt H, M. Feldman and D. F. Kogler. *Beyond Territory: Dynamic Geographies of Knowledge Creation, Diffusion and Innovation*. London, UK: Routledge.

Boschma, R. A. and R. Wenting. 2007. The spatial evolution of the British automobile industry: Does location matter?. *Industrial and Corporate Change*, 16(2).

Boschma, R. A. and S. Iammarino. 2009. Related variety, trade linkages and regional growth. *Economic Geography*, 85(3).

Boulton, A., L. Devriendt, S. D. Brunn, *et al.* 2011. *ICTs for Mobile and Ubiquitous Urban Infrastructures: Surveillance, Locative Media and Global Networks*. IGI Global.

Brachert, M., U. Cantner, H. Graf, *et al.* 2013. Which regions benefit from Emerging industries？ *European Planning Studies*, 21(11).

Breathnach, P. 2000. Globalisation, information technology and the emergence of niche transnational cities: the growth of the call centre sector in Dublin. *Geoforum*, 31(3).

Brenner, N. 1998. Global cities, global states: global city formation and state territorial restructuring in contemporary Europe. *Review of International Political Economy*, 5(1).

Brenner, N. 2008. Globalisation as reterritorialisation: the re-scaling of urban governance in the European Union. *Urban Planning International*, 36(3).

Bresnahan, T. and A. Gambardella. 2004. *Building High-Tech Regions*. Cambridge, UK: Cambridge

University Press.

Bröring, S., L. M. Cloutier, and J. Leker. 2006. The front end of innovation in an era of industry convergence: evidence from nutraceuticals and functional foods. *R & D Management*, 36(5).

Broström, A. 2013. Attractors of entrepreneurial activity: universities, regions and alumni entrepreneurs. *Regional Studies*, 47(6).

Brown, J. and P. Duguid. 2000. *The Social Life of Information*. Boston: Harvard Business School Press.

Bruland, K. and D. Mowery. 2004. Innovation through time. In: Fagerberg, J., D. Mowery. And R. Nelson. *The Oxford Handbook of Innovation*. New York, NY: Oxford University Press.

Brunn, S. D., L. Devriendt, A. Boulton, *et al.* 2010. Networks of European cities in worlds of global economic and environmental change. *Fennia*, 188(1).

Buenstorf, G. and S. Klepper. 2009. Heritage and agglomeration: the Akron tyre cluster revisited. *The Economic Journal*, 119(537).

Cairncross, F. 1997. *The Death of Distance: How the Communications Revolution Will Change Our Lives*. London, UK: Orion Publishing.

Camagni, R. and R. Capello. 2004. The city network paradigm: Theory and empirical evidence. In: Capello R, Nijkamp P, eds. *Urban Dynamics and Growth*. Netherlands: Elsevier B. V.

Carbonara, N. 2005. Information and communication technology and geographical clusters: opportunities and spread. *Technovation*, 25(3).

Carlton, D. W. and J. M. Perloff. 2005. *Modern Industrial Organization* (4th Edition). New York, NY: Pearson Addison-Wesley.

Castells, M. 1996. *The Rise of the Network Society*. Cambridge, MA: Blackwell.

Castells, M. 2000. Materials for an exploratory theory of the network society. *British Journal of Sociology*, 51(1).

Chen, H., P. Gompers, A. Kovner, *et al.* 2010. Buy local? The geography of venture capital. *Journal of Urban Economics*, 67(1).

Chesbrough, H. 1999. Arrested development: the experience of European hard disk drive firms in comparison with US and Japanese firms. *Journal of Evolutionary Economics*, 9(3).

Chiarvesio, M., E. D. Maria, and S. Micelli. 2004. From local networks of SMEs to virtual districts? Evidence from recent trends in Italy. *Research Policy*, 33(10).

Christopherson, S., H. Garretsen and R. Martin, 2008. The world is not flat: putting globalization in its place. *Cambridge Journal of Regions, Economy and Society*, 1(3).

Coffey, W. J. 2000. The geographies of producer services. *Urban Geography*, 21(2).

Coffey, W. J. and R. G. Shearmur. 2002. Agglomeration and dispersion of high-order service employment in the Montreal metropolitan region. *Urban Studies*, 39(3).

Colombelli, A., J. Kraff and F. Quatraro. 2014. The emergence of new technology-based sectors at the regional level: A proximity-based analysis of nanotechnology. *Research Policy*, 43(10).

Content, J. and K. Frenken. 2016. Related variety and economic development: A literature review. *European Planning Studies*, 24(12).

Cooke, P. 2012. Transversality and transition: Green innovation and new regional path creation. *European Planning Studies*, 20(5).

Cooper, A. C. 1971. Spin-offs and technical entrepreneurship. *IEEE Transactions on Engineering Management*, EM-18(1).

Crescenzi, R. and A. Jaax. 2017. Innovation in Russia: The territorial dimension. *Economic Geography*, 93(1).

Cumming, D. and N. Dai. 2010. Local bias in venture capital investments. *Journal of Empirical Finance*, 17(3).

Currah, A. 2002. Behind the webstore: the organizational and spatial evolution of multi-channel retailing in Toronto. *Environment and Planning A*, 34(8).

Dabinett, G. 2001. EU mainstreaming of the information society in regional development policy. *Regional Studies*, 35(2).

Dalum, B., O.R. Pederson and G. Villumsen. 2005. Technological life-cycles: Lessons from a cluster facing disruption. *European Urban and Regional Studies*, 12(3).

David, P. A. 1994. Why are institutions the 'carriers of history'? Path dependence and the evolution of conventions, organizations and institutions. *Structural Change and Economic Dynamics*, 5(2).

David, P. A. 2001. *Evolution and Path dependence in Economic Ideas*. Cheltenham, UK: Edward Elgar.

Dawley, S., D. MacKinnon, A. Cumbers, *et al.*, 2015. Policy activism and regional path creation: The promotion of offshore wind in North East England and Scotland. *Cambridge Journal of Regions, Economy and Society*, 8(2).

Dawley, S. 2014. Creating new path? Offshore wind, policy activism, and peripheral region development. *Economic Geography*, 90(1).

Deakins, D., R. Mochrie and L. Galloway. 2004. Rural business use of information and communications technologies (ICTs): A study of the relative impact of collective activity in rural Scotland. *Strategic change*, 13(3).

Derudder B., P. J. Taylor, F. Witlox, *et al.* 2003. Hierarchical tendencies and regional patterns in the world city network: A global urban analysis of 234 cities. *Regional Studies*, 37(9).

Dewald, U. and B. Truffer. 2012. The local sources of market formation: Explaining regional growth differentials in German photovoltaic markets. *European Planning Studies*, 20(3).

Dicken, P. 2001. Firms in territories: A relational perspective. *Economic Geography*, 77(4).

Doms, M., E. Lewis and A. Robb. 2010. Local labor force education, new business characteristics, and firm performance. *Journal of Urban Economics*, 67(1).

Dosi, G. and J. S. Metcalfe. 1991. On some notions of irreversibility in economics. In: Saviotti, P. P. and S. Metcalfe. *Evolutionary Theories of Economic and Technological Change*. Chur, Switzerland: Harwood.

Duranton, G. and D. Puga. 2005. From sectorial to functional urban specialisation. *Journal of Urban Economics*, 57(2).

Eisenhardt, K.M. 1989. Building theories from case study research. *The Academy of Management Review*, 14(4).

Eng, T.Y. 2004. Implications of the Internet for knowledge creation and dissemination in clusters of high-technology firms. *European Management Journal*, 22(1).

Engel, D., T. Mitze, R. Patuelli, *et al.* 2013. Does cluster policy trigger R&D activity? Evidence from German biotech contests. *European Planning Studies*, 21(11).

Eriksson, R. 2011. Localized spillovers and knowledge flows: How does proximity influence the performance of plants?. *Economic Geography*, 87(2).

Ernst, D. 2004. The new mobility of knowledge: digital information systems and global flagship networks. In Latham, R. and S. Sassen (eds), *Digital Formations: Information Technology and New Architectures in the Global Realm*. Princeton: Princeton University Press.

Ernst, D. and L. Kim. 2002. Global production networks, knowledge diffusion, and local capability formation. *Research Policy*, 31(8-9).

Essletzbichler, J. and D. L. Rigby. 2007. Exploring evolutionary economic geographies. *Journal of Economic Geography*, 7(5).

Evans, P. B. and T. S. Wurster. 1997. Strategy and the new economics of information. *Harvard Business Review*, 75(5).

Feldman, M. P. and D. B. Audretsch. 1999. Innovation in cities: science-based diversity, specialization and localized competition. *European Economic Review*, 43(2).

Feldman, M. P. and I. Lendel. 2010. Under the lens: The geography of optical science as an emerging industry. *Economic Geography*, 86(2).

Fischer, B. B., S. Queiroz and N. S. Vonortas. 2018. On the location of knowledge-intensive entrepreneurship in developing countries: lessons from São Paulo, Brazil. *Entrepreneurship & Regional Development*, 30(5-6).

Fleischmann, K., R. Daniel and R. Welters. 2017. Developing a regional economy through creative industries: innovation capacity in a regional Australian city. *Creative Industries Journal*, 10(2).

Flint, C. and P. J. Taylor. 2007. *Political Geography: World-Economy, Nation-State and Locality*. 5th ed. Harlow, UK: Pearson/Prentice Hall.

Florida, R. 1995. Toward the learning region. *Futures*, 27(5).

Florida, R. and C. Mellander. 2016. Rise of the startup city: the changing geography of the venture capital financed innovation. *California Management Review*, 59(1).

Florida, R. and D. F. Smith. 2015. Venture capital formation, investment, and regional industrialization. *Annals of the Association of American Geographers*, 83(3).

Florida, R. L. and M. Kenney. 1986. Venture capital, high technology and regional development. *Regional Studies*, 22(1).

Fornahl, D., R. Hassink, K. Klaerding, *et al.* 2012. From the old path of shipbuilding onto the new path of offshore wind energy? The case of northern Germany. *European Planning Studies*, 20(5).

Frenken, K. and R. A. Boschma. 2007. A theoretical framework for evolutionary economic geography: Industrial dynamics and urban growth as a branching process. *Journal of Economic Geography*, 7(5).

Frenken, K., F. G. Van Oort and T. Verburg. 2007. Related variety, unrelated variety and regional economic growth. *Regional Studies*, 41(5).

Friedmann, J. and G. Wolff. 1982. World city formation: an agenda for research and action. *International Journal of Urban and Regional Research*, 6(3).

Friedman, T. L. 2005. *The World is Flat: A Brief History of the Twenty-First Century*. New York, NY: Farrar, Straus and Giroux.

Fritsch, M. and D. Schilder. 2006. Does venture capital investment really require spatial proximity? An empirical investigation. *Freiberg Working Papers*, 40(9).

Fritsch, M. and D. Schilder. 2012. The regional supply of venture capital: can syndication overcome bottlenecks? *Economic Geography*, 88(1).

Fritsch, M. and R. Aamoucke. 2017. Fields of knowledge in higher education institutions, and innovative start-ups: an empirical investigation. *Papers in Regional Science*, 96(S1).

Fryges, H. and M. Wright. 2013. The origin of spin-offs: a typology of corporate and academic spin-offs. *Small Business Economics*, 43(2).

Galloway, L., J. Sanders and D. Deakins. 2011. Rural small firms'use of the internet: From global to local. *Journal of Rural Studies*, 27(3).

Galloway, L., R. Mochrie, and D. Deakins. 2004. ICT-enabled collectivity as a positive rural business strategy. *International Journal of Entrepreneurial Behavior & Research*, 10(4).

Garreau, J. 1991. *Edge City: Life on the New Frontier*. New York: Doubleday.

Gaspar, J. and E. Glaeser, 1998. Information technology and the future of cities. *Journal of Urban Economics*, 43(1).

Gertler, M. S. and T. Vinodrai. 2009. Life sciences and regional innovation: One path or many?. *European Planning Studies*, 17(2).

Gibbs, J. and K. L. Kraemer and J. Dedrick. 2003. Environment and policy factors shaping global e-commerce diffusion: a cross-country comparison. *Information Society*, 19(1).

Glaeser, E. L. 1998. Are cities dying?. *Journal of Economic Perspectives*, 12(2).

Glaeser, E. L. 2005. Reinventing Boston: 1630-2003. *Journal of Economic Geography*, 5(2).

Glaeser, E. L., G. A. Ponzetto, K. Tobio, *et al*. 2014. Cities, skills and regional change. *Regional Studies*, , 48(1).

Gnezdova, Y. V., Y. A. Chernyavskaya, L. N. Rubtsova, *et al*. 2016. Modern aspects of the development of internet-economy in Russia. *Journal of Internet Banking and Commerce*, 21(S3).

Gong, H. and J. O. Wheeler. 2002. The location and suburbanization of business and professional services in Atlanta. *Growth and Change*, 33(3).

Gorman, S. P. 2002. Where are the web factories: The urban bias of e-business location. *Tijdschrift voor Economische en Sociale Geografie*, 93(5).

Gottardi, G. 2003. Why do the ICT and the Internet find it hard to spread into industrial districts and favour knowledge exchanges?. In Belussi, F., G. Gottardi and E. Rullani. (eds), *The Technological Evolution of Industrial Districts*. Boston, MA: Kluwer.

Götz, M. and B. Jankowska. 2017. Clusters and Industry 4. 0 – do they fit together?, *European Planning Studies*, 25(9).

Grabher, G. 1993. *The Embedded Firm: On The Socioeconomics of Industrial Networks*. London, UK: Routledge.

Graham, M., S. De Sabbata, and M.A. Zook. 2015. Towards a study of information geographies: (Im) mutable augmentations and a mapping of the georaphies of information. *Geo: Geography and Environment*, 2(1).

Graham, S. 1998. The end of geography or the explosion of place? Conceptualizing space, place and information technology. *Progress in Human Geography*, 22(2).

Graham, S. 1999. Global grids of glass: on global cities, telecommunications, and planetary urban networks. *Urban Studies*, 36(5-6).

Grimes, S. 2005. How well are Europe's rural businesses connected to the digital economy? *European planning studies*, 13(7).

Grubesic, T. H., M. E. O'Kelly and A. T. Murray. 2003. A geographic perspective on commercial Internet survivability. *Telematics and Informatics*, 20(1).

Guo, M., Y. Liu, H. Yu, B. Hu, *et al.*, 2016. An overview of smart city in China. *China Communications*, 13(5).

Halbert, L. and J. Rutherford. 2010. Flow-place: reflections on cities, commutation and urban production processes. http://www.lbor-o.ac.uk/gawc/rb/rb352.html, July 9.

Hall, P. and K. Pain. 2006. *The Polycentric Metropolis: Learning from Mega-City Regions in Europe*. London: Earthscan.

Han, S. S. and B. Qin. 2009. The spatial distribution of producer services in Shanghai. *Urban Studies*, 46(4).

Hansen, H. K. and L. Winther. 2010. The spatial division of talent in city regions: location dynamics of business services in Copenhagen. *Tijdschrift voor Economische en Sociale Geografie*, 101(1).

Hargittai, E. 1999. Weaving the western web: explaining differences in Internet connectivity among OECD countries. *Telecommunications Policy*, 23(10-11).

Harvey, D. 1990. *The Condition of Postmodernity: An Enquiry into the Origins of Cultural Change*. Cambridge, MA: Blackwell.

Hasan, S., A. Faggian, H. A. Klaiber, *et al.* 2018. Agglomeration economies or selection? An analysis of Taiwanese science parks. *International Regional Science Review*, 2018, 41(3).

Hausmann, R. and C. A. Hidalgo. 2010. *Country diversification, product ubiquity, and economic divergence*. Working Paper Series rwp10-045, Harvard University, John F. Kennedy School of Government.

Hawk, S. 2004. A comparison of B2C e-commerce in developing countries. *Electronic Commerce Research*, 4(3).

He, C. 2002. Information costs, agglomeration economies and the location of foreign direct investment in China. *Regional Studies*, 36(9).

He, C., P. Zou, and Y. Zhu. 2011. Spatial organization of Fortune global 500 corporations in China: An empirical study of multinationals from Japan, the United States, and European Union. *Eurasian Geography and Economics*, 52(6).

Heckman, J. J. 1979. Samples election bias as a specification error. *Econometrica*, 47(1).

Henderson, J., P. Dicken, M. Hess, *et al.* 2002. Global production networks and the analysis of economic development. *Review of International Political Economy*, 9(3).

Henderson, J. V. 1997. Externalities and industrial development. *Journal of Urban Economics*, 42(3).

Henderson, J. V., A. Kuncoro and M. Turner. 1995. Industrial development in cities. *Journal of Political Economy*, 103(5).

Henn, S. 2013. Transnational entrepreneurs and the emergence of clusters in peripheral regions. The case of the diamond cutting cluster in Gujarat (India). *European Planning Studies*, 21(11).

Hidalgo, C. A., B. Klinger, A. L. Barabási, *et al.* 2007. The product space conditions the development of nations. *Science*, 317(5837).

Hohenberg, P. M. and L. M. Lees. 1985. *The Making of Urban Europe, 1000-1950*. Cambridge, MA: Harvard University Press.

Hong, J. 2009. Firm heterogeneity and location choices: Evidence from foreign manufacturing investments in China. *Urban Studies*, 46(10).

Hoover, E. M. 1948. *The Location of Economic Activity*. New York: McGraw-Hill.

Hoyler, M., T. Freytag and C. Mager. 2008. Connecting Rhine-Main: the production of multi-scalar polycentricities through knowledge-intensive business services. *Regional Studies*, 42(8).

Huang, H. and Y. H. D. Wei. 2014. Intra-metropolitan location of foreign direct investment in Wuhan, China: Institution, urban structure, and accessibility. *Applied Geography*, 47.

Huh, W. and H. Kim. 2003. Information flows on the Internet of Korea. *Journal of Urban Technology*, 10(1).

Hwang, W., H-S. Jung and G. Salvendy. 2006. Internationalisation of e-commerce: a comparison of online shopping preferences among Korean, Turkish and US populations. *Behaviour and Information Technology*, 25(1).

Illeris, S. 1996. *The Service Economy: A Geographical Approach*. New York: Wiley.

Isaksen, A. 2004. Knowledge-based clusters and urban location: The clustering of software consultancy in Oslo. *Urban Studies*, 41(5-6).

Isaksen, A. 2014. Industrial development in thin regions: Trapped in path extension?. *Journal of Economic Geography*, 15(3).

Isaksen, A. 2016. Cluster emergence: Combining pre-existing conditions and triggering factors. *Entrepreneurship and Regional Development*, 28(9-10).

Jaffe, A., M. Trajtenberg and R. M. Henderson. 1993. Geographic localization of knowledge spillovers as evidenced by patent citations. *Quarterly Journal of Economics*, 108(3).

Jansson, J. 2011. Emerging (internet) industry and agglomeration: Internet entrepreneurs coping with uncertainty. *Entrepreneurship and Regional Development*, 23(7-8).

Joint Venture: Silicon Valley Network. 2000. *Internet Cluster Analysis 2000*. San Jose, CA: JVSV.

Jorgenson, D. W. and K. Vu. 2005. Information technology and the world economy. *Scandinavian Journal of Economics*, 107(4).

Kang, C., Y. Zhang, X. Ma, *et al.* 2013. Inferring properties and revealing geographical impacts of intercity mobile communication network of China using a subnet data set. *International Journal of Geographical Information Science*, 27(3).

Kaufmann, A., P. Lehner, and F. Todtling. 2003. Effects of the Internet on the spatial structure of innovation networks. *Information Economics and Policy*, 15(3).

Kedron, P. and S. Bagchi-Sen. 2011. A study of the emerging renewable energy sector within Iowa. *Annals of the Association of American Geographers*, 101(4).

Kellerman, A. 2000. Where does it happen? The location of the production and consumption of web information. *Journal of Urban Technology*, 7(1).

Kim, S. T. 2015. Regional advantage of cluster development: A case study of the San Diego biotechnology cluster. *European Planning Studies*, 23(2).

Klepper, S. 1996. Entry, exit, growth, and innovation over the product life cycle. *American Economic Review*, 86 (3).

Klepper, S. 2002. The capabilities of new firms and the evolution of the U. S. automobile industry. *Industrial and Corporate Change*, 11(4).

Klepper, S. 2007. Disagreements, spinoffs, and the evolution of Detroit as the capital of the U. S. automobile industry. *Management Science*, 53(4).

Klepper, S. 2010. The origin and growth of industry clusters: The making of Silicon Valley and Detroit. *Journal of Urban Economics*, 67(1).

Klitkou, A., and L. Coenen. 2013. The emergence of the Norwegian solar photovoltaic industry in a regional perspective. *European Planning Studies*, 21(11).

Krings, G., F. Calabrese, C. Ratti, *et al.* 2009. Urban gravity: a model for inter-city telecommunication flows. *Journal of Statistical Mechanics: Theory and Experiment*. Vol. L07003.

Krugman, P. R. 1991. *Geography and Trade*. Cambridge: MIT Press.

Kshetri, N. 2017. The evolution of the Internet of things industry and market in China: An interplay of Institutions, demands and supply. *Telecommunications Policy*, 41(1).

Kshetri, N. and N. Dholakia. 2002. Determinants of the global diffusion of B2B e-commerce. *Electronic Markets*, 12(2).

Lambooy, J. G. and R. A. Boschma . 2001. Evolutionary economics and regional policy. *Annals of Regional Science*, 35(1).

Landström, H. 2007. *Handbook of Research on Venture Capital*. Cheltenham, UK: Edward Elgar.

Leamer, E. 2007. A flat world, a level playing field, a small world after all, or none of the above: a review of Thomas L. Friedman's the World is Flat. *Journal of Economic Literature*, 45(1).

Leamer, E. E. and M. Storper. 2001. The economic geography of the Internet age. *Journal of International Business Studies*, 32(4).

Leigh, N.G. and B.R. Kraft. 2018. Emerging robotic regions in the United States: Insights for regional economic evolution. *Regional Studies*, 52(6).

Leong, C. M. L., S. L. Pan and S. Newell, *et al.* 2016. The emergence of self-organizing e-commerce ecosystems in remote villages of China: A tale of digital empowerment for rural development. *Mis Quarterly*, 40(2).

Lerner, J. 1995. Venture capitalists and the oversight of private firms. *Journal of Finance*, 50(1).

Leyshon, A., D. Burton, D. Knights, *et al.* 2004. Towards an ecology of retail financial services: Understanding the persistence of door-to-door credit and insurances providers. *Environment and Planning A*, 36(4).

Li, A. H. F. 2017. E-commerce and Taobao Villages. A promise for China's rural development?. *China Perspectives*, (3).

Li, F. 1995. *The Geography of Business Information*. Chichester, UK: John Wiley & Sons.

Li, P. 2018. A tale of two clusters: Knowledge and emergence. *Entrepreneurship and Regional Development*, 30 (7-8).

Li, Y. and A. E. G. Jonas. 2019. City-regionalism as countervailing geopolitical processes: the evolution and dynamics of Yangtze River Delta region,China. *Political Geography*, 73.

Liefner, I. and Y. H. D. Wei, eds. 2014. *Innovation and regional development in China*. London and New York: Routledge.

Liefner, I., Y. H. D. Wei, and G. Zeng. 2013. The innovativeness and heterogeneity of foreign-invested high-tech companies in Shanghai. *Growth and Change*, 44(3).

Lin, G. C. S. 2004. Toward a post-socialist city? Economic tertiarization and urban reformation in the Guangzhou metropolis, China. *Eurasian Geography and Economics*, 45(1).

Lin, J., Z. Yu, Y. D. Wei, *et al*. 2017. Internet access, spillover and regional development in China. *Sustainability*, 9(6).

Lin, T. -C., S. -F. Kung and H. -C. Wang. 2015. Effects of firm size and geographical proximity on different models of interaction between university and firm: a case study. *Asia Pacific Management Review*, 20(2).

Liu, X. and B. Derudder. 2013. Analyzing urban networks through the lens of corporate networks: a critical review. *Cities*, 31(2).

Loo, B. P. Y. and B. Wang. 2017. Progress of e-development in China since 1998. *Telecommunications Policy*, 41(9).

Lüthje, B. 2002. Electronics contract manufacturing: global production and the international division of labour in the age of Internet. *Industry and Innovation*, 9(3).

Macher, J. T., D. C. Mowery and T. S. Simcoe. 2002. e-Business and disintegration of the semiconductor industry value chain. *Industry and Innovation*, 9(3).

MacKinnon, D., A. Cumbers and A. Pike, *et al.* 2009. Evolution in economic geography: Institutions, political economy and adaptation. *Economic Geography*, 85(2).

Malecki, E. and H. Wei. 2009. A wired world: the evolving geography of submarine cables and the shift to Asia. *Annals of the Association of American Geographers*, 99(2).

Malecki, E. J. 2003. Digital development in rural areas: potentials and pitfalls. *Journal of Rural Studies*, 19(2).

Malecki, E. J. and Moriset, B. 2008. *The Digital Economy: Business Organization, Production Processes and Regional Developments*. London: Routledge.

Marston, S. 2002. The social construction of scale. *Progress in Human Geography*, 24(2).

Martin, R. 1989. The growth and geographical anatomy of venture capitalism in the United Kingdom. *Regional Studies*, 23(5).

Martin, R. 2010. Rethinking regional path dependence: Beyond lock-in to evolution. *Economic Geography*, 86(1).

Martin, R. and J. Simmie. 2008. Path dependence and local Innovation systems in city-regions. *Innovation: Management, Policy & Practice*, 10(2-3).

Martin, R. and P. Sunley. 2003. Deconstructing clusters: Chaotic concept or policy panacea?. *Journal of Economic Geography*, 3(1).

Martin, R. and P. Sunley. 2006. Path dependence and regional economic evolution. *Journal of Economic Geography*, 6(4).

Martin, R. and P. Sunley. 2010. *The Handbook of Evolutionary Economic Geography*. Cheltenham, UK: Edward Elgar.

Martin, R. and P. Sunley. 2011. Conceptualizing cluster evolution: Beyond the life cycle model?. *Regional Studies*, 45(10).

Mayer, H. 2013. Entrepreneurship in a hub-and-spoke industrial district: Firm survey evidence from Seattle's technology industry. *Regional Studies*, 47(10).

McCann, P. 2008. Globalization and economic geography: the world is curved, not flat. *Cambridge Journal of Regions, Economy and Society*, 1(3).

McCann, P. and R. Ortega-Argilés. 2015. Smart specialization, regional growth and applications to European Union cohesion policy. *Regional Studies*, 49(8).

Meijers, E. 2007. From central place to network model: Theory and evidence of a paradigm change. *Tijdschrift voor Economische en Sociale Geografie*, 98(2).

Menzel, M-P. and D. Fornahl. 2010. Cluster life cycles-dimensions and rationales of cluster evolution. *Industrial and Corporate Change*, 19(1).

Michalak, W. and L. Calder. 2003. Integration of e-commerce as a retail channel: impact of youth: on e-commerce trends in Canada. *Progress in Planning*, 60(1).

Michelsen. 2013. Regional entrepreneurial opportunities in the biotech industry: Exploring the transition from award-winning nascent entrepreneurs to real start-ups. *European Planning Studies*, 21(11).

Miller, H. 2004. Tobler's First Law and spatial analysis. *Annals of the Association of American Geographers*, 94(2).

Mills, E. S. and L. S. Lubuele. 1997. Inner cities. *Journal of Economic Literature*, 35(2).

Montresor, F. and F. Quatraro. 2017. Regional branching and key enabling technologies: Evidence from European patent data. *Economic Geography*, 93(4).

Moriset, B. 2003. The new economic in the city: Emergence and location factors of Internet-based companies in metropolitan of Lyon, France. *Urban Studies*, 40(11).

Morrison, A. and L. Cusmano. 2015. Introduction to the special issue: Globalisation, knowledge and institutional change: Towards an evolutionary perspective to economic development. *Tijdschrift voor Economische en Sociale Geografie*, 106(2).

Moyart, L. 2005. The role of producer services in regional development: What opportunities for medium-size cities Belgium. *The Service Industries Journal*, 25(2).

Murphy, A. 2007. Grounding the virtual: the material effects of electronic grocery shopping. *Geoforum*, 38(5).

Naaman, M., A. X. Zhang, S. Brody, *et al.* 2012. On the study of diurnal urban routines on Twitter. Proceedings of the 6th International AAAI Conference on Weblogs and Social Media (ICWSM-12). Dublin, Ireland: June 4-7.

Nakamura, K., and H. Odagiri. 2005. R&D boundaries of the firm: An estimation of the double-hurdle model on commissioned R&D, joint R&D, and licensing in Japan. *Economics of Innovation and New Technology*, 14(7).

Naylor, R. 1999. Multimedia and uneven urban and regional development: the Internet industry in the Netherlands. In: Braczyk H-J, Fuchs G, Wolf H-G, eds. *Multimedia and Regional Economic Restructuring*. London: Routledge.

Neal, Z. 2011. From central places to network bases: A transition in the US urban hierarchy, 1950-2000. *City and Community*, 10(1).

Neffke, F., M. Hartog, R. Boschma, *et al.* 2018. Agents of structural change: The role of firms and entrepreneurs in regional diversification. *Economic Geography*, 94(1).

Neffke, F., M. Henning and R. Boschma. 2011. How do regions diversify over time? Industry relatedness and the development of new growth paths in regions. *Economic Geography*, 87(3).

Nelson, H. J. 1955. A service classification of American Cities. *Economic Geography*, 31(3).

Nooteboom, B. 2000. *Learning and Innovation in Organizations and Economies*. Oxford, UK: Oxford

University Press.

North, D. C. 1990. *Institutions, Institutional Change and Economic Performance*. Cambridge, UK: Cambridge University Press.

Ó hUallacháin, B. and T. F. Leslie. 2007. Producer services in the urban core and suburbs of Phoenix, Arizona. *Urban Studies*, 44(8).

O'Kelly, M. E. and T. H. Grubesic. 2002. Backbone topology, access and the commercial Internet, 1997-2000. *Environment and Planning B: Planning and Design*, 29(4).

Pan, F., S. X. B. Zhao and D. Wójcik. 2016. The rise of venture capital centres in China: a spatial and network analysis. *Geoforum*, 75.

Patrucco. 2005. The emergence of technology systems: Knowledge production and distribution in the case of Emilian plastics district. *Cambridge Journal of Economics*, 29(1).

Pomfret, R. 2020. Global production networks, new trade technologies and the challenge for international institutions. *Foreign Trade Review*, 55(1).

Porter, M. E. 1980. *Competitive Strategy: Techniques for Analyzing Industries and Competitors*. New York, NY: Free Press.

Porter, M. E. 1990. *The Competitive Advantage of Nations*. New York, NY: Free Press.

Porter, M. E. 1998. Clusters and the new economics of competitiveness. *Harvard Business Review*, 6(12).

Porter, M. E. 2003. The economic performance of regions. *Regional Studies*, 37(6-7).

Powell, W., K. Koput, J. Bowie, *et al.* 2002. The spatial clustering of science and capital: Accounting for biotech firm-venture capital relationships. *Regional Studies*, 36(3).

Premkumar, G. and M. Roberts. 1999. Adoption of new information technologies in rural small businesses. *Omega*, 27(4).

Rigby, D. L. and J. Essletzbichler. 2006. Technological variety, technological change and a variety of production techniques. *Journal of Economic Geography*, 6(1).

Romijn, H. and M. Albu. 2002. Innovation, networking and proximity: Lessons from small high technology firms in the UK. *Regional Studies*, 36(1).

Routley, M., R. Phaal and D. Probert. 2013. Exploring industry dynamics and interactions. *Technological Forecasting and Social Change*, 80(6).

Sanguinetti, P. and C. V. Martincus. 2009. Tariffs and manufacturing location in Argentina. *Regional Science and Urban Economics*, 39(2).

Sassen, S. 1991. *The Global City: New York, London, Tokyo*. Princeton, NJ: Princeton University Press.

Sassen, S. 1994. *Cities in a World Economy*. Thousand Oaks, CA: Pine Forge Press.

Sassen, S. 2001. *The global city: New York, London, Tokyo*. Princeton, NJ: Princeton University Press.

Sassi, S. and M. Goaied. 2013. Financial development, ICT diffusion and economic growth: lessons from MENA region. *Telecommunications Policy*, 37(4).

Saviotti, P. P. and A. Pyka. 2004. Economic development by the creation of new sectors. *Journal of Evolutionary Economics*, 14(1).

Saxenian, A. 1994. *Regional Advantage: Culture and Competition in Silicon Valley and Route 128*. Cambridge, MA: Harvard University Press.

Schumpeter, J. A. 1934. *The Theory of Economic Development: An Inquiry into Profits, Capital, Credit,*

Interest and the Business Cycle. London, UK: Transaction Publishers.

Scott, A. J. ed. 2001. *Global City-Regions: Trends, Theory, Policy*. Oxford: Oxford University Press.

Scott, A. J. 2011. A world in emergence: Notes toward a resynthesis of urban-economic geography for the 21st century. *Urban Geography*, 32(6).

Scott, A. J. 2012. *A World in Emergence: Cities and Regions in the 21st Century*. Cheltenham, UK: Edward Elgar.

Scott, A. J. and M. Storper. 1987. High technology industry and regional development: A theoretical critique and reconstruction. *International Social Science Journal*, 12(1).

Sellitto, C. and S. Burgess. 2005. A government-funded Internet portal as a promoter of regional cluster relationships: a case study from the Australian wine industry. *Environment and Planning C: Government and Policy*, 23(6).

Serrano-Cinca, C., Y. Fuertes-Callén and C. Mar-Molinero. 2005. Measuring DEA efficiency in Internet companies. *Decision Support Systems*, 38(4).

Setterfield, M. 1993. A model of institutional hysteresis. *Journal of Economic Issues*, 27(3).

Shapiro, C. and H. R. Varian. 1999. *Information Rules: A Strategic Guide to the Network Economy*. Boston, MA: Harvard Business School Press.

Shearmur, R. and C. Alvergne. 2002. Intra-metropolitan patterns of high-order business service location: A comparative study of seventeen sectors in Ille-de-France. *Urban Geography*, 39(7).

Shearmur, R. and D. Doloreux. 2015. Central places or networks? Paradigms, metaphors, and spatial configurations of innovation-related service use. *Environment and Planning A*, 47(7).

Simmie, J. 2012. Path dependence and new technological path creation in the Danish wind power industry. *European Planning Studies*, 20(5).

Simmie, J. Ed. 2001. *Innovative Cities*. London: Spon Press.

Simmie, J and R. Martin. 2010. The economic resilience of regions: Towards an evolutionary approach. *Cambridge Journal of Regions, Economy and Society*, 3(1).

Sorenson, O. and T. E. Stuart. 2000. Syndication networks and the spatial distribution of venture capital financing. *American Journal of Sociology*, 106(6).

Stanback, T. M. J. 1991. *The New Suburbanization: Challenge to the Central City*. Boulder, CO: Westview.

Steen, M. and G. H. Hansen. 2018. Barriers to path creation: The case of offshore wind power in Norway. *Economic Geography*, 94(2).

Sternberg, R. 2010. *Emerging Cluster: Theoretical, Empirical and Political Perspectives on the Initial Stage of Cluster Evolution*. Cheltenham, UK: Edward Elgar.

Storper, M. and R. Walker. 1989. *The Capitalist Imperative Territory, Technology, and Industrial Growth*. New York, NY: Basil Blackwell.

Strambach, S. 2010. Path dependence and path plasticity: The co-evolution of institutions and innovation—The German customized business software industry. In: Boschma, R. and R. Martin. 2010. *Handbook of Evolutionary Economic Geography*. Cheltenham, UK: Edward Elgar.

Sun, Y. and H. Wang. 2005. Does internet access matter for rural industry? A case study of Jiangsu, China. *Journal of Rural Studies*, 21(2).

Sydow, J., F. Lerch and U. Staber. 2010. Planning for path dependence? The case of a network in the

Berlin-Brandenburg optics cluster. *Economic Geography*, 86(2).

Sydow, J., G. Schreyogg and J. Koch. 2005. Organizational paths: Path dependency and beyond. Paper given at 21st EGOS Colloquium, Berlin, Germany, 30 June-2 July.

Tanner, A. N. 2014. Regional branching reconsidered: Emergence of the fuel cell industry in European regions. *Economic Geography*, 90(4).

Tanner, A. N. 2016. The emergence of new technology-based industries: The case of fuel cells and its technological relatedness to regional knowledge bases. *Journal of Economic Geography*, 16(3).

Taylor, P. J. 2004. *World City Network: A Global Urban Analysis*. London: Routledge.

Taylor, P. J., G. Catalano and D. R. F. Walker. 2002. Exploratory analysis of the world city network. *Urban Studies*, 39(13).

Taylor, P. J., M. Hoyler. and R. Verbruggen. 2010. External urban relational process: Introducing central flow theory to complement central place theory. *Urban Studies*, 47(13).

Timberlake, M., Y. H. D. Wei, X. Ma, *et al.* 2014. Global cities with Chinese characteristics. *Cities*, 41.

Townsend, A. M. 2001a. Networked cities and the global structure of the Internet. *American Behavioral Scientist*, 44(10).

Townsend, A. M. 2001b. The Internet and the rise of the new network cities 1969-1999. *Environment and Planning B: Planning and Design*, 28(1).

Treado, C. D. 2010. Pittsburgh's evolving steel legacy and the steel technology cluster. *Cambridge Journal of Regions, Economy and Society*, 3(1).

United Nations Conference on Trade and Development. 2019. *Digital Economy Report 2019*. UNCTAD.

Wang, C. C. and G. C. S. Lin. 2010. Industrial clustering and technological innovation in China: New evidence from the ICT industry in Shenzhen. *Environment and Planning A*, 42(8).

Wang, M. 2006. The network advantage of cities: the evolving urban geography of Internet in China. In: Guo, Z., J. Zhao, and M. Guo, (eds.) *Proceedings of China Planning Network (CPN) 3rd Annual Conference*. Beijing: China Planning Network.

Wang, Z., C. Chen, B. Guo, Yu, *et al.* 2016. Internet plus in China. *IT Professional*, 18(3).

Ward, M. R. 2001. Will online shopping compete more with traditional retailing or catalog shopping?. *Netnomics*, 3(2).

Warf, B. 1995. Telecommunications and the changing geographies of knowledge in the late 20th century. *Urban Studies*, 32(2).

Wei, Y. H. D. 2000. *Regional development in China: States, globalization, and inequality*. London: Routledge.

Wei, Y. H. D., C. K. Leung and J. Luo. 2006. Globalizing Shanghai: Foreign investment and urban restructuring. *Habitat International*, 30(2).

Wei, Y. H. D., F. Yuan, and H. Liao. 2013. Spatial mismatch and determinants of foreign and domestic information and communication technology firms in urban China. *The Professional Geographer*, 65(2).

Wei, Y. H. D., J. Luo, and Q. Zhou. 2010. Location decisions and network configurations of foreign investment in urban China. *The Professional Geographer*, 62(2).

Wei, Y. H. D., Z. Zhou, Y. F. Sun, *et al.* 2012. Production and R&D networks of foreign ventures in China: Implications for technological dynamism and regional development. *Applied Geography*, 32(1).

Weltevreden, J. W. J. and O. A. L. C. Atzema. 2006. Cyberspace meets high street: adoption of click-and-mortar strategies by retail outlets in city centers. *Urban Geography*, 27(7).

Weltevreden, J. W. J., O. A. L. C. Atzema, K. Frenken, *et al.* 2008. The geography of Internet adoption by independent retailers in the Netherlands. *Environment and Planning B*, 35(3).

Wenting, R. 2008. Spinoff dynamics and the spatial formation of the fashion design industry, 1858-2005. *Journal of Economic Geography*, 8(5).

Wheeler, D. C. and M. E. O'Kelly. 1999. Network topology and city accessibility of the commercial Internet. *Professional Geographer*, 51(3).

World Bank. 2009. *World Development Report 2009: Reshaping Economic Geography*. Washington, DC: The World Bank.

Wrigley, N. and Currah, A. 2006. Globalizing retail and the 'new e-conomy': the organizational challenge of e-commerce for the retail TNCs. *Geoforum*, 37(3).

Wrigley, N., M. Lowe and A. Currah. 2002. Retailing and e-tailing. *Urban Geography*, 23(2).

Wu, F. 2000. Modelling intrametropolitan location of foreign investment firms in a Chinese city. *Urban Studies*, 37(13).

Wyrwich, M. 2013. The role of regional conditions for newly emerging KIBS industries in the face of radical institutional change. *European Planning Studies*, 21(11).

Yang, F. F, and A. G. O. Yeh. 2013. Spatial development of producer services in Chinese urban system. *Environment and Planning A*, 45(1).

Yi, H., F. F. Yang and A. G. O. Yeh. 2011. Intraurban location of producer services in Guangzhou, China. *Environment and Planning A*, 43(1).

Yin, R. K. 2009. *Case Study Research: Design and Methods (4th Ed.)*. Thousand Oaks, CA: Sage.

Yuan, F., Y. H. D. Wei and W. Chen. 2014. Economic transition, industrial location and corporate networks: Remaking the Sunan model in Wuxi city, China. *Habitat International*, 42.

Zeng, G., I. Liefner and Y. Si. 2011. The role of high-tech parks in China's regional economy: Empirical evidence from the IC industry in the Zhangjiang high-tech park. Shanghai. *Erdkunde*, 65(1).

Zhang, J. 2008. China's dynamic industrial sector: The Internet industry. *Eurasian Geography and Economics*, Vol. 49(5).

Zhang, J. 2013. Related variety, global connectivity and institutional embeddedness: Internet development in Beijing and Shanghai compared. *Regional Studies*, 47(7).

Zhen, F., Bo. Wang and Z. Wei . 2015. The rise of the internet city in China: Production and consumption of Internet information. *Urban Studies*, 52(13).

Zook, M. A. 2001. Old hierarchies or new networks of centrality: The global geography of the Internet content market. *American Behavioral Scientist*, 44(10).

Zook, M. A. 2005. *The Geography of the Internet Industry: Venture Capital, Dot-coms and Local Knowledge*. Oxford, UK: Blackwell.

阿里巴巴（中国）有限公司：《中国淘宝村》，北京：电子工业出版社，2015年。

阿里研究院：《2016年中国城市电子商务发展指数报告》，2016年。

阿里研究院：《eWTP助力"一带一路"建设——阿里巴巴经济体的实践》，2017年。

阿里研究中心：《遂昌模式研究——服务驱动型县域电子商务发展模式》，2018年。

白冬冬、孙中伟："我国淘宝村的空间组织与地理根植性"，《世界地理研究》，2019年第1期。

毕秀晶、汪明峰、李健等："上海大都市区软件产业空间集聚与郊区化"，《地理学报》，2011 年第 12 期。

曹前、沈丽珍、甄峰："中国互联网企业空间演化与城市网络特征研究"，《人文地理》，2018 年第 5 期。

曹小曙、薛德升、闫小培："中国干线公路网络联结的城市通达性"，《地理学报》，2005 年第 6 期。

曹瑄玮、马骏："资源型区域的创新——从路径依赖到路径创造"，《中国软科学》，2007 年第 7 期。

车春鹏、高汝熹：《工业物联网产业发展战略研究》，上海社会科学院出版社，2013 年。

陈洪涛、施放、郑才林等："基于政府作用的新兴产业发展研究"，《西安电子科技大学学报（社会科学版）》，2008 年第 4 期。

陈宏伟、张京祥："解读淘宝村：流空间驱动下的乡村发展转型"，《城市规划》，2018 年第 9 期。

陈小勇："产业集群的虚拟转型"，《中国工业经济》，2017 年第 12 期。

陈映雪、甄峰、王波等："基于微博平台的中国城市网络信息不对称关系研究"，《地球科学进展》，2012 年第 12 期。

池仁勇、乐乐："基于产业集群理论的淘宝村微生态系统研究"，《浙江工业大学学报（社会科学版）》，2017 年第 4 期。

杜宁、石蓓、周俊："跨行政区空间规划编制的实践与思考——以湖南省津澧地区空间一体化规划为例"，《规划师》，2018 年第 7 期。

段吕晗、杜德斌、黄筱彧等："上海互联网新创企业的时空演化及影响因素"，《地理科学进展》，2019 年第 3 期。

樊新生、李小建："欠发达地区产业集群演化分析——以河南长垣卫生材料产业集群为例"，《经济地理》，2009 年第 1 期。

范剑勇、陈至奕："'互联网+'的城市和城乡差异——来自工业企业和阿里巴巴的证据"，《学术研究》，2017 年第 10 期。

范一大、史培军、辜智慧等："行政单元数据向网格单元转化的技术方法"，《地理科学》，2004 年第 1 期。

方嘉雯、刘海猛："京津冀城市群创业风险投资的时空分布特征及影响机制"，《地理科学进展》，2017 年第 1 期。

冯蕾："汇聚创造力打造新引擎——2015 '大众创业万众创新' 年度报告"，《光明日报》，2015 年 12 月 28 日。

符文颖、邓金玲："产业转型背景下创业区位选择和集群空间演化"，《地理科学》，2017 年第 6 期。

符文颖："地方创业与产业集群互动关系的研究进展与展望"，《地理科学进展》，2018 年第 37 期。

耿超、曲世友、林廷宇等："'互联网+'条件下制造业协作关系优化升级"，《中国科学：信息科学》，2018 年第 7 期。

顾朝林、张敏："长江三角洲都市连绵区性状特征与形成机制研究"，《地球科学进展》，2001 年第 3 期。

郭坤、张树山、孙毅："吉林省农产品电子商务生态系统构建策略研究"，《地理科学》，2018 年第 6 期。

国家发展和改革委员会：《中国"互联网+"行动发展报告》，北京：人民出版社，2018 年。

国务院：《国务院关于加快培育和发展战略性新兴产业的决定》国发〔2010〕32 号，2010 年 10 月 10 日。

杭州日报："杭州：从 '电子商务之都' 到 '创业创新中心'"，《杭州日报》，2016 年 8 月 30 日。

杭州日报："开发区创新载体促进大学生创业就业"，《杭州日报》，2009 年 3 月 17 日。

杭州市人民政府：《杭州市物联网产业发展规划（2010～2015 年）》，2010 年 11 月 5 日。

贺灿飞："区域产业发展演化：路径依赖还是路径创造？"，《地理研究》，2018 年第 7 期。

侯纯光、杜德斌、史文天等：“世界一流大学空间集聚对研发密集型企业空间布局的影响——以美国为例”，《地理研究》，2019 年第 7 期。

华为技术有限公司：“释放联接之力：全球联接指数 2017 量化数字经济进程”，2017 年。

黄璜：“全球化视角下的世界城市网络理论”，《人文地理》，2010 年第 4 期。

黄筱彧、杜德斌、杨文龙：“中国互联网创业的集聚特征与区位因素初探”，《科学学研究》，2018 年第 3 期。

黄永春、郑江淮、谭洪波等：“后发地区发展战略性新兴产业的时机选择与赶超路径——以平板显示技术的赶超实践为例”，《科学学研究》，2012 年第 7 期。

简逢敏、王剑：“数字城市群若干问题的思考——以长三角城市群发展为例”，《上海城市规划》，2011 年第 5 期。

姜戈、戈冬梅、季民河：“长三角区域创新差异和位序规模体系研究”，《经济地理》，2011 年第 7 期。

姜会明、孙雨、王健等：“中国农民收入区域差异及影响因素分析”，《地理科学》，2017 年第 10 期。

姜玉培、甄峰：“信息通信技术对城市居民生活空间的影响及规划策略研究”，《国际城市规划》，2018 年第 6 期。

蒋小荣、杨永春、汪胜兰：“基于上市公司数据的中国城市网络空间结构”，《城市规划》，2017 年第 6 期。

金凤君、王娇娥：“20 世纪中国铁路网扩展及其空间通达性”，《地理学报》，2004 年第 2 期。

金凤君：“我国航空客流网络发展及其地域系统研究”，《地理研究》，2001 年第 1 期。

金璐璐、贺灿飞、周沂等：“中国区域产业结构演化的路径突破”，《地理科学进展》，2017 年第 8 期。

金万富、王少剑，邓神志等：“互联网技术应用对零售业空间组织影响研究进展”，《人文地理》，2018 年第 3 期。

金钟范：“基于企业母子联系的中国跨国城市网络结构——以中韩城市之间联系为例”，《地理研究》，2009 年第 9 期。

冷炳荣、杨永春、谭一洺：“城市网络研究：由等级到网络”，《国际城市规划》，2004 年第 1 期。

李二玲、李小建：“欠发达农区传统制造业集群的网络演化分析——以河南省虞城县南庄村钢卷尺产业集群为例”，《地理研究》，2009 年第 3 期。

李二玲、庞安超、朱纪广：“中国农业地理集聚格局演化及其机制”，《地理研究》，2012 年第 5 期。

李健、宁越敏、汪明峰：“计算机产业全球生产网络分析——兼论其在中国大陆的发展”，《地理学报》，2008 年第 4 期。

李仙德：“基于企业网络的城市网络研究”（博士论文），华东师范大学，2012 年。

李小建、葛震远、乔家君：“偶然因素对区域经济发展的影响——以河南虞城县稍岗乡为例”，《人文地理》，2000 年第 6 期。

李小建、罗庆、杨慧敏：“专业村类型形成及影响因素研究”，《经济地理》，2013 年第 7 期。

李小康、胡蓓：“大企业衍生创业对创业集群形成的影响研究”，《科研管理》，2013 年第 9 期。

李永盛：“长三角区域实体经济一体化发展的短板及对策”，《科学发展》，2019 年第 6 期。

李育林、张玉强：“我国地方政府在‘淘宝村’发展中的职能定位探析——以广东省军埔村为例”，《科技管理研究》，2015 年第 11 期。

林娟、张欣炜、汪明峰：“上海大都市区物联网产业集聚与空间演化”，《人文地理》，2017 年第 3 期。

刘军：《整体网分析讲义:UCINET 软件实用指南》，上海：格致出版社，2009 年。

刘卫东：“论我国互联网的发展及其潜在空间影响”，《地理研究》，2002 年第 3 期。

刘卫东、P. Dicken、杨伟聪："信息技术对企业空间组织的影响——以诺基亚北京星网工业区为例"，《地理研究》，2004 年第 6 期。

刘希宇、赵亮："北京市回龙观科创社区发展机制研究——以腾讯众创空间为例"，《规划师》，2019 年第 4 期。

刘鑫："北京城市内部文化创意产业的空间集聚机制——基于负二项回归模型的实证分析"，《文化产业研究》，2019 年第 1 期。

刘亚军、储新民："中国'淘宝村'的产业演化研究"，《中国软科学》，2017 年第 2 期。

刘云刚、王丰龙："尺度的人文地理内涵与尺度政治——基于 1980 年代以来英语圈人文地理学的尺度研究"，《人文地理》，2011 年第 3 期。

刘云刚、叶清露："区域发展中的路径创造和尺度政治——对广东惠州发展历程的解读"，《地理科学》，2013 年第 9 期。

刘志高、尹贻梅："演化经济地理学：当代西方经济地理学发展的新方向"，《国外社会科学》，2006 年第 1 期。

刘志高、尹贻梅、孙静："产业集群形成的演化经济地理学研究评述"，《地理科学进展》，2011 年第 6 期。

罗小龙：《长江三角洲的城市合作与管治》，北京：商务印书馆，2011 年。

罗震东、何鹤鸣："新自下而上进程——电子商务作用下的乡村城镇化"，《城市规划》，2017 年第 3 期。

罗震东、何鹤鸣、耿磊："基于客运交通流的长江三角洲功能多中心结构研究"，《城市规划学刊》，2011 年第 2 期。

罗震东、张京祥："全球城市区域视角下的长江三角洲演化特征与趋势"，《城市发展研究》，2009 年第 9 期。

马海涛："生产网络演化视角下的城市产业升级路径研究——以汕头市纺织服装行业为例"，《人文地理》，2011 年第 4 期。

马海涛、刘志高："地方生产网络空间结构演化过程与机制研究——以潮汕纺织服装行业为例"，《地理科学》，2012 年第 3 期。

马海涛、周春山、刘逸："地理、网络与信任：金融危机背景下的生产网络演化"，《地理研究》，2012 年第 6 期。

马骥、蒋伏心："我国风险投资空间区位与产业分布的异质性特征及成因"，《现代经济探讨》，2009 年第 6 期。

马学广、李贵才："全球流动空间中的当代世界城市网络理论研究"，《经济地理》，2011 年第 10 期。

马学广、李贵才："世界城市网络研究方法论"，《地理科学进展》，2012 年第 2 期。

孟召宜、渠爱雪、李红瑞："基于文化经济共同演化视角的区域发展模式比较研究——以江苏省丰县、昆山为例"，《地理研究》，2011 年第 12 期。

苗长虹、樊杰、张文忠："西方经济地理学区域研究的新视角——论'新区域主义'的兴起"，《经济地理》，2002 年第 6 期。

苗长虹、魏也华、吕拉昌：《新经济地理学》，北京：科学出版社，2011 年。

苗长虹、魏也华："分工深化、知识创造与产业集群成长——河南鄢陵县花木产业的案例研究"，《地理研究》，2009 年第 4 期。

南京大学空间规划研究中心："中国淘宝村发展报告（2014~2018）"，2018 年。

宁越敏、李健："泛长三角地区城镇化的机制、模式与战略"，《南京社会科学》，2009 年第 5 期。

宁越敏、施倩、查志强："长江三角洲都市连绵区形成机制与跨区域规划研究"，《城市规划》，1998 年第 1 期。

宁越敏、武前波：《企业空间组织与城市——区域发展》，北京：科学出版社，2011 年。

潘海啸、卢源："大学周边产业形成动因及结构的实证研究——以同济大学周边产业群落为例"，《城市规划学刊》，2005 年第 5 期。

潘强敏："换一个视角看浙江地区发展差异"，《浙江经济》，2007 年第 8 期。

彭震伟："长三角全球城市区域发展与上海全球城市建设"，《科学发展》，2016 年第 9 期。

蒲英霞、马荣华、马晓东等："长江三角洲地区城市规模分布的时空演变特征"，《地理研究》，2009 年第 1 期。

戚云亭、汪明峰："产业发展与区域创新中的长三角城市网络——基于搜索引擎超链接的分析"，《世界地理研究》，2016 年第 2 期。

千庆兰、陈颖彪、刘素娴等："淘宝镇的发展特征与形成机制解析——基于广州新塘镇的实证研究"，《地理科学》，2017 年第 7 期。

秦萧、甄峰、熊丽芳等："大数据时代城市时空间行为研究方法"，《地理科学进展》，2013 年第 9 期。

邱成利、冯杰："'苏南模式'的发展及其路径依赖"，《中国工业经济》，2000 年第 7 期。

邱积敏："无锡如何转型'物联网之都'"，《决策》，2010 年第 6 期。

任远、陈向明、D. Läpple（主编）：《全球城市——区域的时代》，上海：复旦大学出版社，2009 年。

单建树、罗震东："集聚与裂变——淘宝村、镇空间分布特征与演化趋势研究"，《上海城市规划》，2017 年第 2 期。

上海市经济和信息化委员会：《上海推进物联网产业发展行动方案（2009～2012 年）》，2010 年 4 月 19 日。

沈丽珍、陈池："从智慧城市到智慧区域——新的城市与区域发展模式"，《科技导报》，2018 年第 18 期。

史焱文、李二玲、李小建："地理邻近、关系邻近对农业产业集群创新影响——基于山东省寿光蔬菜产业集群实证研究"，《地理科学》，2016 年第 5 期。

宋华、卢强："基于虚拟产业集群的供应链金融模式创新：创捷公司案例分析"，《中国工业经济》，2017 年第 5 期。

宋周莺、刘卫东："信息时代的企业区位研究"，《地理学报》，2012 年第 4 期。

孙中伟、王杨："中国信息与通信地理学研究进展与展望"，《地理科学进展》，2011 年第 2 期。

唐子来、李涛："长三角地区和长江中游地区的城市体系比较研究：基于企业关联网络的分析方法"，《城市规划学刊》，2014 年第 2 期。

汪明峰："浮现中的网络城市的网络——互联网对全球城市体系的影响"，《城市规划》，2004 年第 8 期。

汪明峰："技术、产业和地方：互联网的经济地理学"，《人文地理》，2005 年第 5 期。

汪明峰：《城市网络空间的生产与消费》，北京：科学出版社，2007 年。

汪明峰："城市新经济：中国大城市互联网产业的集群化发展"，《中国城市研究》，2010 年第 3 期。

汪明峰：《互联网时代的城市与区域发展》，北京：科学出版社，2015 年。

汪明峰、毕秀晶："园区效应：上海市软件企业区位选择中的政府作用"，《中国城市研究》，2013 年第 6 期。

汪明峰、高丰："网络的空间逻辑:解释信息时代的世界城市体系变动"，《国际城市规划》，2007 年第 2 期。

汪明峰、李健："互联网、产业集群与全球生产网络——新的信息和通信技术对产业空间组织的影响"，《人文地理》，2009 年第 2 期。

汪明峰、卢姗："B2C 电子商务发展的路径依赖：跨国比较分析"，《经济地理》，2009 年第 11 期。

汪明峰、宁越敏："互联网与中国信息网络城市的崛起"，《地理学报》，2004 年第 3 期。

汪明峰、魏也华、邱娟："中国风险投资活动的空间集聚与城市网络"，《财经研究》，2014 年第 4 期。

汪明峰、郗厚雪："城市新兴技术产业的演化路径比较分析——以长三角物联网产业为例"，《地理研究》，2015 年第 9 期。

汪向东："农村经济社会转型的新模式——以沙集电子商务为例"，《工程研究》，2013 年第 2 期。

王波、甄峰："网络社区交流中距离的作用——以新浪微博为例"，《地理科学进展》，2016 年第 8 期。

王成金："全球集装箱航运的空间组织网络"，《地理研究》，2008 年第 3 期。

王承云、孙飞翔："长三角城市创新空间的集聚与溢出效应"，《地理研究》，2017 年第 6 期。

王聪、曹有挥、陈国伟："基于生产者服务业的长江三角洲城市网络"，《地理研究》，2014 年第 2 期。

王丹、方斌、陈正富："基于社区尺度的互联网企业空间格局与演化——以扬州市区为例"，《经济地理》，2018 年第 6 期。

王丰龙、刘云刚："尺度政治理论框架"，《地理科学进展》，2017 年第 11 期。

王缉慈：《创新集群三十年探索之旅》，北京：科学出版社，2016 年。

王晶、甄峰："城市众创空间的特征、机制及其空间规划应对"，《规划师》，2016 年第 9 期。

王凯："京津冀空间协同发展规划的创新思维"，《城市规划学刊》，2016 年第 2 期。

王礼恒、钟志华、邹贺铨等：《战略性新兴产业发展重大行动计划综合研究》，北京：科学出版社，2019 年。

王如玉、梁琦、李广乾："虚拟集聚：新一代信息技术与实体经济深度融合的空间组织新形态"，《管理世界》，2018 年第 2 期。

王松、范国强、马云："关于梦想小镇创业创新现状的实证研究"，《城市学刊》，2016 年第 5 期。

王宇凡、林文盛、冯长春："信息技术对城市生活服务业空间分布的影响——以北京网络外卖餐饮业为例"，《城市发展研究》，2019 年第 6 期。

王周杨、胡晓辉、马木兰："演化经济地理的理论基础及其在集群研究中的应用"，《人文地理》，2013 年第 4 期。

魏成、沈静、范建红："尺度重组——全球化时代的国家角色转化与区域空间生产策略"，《城市规划》，2011 年第 6 期。

魏守华、张静、汤丹宁："长三角城市体系序位-规模法则的偏差研究"，《上海经济研究》，2013 年第 10 期。

魏晓蓓、王淼："'互联网+'背景下全产业链模式助推农业产业升级"，《山东社会科学》，2018 年第 10 期。

吴丹丹、马仁峰、张悦等："杭州文化创意产业集聚特征与时空格局演变"，《经济地理》，2018 年第 10 期。

吴敬琏、黄少卿：《无锡经验：中国经济发展转型的个案研究》，上海：远东出版社，2010 年。

吴康、方创琳、赵渺希："中国城市网络的空间组织及其复杂性结构特征"，《地理研究》，2015 年第 4 期。

吴晓隽、张一诺、刘子儒等："上海市共享办公空间的地理分布特征及其启示"，《城市发展研究》，2018 年第 12 期。

武前波、宁越敏："中国城市空间网络分析——基于电子信息企业生产网络视角",《地理研究》, 2012 年第 2 期。

谢敏、赵红岩、朱娜娜等："宁波市软件产业空间格局演化及其区位选择",《经济地理》, 2017 年第 4 期。

辛向阳、乔家君："淘宝村集聚的时空演变及形成机制",《地域研究与开发》, 2018 年第 1 期。

熊丽芳、甄峰、王波等："基于百度指数的长三角核心区城市网络特征研究",《经济地理》, 2013 年第 7 期。

徐宜青、潘峰华、江小雨等："北京市风险投资的空间分布与合作网络研究",《地理科学进展》, 2016 年第 3 期。

徐智邦、王中辉、周亮等："中国'淘宝村'的空间分布特征及驱动因素分析",《经济地理》, 2017 年第 1 期。

许昕、赵媛、张新林等："江苏省人口老龄化空间分异演变及影响因素",《地理科学》, 2017 年第 12 期。

杨建军、陈锋义："杭州主城区城市空间发展趋势研究",《城市规划》, 2008 年第 9 期。

杨思、李郇、魏宗财等："'互联网+'时代淘宝村的空间变迁与重构",《规划师》, 2015 年第 5 期。

尹洁银："推动嵊州企业实现'互联网+'转型发展",《今日嵊州》, 2015 年 10 月 29 日。

尹贻梅、刘志高、刘卫东："路径依赖理论及其地方经济发展隐喻",《地理研究》, 2012 年第 5 期。

于涛方、吴志强："Global Region 结构与重构研究：以长三角地区为例",《城市规划学刊》, 2006 年第 2 期。

俞晓晶："产业发展的中国经验：政府—产业—国民经济的发展范式研究",《社会科学》, 2012 年第 12 期。

袁丰、魏也华、陈雯等："苏州市区信息通讯企业空间集聚与新企业选址",《地理学报》, 2010 年第 2 期。

袁新敏、张海燕：《风险投资空间行为研究：基于金融地理学的视角》, 北京：企业管理出版社, 2016 年。

曾亿武、邱东茂、沈逸婷等："淘宝村形成过程研究：以东风村和军埔村为例",《经济地理》, 2015 年第 12 期。

张嘉欣、千庆兰："信息时代下'淘宝村'的空间转型研究",《城市发展研究》, 2015 年第 10 期。

张京祥、陈浩、胡嘉佩："中国城市空间开发中的柔性尺度调整——南京河西新城区的实证研究",《城市规划》, 2014 年第 1 期。

张敏、顾朝林、陈璐等："长江三角洲全球城市区空间建构",《长江流域资源与环境》, 2006 年第 6 期。

张敏杰："温州'第二次创业'考察",《社会学研究》, 1996 年第 4 期。

张晓："地方政府在民营经济发展中的作用——对温州和丽水的文本分析"（硕士论文）, 浙江大学, 2005 年。

张旭亮、宁越敏："长三角城市群城市经济联系及国际化空间发展战略",《经济地理》, 2011 年第 3 期。

张学勇、吴雨玲、郑轶："我国风险投资机构（VC）的本地偏好研究",《投资研究》, 2016 年第 6 期。

张永凯、徐伟："演化经济地理学视角下的产业空间演化及其影响因素分析——以中国汽车工业为例",《世界地理研究》, 2014 年第 2 期。

张云逸、曾刚："技术权力影响下的产业集群演化研究——以上海汽车产业集群为例",《人文地理》, 2010 年第 2 期。

赵军阳、丁疆辉、王新宇："不同尺度下中国'淘宝村'时空分布及演变特征",《世界地理研究》, 2017 年第 6 期。

赵黎明、张玉洁："基于外部治理的虚拟孵化器与创投的合作研究",《科学学与科学技术管理》, 2011
　　年第 11 期。

赵渺希："长三角区域的网络交互作用与空间结构演化",《地理研究》, 2011 年第 2 期。

甄峰：《信息时代的区域空间结构》, 北京：商务印书馆, 2004 年。

甄峰、刘晓霞、刘慧："信息技术影响下的区域城市网络：城市研究的新方向",《人文地理》, 2007 年
　　第 2 期。

甄峰、王波、陈映雪："基于网络社会空间的中国城市网络特征——以新浪微博为例",《地理学报》, 2012
　　年第 8 期。

郑德高、朱雯娟、陈阳等："基于网络和节点对长三角城镇空间的再认识",《城市规划学刊》, 2017 年
　　第 S2 期。

郑健壮、朱婷婷、郑雯妤等："高技术产业中的企业衍生、关系网络与创业行为：以硅谷为例",《企业
　　经济》, 2018 年第 3 期。

郑永年：《技术赋权：中国的互联网、国家与社会》, 北京：东方出版社, 2014 年。

中国电子信息产业发展研究院、赛迪顾问股份有限公司：《中国物联网产业发展及应用实践》, 北京：
　　电子工业出版社, 2013 年。

中国信息通信研究院：《中国数字经济发展白皮书（2020 年）》, 2020 年。

周光霞、余吉祥："1990-2010 年长三角地区城市体系的演进——基于人口普查数据的研究",《西北人
　　口》, 2013 年第 2 期。

周亮、周成虎、杨帆等："2000～2011 年中国 PM2.5 时空演化特征及驱动因素解析",《地理学报》, 2017
　　年第 11 期。

周师迅、张明海、谭旻："把握数字经济发展趋势, 加快完善营商环境的前瞻性布局",《科学发展》,
　　2019 年第 4 期。

周叔莲、裴叔平："试论新兴产业与传统产业的关系",《经济研究》, 1984 年第 2 期。

周巍、汪明峰："基于'互联网+'经济的中国城市体系结构",《城市发展研究》, 2018 年第 9 期。

朱邦耀、宋玉祥、李国柱等："C2C 电子商务模式下中国'淘宝村'的空间聚集格局与影响因素",《经
　　济地理》, 2016 年第 4 期。

朱竑、钱俊希、陈晓亮："地方与认同：欧美人文地理学对地方的再认识",《人文地理》, 2010 年第 6 期。

朱华友："新经济地理学经济活动空间集聚的机制过程及其意义",《经济地理》, 2005 年第 6 期。

庄晋财、敖晓红："创业活动空间选择环境影响因素的实证研究——基于新经济地理学的视角",《改革
　　与战略》, 2016 年第 3 期。

庄育平、树荣、卢朝升："关于丽水经济发展模式的思考",《丽水学院学报》, 2004 年第 6 期。

宗会明、周素红、闫小培："全球生产网络的形成及对中国物流行业的影响分析",《中国人口·资源与
　　环境》, 2010 年第 S1 期。

后 记

在信息时代，互联网技术向经济社会发展的各领域全面渗透，促进了全球要素在地区间的流动，重塑了全球体系的面貌。新技术日益扩张了生产要素的弹性，使土地、劳动力、资本等传统意义上的生产要素对产业发展和经济增长形成的刚性制约大大降低。因此，互联网导致了资源与要素的配置出现新的区位特点，既有可能呈现出中心化趋势，如全球城市的崛起；也有扁平化的特征，如边缘地区的融入。本书旨在理清互联网优化资源与要素配置的空间特征、过程与机制，为通过网络技术打破区域要素流动障碍，推动区域协同发展提供学理依据。当然，本书只是理解新技术与全球城市区域发展的初步探索，期待得到读者的批评指正。

本书的研究工作主要得益于教育部人文社会科学重点研究基地重大项目（批准号：13JJD840010）和国家自然科学基金项目（批准号：41371175）的支持，研究后期也得到了国家社会科学基金重点项目（批准号：19AZD007）和上海市教育委员会科研创新计划人文社科重大项目（2021-01-07-00-08-E00130）的资助。这些基金支持使研究工作能够持续开展并深入。本书的出版得到了教育部人文社会科学重点研究基地华东师范大学中国现代城市研究中心的资助，以及人文与社会科学研究院院长吴瑞君教授和研究基地主任曾刚教授的支持。在书稿撰写、修改和发表过程中，华东师范大学宁越敏教授和美国犹他大学魏也华教授给予了长期无私的帮助和指导，中国科学院地理科学与资源研究所陆大道院士、陈明星研究员，河南大学苗长虹教授，南京大学甄峰教授、席广亮副研究员，首都师范大学吕拉昌教授，浙江省社会科学院查志强研究员，华东师范大学杜德斌教授、孙斌栋教授、唐曦副教授，美国爱达荷大学廖海峰副教授和迈阿密大学李寒博士等提供了各种支持和帮助。在此，谨向以上各位及相关机构致以由衷的谢意！

书稿整合了多篇已经发表在《人文地理》（2009 年第 2 期）、《经济地理》（2009 年第 11 期）、《地理研究》（2015 年第 9 期）、《世界地理研究》（2016 年第 2 期）、《中国城市研究》（2018 年第 11 辑）、《城市发展研究》（2018 年第 9 期；2020 年第 3 期）、《地理科学》（2020 年第 2 期）、《城市规划》（2020 年第 6 期）以及 *The Professional Geographer*（2016 年第 2 期）等期刊的论文内容，并增加了部分新近整理的研究成果。在此感谢这些论文的匿名审稿专家和杂志社编辑当时提出的建设性意见。同时，衷心感谢商务印书馆科技室主任李娟博士给予本书出版的热心支持，以及魏铼博士认真细致的编辑工作。

　　本书成文也离不开我的研究生团队的同心协力和热情参与，毕秀晶、汪凡、卢姗、郗厚雪、张赛、周巍、赵玉萍、吴明宇、戚云亭等多年来出色地承担了大量研究工作，并成为部分章节论文的合作者。周媛和计怡村参与了书稿整理工作，在此一并致谢。

　　最后，感谢我的家人，他们的理解和支持是我学术探索的动力源泉和坚实后盾。

汪明峰

2021 年 3 月 6 日于丽娃河畔